신앙의 눈으로 본
리더십

신앙의 눈으로 본

리더십

로버트 뱅크스 · 베니스 M. 레드베터 지음
황의무 옮김
맥스 드프리 추천

살림

추천의 글_

리더십 관련 책을 자주 읽는 편이 아니지만, 바람직한 윤리적 리더십의 실천에 관해 나 나름대로 많은 관심을 기울이고 있었다고 생각한다. 특히 허먼 밀러 가구회사(Herman Miller, Inc)의 최고경영자로서 성경적인 기업 경영을 위해 최선을 다하던 당시에 훌륭한 리더십만큼 중요한 자질이 없다는 사실을 절실히 깨달았으며, 이러한 생각은 지금도 마찬가지다.

이 책은 지금까지 리더십에 관한 이해가 어떤 방향으로 전개되어 왔는지를 살펴본 뒤 '과연 리더십의 미래는 존재하는가?' 하는 문제와 관련해 신앙과 리더십에 관한 몇 가지 중요한 질문을 던진다. 정답보다 중요한 것이 올바른 질문을 하는 것이라고 믿는다. 질문은 가장 중요한 것을 드러내어 표면화시키는데, 이 책이야말로 바로 이러한 역할을 수행한다.

이 책은 문화, 타이밍(timing), 개인적 경험, 신앙같이 리더십에 영향을 주는 요소들에 대한 통찰력을 제공한다. 리더십은 복잡한 구조로 되어 있어서 이것에 영향을 주는 요소들에 대해 관심의 초점을 맞추는 것은 당연한 일이다.

피터 드러커(Peter Drucker)는 리더십과 신앙의 핵심은 같다고 했다. 양자 모두 의지적 행위에 속하며, 온전한 인격적 고결함(integrity)을 동일하게 지향한다. 그러나 오늘날의 리더십은 그 어느 때보다 이러한 고결함을 결여하고 있으며, 사람들은 다시 한번 리더십을 믿고 따를 수 있는 근거를 간절히 요구하고 있다. 온전한 인격적 고결함이 상실된 리더십은 무기력하며 공허하다. 이 책에 제시된 신실한 지도자들에 대한 사례는 믿음 위에 굳게 서서 선한 싸움을 하고 있는 지도자에게 이러한 리더십의 핵심이 여전히 남아 있음을 잘 보여 준다.

저자가 주장하고 있는 영적 리더십의 중요성은 아무리 강조해도 지나치지 않다. 리더십에는 언제나 영적인 요소가 동반되어 왔으며, 지금이야말로 이처럼 영적 요소의 중요성에 대해 강조해야 할 때다. 능력과 도덕성을 갖춘 훌륭한 지도자는 사람들을 인도해 주는 나침반을 가지고 있으며, 신앙은 이와 같은 리더십을 발휘하도록 안내하는 일련의 도덕적 원리를 제공해 준다. 저자는 리더십이 조직의 운영이나 사업 목표 및 구성원에게 미치는 파급 효과에 대한 논의를 통해 지도자의 인격이 얼마나 중요한지 보여 준다. 사실 지도자의 인격이나 성품은 조직의 성패를 가름하는 가장 중요한 요소 가운데 하나라고 할 수 있다. 실제로도 모든 조직의 구석구석까지 파급되어 조직을 훌륭한 공동체로 만들기도 하고 비참한 모습으로 와해시키기도 한다.

이 책은 영적인 중심으로부터 우러나오는 리더십을 담고 있다. 우리는 마땅히 이러한 영적 리더십을 추구해야 하지만 그것이 말처럼 쉬운 일은 아니다. 이것은 실로 자신과 하나님을 발견해 가는 과정이며, 온전한 인격과 성령의 인도하심을 추구하는 긴 여정이기 때문이다.

나의 귀한 동역자인 이 책의 저자들은 험난한 여정을 순항하기 위한 중요한 해법을 우리에게 제시해 준다. 이 책이 영적 리더십을 갈망하는 모든 이에게 절대적인 도움을 줄 것으로 확신한다.

맥스 드프리(Max De Pree)

리더십에 관한 책은 해마다 증가하고 있다. 기독교 출판계 역시 이러한 추세에서 예외가 아니다. 시중에 나와 있는 책 대부분은 리더십의 본질과 형식 및 유형에 관해 다루고 있지만 이러한 논의가 대중화된 이면에 대해서는 관심을 갖고 있지 않다. 리더십에 대한 관심은 특정한 문화적 요인이라기보다 단지 리더십 자체의 중요성에서 비롯된 것일 뿐이라고 여긴 것이다. 뿐만 아니라 요즘 나오는 책들은 섬김의 리더십(servant leadership)과 같은 현대적 관점에 대한 신학적 평가나 이러한 주제에 대한 기독교계의 대처 방식이 과연 적절한가와 같은 문제에 대해서는 거의 무관심하다.

언뜻 보면 리더십에 관한 연구를 오늘날의 문화적 이슈에 관한 일련의 서적 속에 포함시킨다는 것 자체가 자연스럽지 못한 것이 사실이지만 리더십에 관한 주제는 이미 이러한 일련의 책들과 어깨를 나란히 할 만큼 문화적 색채를 부각시켰다. 이 책 역시 최근의 저서에 대한 단순한 성경적 평가나 관습적 평가가 아니라 계획적이고 실질적인 방법으로 신학적 평가를 했다는 점에서 기존의 책들과 다르다. 이러한 작업은 성경적 토대 위에서, 궁극적으로 최고의 신학이 최고의 실천을 낳는다는 확신 가운데 진행되었다. 옛 속담 가운데 '훌륭한 이론보다 더 실제적인 것은 없다'는 말도 있다.

이 책이 나오게 된 과정은 특별하다. 학문적 접근과 구체적 경험을 함께 집약한 이 책의 모든 내용은 성경 연구와 실제적 경험에 대한 회고를 통해 얻은 결실이다. 또한 이 책은 문화적 분석 및 신학적 탐구의 산물로서, 리더십에 관한 최근 저서들 및 모범적인 역할 모델에 대한 개인적 관찰을 통해 나왔다. 이 책의 내용은 상식과 잘 알려진 속담 및 영화나 시에도 기초하고 있다. 이처럼 다양한 요소가 이 책에 영향을 주게 된 배경에는 비록 성경적 계시가 규범적이라 하더라도 하나님의 진리는 다양한 방식을 통해 임하며, 모든 진리는 하나님의 진리라고 하는 확신이 자리하고 있다.

이 책의 형식 역시 이러한 확신을 바탕으로 형성되었다. 따라서 이 책은 리더십에 관한 최근의 저서들을 다루면서 더욱 객관적이고 균형 잡힌 관점을 위해 역사적 인물이나 흐름을 함께 제시했다. 이 책의 내용 대부분은 분석과 논증으로 되어 있지만 이와 함께 작업 현장에서 일어난 여러 일화나 사례도 다뤘다. 이러한 요소들은 사상이나 원리에 대해 더욱 가시적이고 구체적인 모습을 갖추게 한다. 아울러 이 책은 실제적인 행동을 위한 지침이나 권면과 함께 적절한 개인적 경험 또는 대중의 삶으로부터 나온 사례 연구를 곁들여 제시함으로써 우리가 말하려는 핵심을 더욱 설득력 있게 전달한다. 다시 말해서 우리는 이 책을 집필함에 있어서 우뇌(right-brain)와 좌뇌(left-brain)의 기능을 모두 사용하려 했다.

제1장은 오늘날 점차 고조되고 있는 리더십의 광범위한 관심에 대한 질문으로 시작한다. 이러한 현상은 과연 어디에서 비롯된 것인가? 이와 함께 리더십의 정의를 제시하고 일반적인 경영(management)과의 차이점에 대해 밝힌다. 이어서 오늘날 리더십이란 주제를 전면에 부각시켜 쟁점화되도록 만든 몇 가지 사례와 함께 리더십을 이해하기 위한 핵심적 매개변수를 살펴본 다음 남성과 여성의 리더십에 대해 초점을 맞춘다.

제2장은 바울의 혁신적인 사고와 행위에서 시작해 리더십에 관한 역사적 관점을 개략적으로 알아본 뒤 교회사에 나타난 리더십 모델에 대해 살펴본다. 각각의 모델은 뚜렷이 구분되는 신학적 영역을 가지고 있으며, 오늘날 역시 다른 시대와 구별되는 리더십 모델을 가지고 있다. 또한 지난 세기의 리더십에 관한 연구에 대해 간략하게 살펴보고 잘 알려진 몇몇 저자의 저술 속에 포함된 사상에 대해서도 다룬다.

제3장은 일반 저서, 특히 리더십에 관한 주제를 다룬 책에 함축된 영적인 부분에 대해 살펴본다. 이어서 영성과 리더십에 대한 명백한 접근에 대해 살펴본 뒤 기독교적 접근에 대해 구체적으로

다룬다.

　제4장은 리더십에 관한 책 가운데 종교적 특색을 분명히 밝히고 있는 유명 저서들에 대해 살펴보는 것으로 시작한다. 이어서 이와 같은 체계적 접근의 기초를 형성하는, 리더십과 관련해 주요한 신학적 관점 — 예수님, 삼위일체 또는 성경적 삶에 관한 — 에 대해 논의한다.

　제5장은 리더십에 관한 사상을 실천하는 방법에 대해 살펴본다. 먼저 상상력과 감정, 그리고 지성의 역할에 대해 살펴본 뒤 세 가지 핵심적 성품에 해당하는 신실성(faithfulness)과 고결성 및 섬김의 자세에 대해 살펴본다.

　마지막 장은 기독교 리더십의 모범적인 모델에 대해 다룬다. 여기에는 국가적 리더십, 준교회적 리더십, 도시에서의 리더십, 일터에서의 리더십, 더욱 광범위한 공동체 및 회중 안에서의 리더십이 포함된다. 이러한 사례 연구는 그리스도인이 다양한 분야에서 분명하고 원만한 기독교적 삶을 드러내야 한다는 점을 보여 주고 이러한 리더십을 장차 어떻게 육성할 것인가에 관해 살펴본다.

　이 책을 마치면서 미국 패서디나에 있는 풀러 신학교(Fuller Theological Seminary)와 드프리 리더십 센터(De Pree Leadership Center)에서 동역하며 리더십을 발휘할 기회를 제공해 준 것에 대해 감사드린다. 또한 호주 시드니에 있는 매쿼리 기독교 연구소(Macquarie Christian Studies Institute)와 미국 캘리포니아주 맬러부에 있는 페퍼딘 대학교(Pepperdine University)의 조지 그라지아디오 기업 경영학교(George L. Graziadio School of Business and Management) 에서 가르치며 유익한 경험을 할 수 있는 기회를 준 것에 대해서도 감사드린다. 특히 10년 이상 신학생들에게 리더십 과목을 가르쳐 온 우리의 절친한 친구 팻 라토레(Pat Lattore)에게 진심으로 감사드린다. 그가 제공해 준 추천도서는 참고문헌 작성에 귀한 자료가 되었다. 아울러 편집자인 풀러 신학교의 빌 더니스(Bill Dyrness)와 로버트 존스턴(Robert Johnston), 베이커 출판사의 로버트 호색(Robert N. Hosack)에게도 감사드린다. 이들은 우리의 형편을 충분히 이해하고 귀한 도움을 제공해 주었다.

C o n t e n t s

제1장

리더십에 대한 관심 증가

늘날 리더십에 관한 논쟁은 매우 활발하다. 리더십의 결여나 붕괴를 개탄하는 목소리가 도처에서 들린다. 젊은이는 리더십을 믿지 못하고, 중년층은 이것의 부재에 대해 분노하고 있으며, 노년들은 이것을 간절히 바라고 있다. 신문이나 잡지, 각종 연구 보고서, 유명 저서들은 리더십을 중요한 이슈로 부각시키고 있다. 대규모 조직의 전문 상담가들이 리더십 개발에 관한 조언을 제공하고, 리더십의 다양한 국면에 초점을 맞춘 새로운 단체가 우후죽순처럼 생겨나고 있으며, 매년 이 분야의 저명인사를 앞세운 각종 행사나 정규 세미나 및 강좌가 성황리에 개최되고 있다. 어느덧 리더십은 우리 문화의 한 축(leitmotiv)으로 가장 중요한 관심사

가운데 하나가 된 것이다. 이제 이 주제는 일상 대화에서 빠질 수 없는 화제가 되었다.

물론 이러한 현상이 이 시대에만 국한된 것은 아니다. 모든 시대는 자신의 지도자에 대해 어느 정도의 관심을 보여 온 것이 사실이다. 이것은 이들이 종종 자신의 생존과 삶에 큰 영향을 주었기 때문이다. 사람들은 마을이나 도시 및 국가의 지도자에 대해 큰 힘을 발휘하지 못한 때에도 자신을 다스리는 자가 누구며, 그가 무슨 일을 할 것인지 아는 것은 여러 모로 도움이 되었다. 그러나 오늘날이 주제에 대한 관심과 매력은 이러한 차원을 훨씬 넘어선다. 이것은 지도자에 관한 것만이 아니라 리더십 자체에 대한 광범위한 관심을 포함한다. 리더십의 본질, 범위, 방법, 유형, 목표, 결과에 대한 고찰이 처음은 아니지만 오늘날 이 주제에 대한 관심은 분명히 과거 어느 때보다 광범위하고 조직적인 성격을 띠고 있다.

사실이 이러하다면 다음과 같은 일련의 의문을 제기하지 않을 수 없다. 첫 번째 의문은 오늘날 사람들이 리더십에 대해 이토록 열광하는 이유에 관한 것이다. 이러한 관심은 언제 표면화되거나 지속적인 경향을 보이는가? 주된 관심은 누구 — 어떤 단체나 계층 또는 민족 — 를 통해 소개되거나 보편화되었는가? 그 중심에는 어떠한 개인적, 사회적, 문화적 요소가 내재되어 있는가? 두 번째 의문은 과연 리더십의 어떤 국면이 세인의 관심을 끄는가에 관한 것이다. 가정 · 학교 · 교회 · 공동체 · 기업 · 정치 등 모든 삶의 영역 가운데 리더십이 가장 요구되거나 포괄적으로 드러나는 곳은 어디인가? 리더십은 사회생활에 어느 정도의 매력이나 혼란을 야기하는 요소인가? 문화적 요소가 리더십에 대한 이해와 리더십 형성에 많은 영향력을 미치는가 아니면 리더십에 대한 관점이니 방법론이 문화에 보다 큰 영향을 주는가? 물론 이 책은 그리스도인의 신앙이 리더십에 대한 관점을 형성하고 실천해 나갈 것인가 아니면 이러한 것들이 더욱 광범위한 문화적 요소들에 의해 더 큰 영향을 받을 것인가에 특별한 관심을 가진다.

리더십이란 무엇인가?

정의

리더십에 대한 정의는 지도자의 인격에 관한 내용에서 시작하는 경우가 많다. 따라서 지도자의 인격적 특성(결단력, 자신감 등)이나 성격 유형(용기, 담대함 등)을 규명하는 작업이 우선적으로 추구된다. 그러나 이러한 방식은 근시안적이며 결코 정확한 방법이라고 할 수 없다. 지도자의 성격은 여러 유형이 있으며 매우 다양한 형태로 표출되는데, 리더십은 바로 이러한 다양성을 통해 겉으로 드러나기 때문이다.

리더십을 정의하는 또 한 가지 보편적인 방법은 특정 지위나 신분과 연계하는 것이다. 그러나 리더십은 공식적인 방식 외에 종종 조직이나 단체 내의 다양한 계층에서, 때로는 측면이나 보이지 않는 배후에서 비공식적으로도 수행된다.

　지도자가 주변 사람들에게 미치는 영향력과 관련해 리더십을 정의하는 경우도 있다. 이 방법이 가지는 문제점은 다른 사람들에게 영향력을 미쳐 자신을 따르게 하는 것이 전적으로 지도자의 인격이나 자질 또는 능력에서 기인한다고 가정한다는 점이다. 그러나 영향력이란 외부적 요소를 통해서도 미칠 수 있는 것이기 때문에 이 방법 역시 절대적이 아니다.

　마지막으로 리더십이 성취하는 가시적 성과에 초점을 맞추는 방법도 있다. 이 방법에 따르면 리더십은 어떤 일을 결정하고 일의 결과를 성취하는 것이다. 그러나 리더십과 성과의 관계는 그리 간단하지 않다. 어떤 결과는 즉각적이지 않으며, 또한 훌륭한 결정이라고 해서 모두 지지를 받거나 순탄하게 시행되는 것이 아니다.

　결론적으로 리더십은 어떤 개인이나 단체 또는 조직이 삶의 어느 한 영역에서 ─ 단기간 또는 오랜 기간에 걸쳐 ─ 많은 사람에게 영향력과 감화를 주어 그 영역에서 변화를 가져오게 하는 것이다. 이러한 리더십은 지도자의 스타일이나 추구하는 것이 무엇이냐에 전적으로 달려 있는 것이 아니다. 기독교적 관점에서 볼 때 방향과 방법이 하나님의 목적과 성품 및 방식과 합치된다면 얼마든지 훌륭한 리더십을 발휘할 수 있는 것이다.

리더십과 경영

　리더십과 경영은 뚜렷이 구별되면서도 한편으로는 연관성을 갖는 행동 체계이며, 둘 다 조직의 발전과 복리를 지향한다. 양자는 아이디어 제시나 자신의 사상을 통해 영향력을 미치고, 이것을 위해 다른 사람들과 협력한다는 공통점이 있다. 또한 양자는 그 결과에 관심을 기울인다. 그러나 리더십과 경영의 역할은 분명히 구별된다. 경영은 문제 해결을 통해 복잡성을 타개하고 질서를 잡아 나간다. 이것은 반응적(responsive)이다. 그러나 리더십은 변화를 모색한다. 이것 역시 반응적이지만 어디까지나 선행 학습에 영향을 받은 적극적인 반응이다. 복잡한 문제일수록 더욱 많은 경영이 요구되며, 더 큰 변화를 위해서는 더 큰 리더십이 요구된다. 일반적으로 경영의 목적은 조직 내에 질서와 일관성을 부여하는 것이며, 리더십이 하는 일은 조직 내에 주로 변화와 움직임을 창출하는 것이다. 경영은 질서와 안정을 추구하지만 리더십은 순응적(adaptive)이고 건설적인 변화를 추구한다.[1]

오늘날 많은 조직이 경영면에서는 과잉 관리되고 있지만 리더십은 결여된 상태다. 그러나 조직이 리더십 능력을 개발함에 있어서 가장 명심해야 할 사항은 부실한 경영이 뒤따르는 강력한 리더십은 결코 최선이 아니며, 때로는 상황을 더욱 악화시킬 수도 있다는 점이다. 조직이 진정으로 도전하고 추구해야 할 것은 강력한 리더십과 강력한 경영을 균형 있게 결합하는 것이다.

앞서 언급한 대로 경영자는 혼돈과 무질서 속에서 질서와 일관성을 추구한다. 경영자는 미래지향적 목표를 세우고 계획 수립 및 예산 편성을 통해 난마(亂麻)와 같이 얽혀 있는 복잡한 조직을 관리해 나간다. 이러한 계획이 추구하는 결과는 조직의 구조와 체계에 질서를 부여한다. 이와 대조적으로 지도자는 변화, 변화의 창출, 변화에 대한 반응, 또는 변화의 견인에 관여한다. 조직의 변화를 위해서는 방향 설정 및 전략 수립이 필요하다. 즉 조직의 변화는 미래를 향한 비전을 제시하고, 비전을 성취하기 위한 전략을 개발함으로써 시작된다.[2] 지도자는 조직 안팎에서 정보와 자료를 수집하고, 하나의 정형화된 틀과 인간적 유대 관계를 구축해야 한다. 조직의 지도자는 더욱 넓은 시야를 지니고 시장 변화나 추세, 경쟁업체의 동향 및 시장 점유율과 같은 요소들에 대해 항상 귀를 기울여야 한다. 지도자는 작업 성과, 생산력, 서비스 및 비용 현황과 같은 내부적 요인에도 민감해야 한다. 또한 지도자는 조직의 발전에 필요한 기술 개발이나 조직 구성원의 도덕성과 같은 문제에도 관심을 기울여야 한다. 이러한 리더십을 보충하는 것이 경영 계획이다. 경영 계획 수립은 지도자로 하여금 전략적 방향 설정을 하도록 하며, 결국 양자가 합력해 조직의 목표를 향해 최선을 다하게 한다. 경영 계획은 '과연 이 계획이 시행될 수 있는가?', '이 계획은 실현 가능한 것이며 합리적인가?', '우리는 이것을 현실화할 수 있는 도구나 자원을 보유하고 있는가?' 라는 물음을 통해 실제적인 방향을 설정하게 된다.

경영자는 조직 구성 및 인사를 통해 목표를 달성한다. 여기에는 부서를 조직하고, 인재를 적재적소에 배치하며, 업무 추진 현황을 모니터할 수 있는 체계 마련과 같은 다양한 기능이 포함된다. 경영은 계획을 정확하고 효율적으로 이행할 수 있는 인력 시스템을 구축하는 데 집중한다. 조직의 유지 및 목표 달성을 위해서는 수많은 결정이 뒤따른다. 이러한 결정들은 건축학적 결정과 유사하다. 이것은 마치 설계도면을 따라 집을 짓듯이 조직을 통해 계획을 진척시키는 청사진 역할을 한다.

반면에 리더십은 사람들과 능동적으로 제휴(aligning)한다. 지도자는 조직의 비전과 이 비전을 뒷받침하는 가치관을 제시한다. 또한 지도자는 이러한 비전과 가치관을 이성적이며 가능성 있는 행위로 전환시켜 나간다. 이어서 지도자는 그들이 최선을 다해 비전을 성취해 나가도록 합력해 돕는다. 이러한 합력과 제휴는 정해진 틀이나 계획보다 대화와 의사소통에 초점이 맞춰진다. 조직의 구성원은 특별한 유인물 없이도 조직의 핵심적인 가치관을 인식하고 있어야 한다. 이러한 가치관은 조직의 목적과 정체성을 확립하고, 조직에 생명력을 불어넣는다. 조직 밖에 있는 사람이 살아 있는 조직의 가치관을 눈으로 확인할 수 있을 때 그 조직은 하나가 되어 강력한 추진력을 발휘할 수 있다.

경영이란 인적 · 재정적 · 물적 자원에 대한 관리 시스템을 개발하고 유사시 문제 해결을 통해 계획을 확실하게 성취해 나가는 것이다. 경영자는 언제나 결과에 관심을 기울여야 하며, 보고나 여타 수단을 통해 결과에 대해 모니터하고 평가할 책임이 있다. 문제 해결에는 계획을 차질 없이 진행하며, 문제점이 발견되면 즉각 시정 조치하고 방향을 재설정하는 일도 포함된다. 비전을 성취하기 위해서는 지도자가 모든 사람이 합력해 공동의 목표를 향해 나아갈 수 있도록 동기를 부여하고 힘을 북돋워 주는 것이 필요하다. 이를 위해 지도자는 일에 대한 보람 및 소속감에 대한 자부심 같은 인간의 기본적 욕구에 대한 인식이 있어야 한다. 모든 구성원은 나름대로의 분명한 가치관과 신념, 열정, 성취 의욕을 지니고 있다. 이러한 창의성과 열정을 인식하고 이것들을 잘 활용할 수 있는 지도자만이 자신이 품고 있는 비전과 이상을 살아 있는 현실로 실제화할 수 있는 동력을 발견할 것이다.

마지막 주장은 어쩌면 경영과 리더십을 가장 극적으로 구분하는 핵심이 될지도 모르겠다. 동기를 부여하고 힘을 북돋워 주는 지도자의 역할을 결코 가볍게 여겨서는 안 된다. 이것이야말로 모든 사람을 하나로 묶는 구심체가 되기 때문이다. 뒤따르는 사람들은 자신이 하는 일에 대한 동기부여와 지도자의 격려를 원한다. 능력 있는 지도자는 제임스 클로슨(James Clawson)이 주장하는 소위 3단계 리더십을 수행한다. 즉 뒤따르는 사람들의 생각과 신념과 감정을 조직이 추구하는 목표 속에 용해하는 것이다.[3] 3단계 리더십을 수행하는 지도자는 모든 사람에게 열정이 있다는 사실을 인식하고 받아들이며, 이러한 열정을 조직 속에 끌어들일 때 무한한 가능성을 발휘하게 할 수 있다는 사실을 잘 알고 있다. 따라서 열정과 활력을 잃지 않도록 심혈을 기울인다. 사람들의 신념과 생각과 감정을 활용하기 위해서는 자신의 일터를 재능과 기쁨의 원천으로 여기도록 그들의 마음을 움직이는 능력이 필요하다. 우리의 영혼이 성령과 연합하도록 지음을 받았다면 이와 같이 우리의 존재 전체를 맡길 수 있는 일터야말로 성령께서 거하시는 곳이 될 것이다.

경영과 리더십의 차이는 좋은 것(good)과 더 좋은 것(better)의 차이로 설명하는 것이 쉽다. 즉 경영은 좋은 것이지만 리더십은 더 좋은 것이라고 할 수 있다. 그러나 조직에는 두 가지 모두가 필요하며, 특히 조직의 구성원이 효율적이고 생산적이며 열정적으로 헌신하기 위해서는 경영과 리더십이 반드시 있어야 한다. 경영자의 핵심적인 역할과 각각의 역할에 따른 임무는 다음과 같다.

- 경영자는 표면상 조직의 대표자로서 대인적 역할(interpersonal role)을 하며, 이런 점에서 경영자는 지도자와 유사한 역할을 한다. 대인적 역할은 조직 안팎의 다양한 계층을 연결하는 임무를 수행한다.
- 경영자는 조직 내의 의사전달 계통에 포함되기 때문에 정보를 수집하고 전달하며 대변하는 역할을 한다. 따라서 경영자는 끊임없이 새로운 자료를 받아들이고, 이 자료를 자기 것으로 소화한 뒤 적절한 통로를 통해 조직 내부에 전달한다. 훌륭한 경영자는 공식적 또는 비공식적 방법을 통해 정보를 공유할 수 있어야 한다.

- 경영자의 세 번째 역할은 의사결정권자로서의 역할
  이다. 경영자는 기업가이자 때로는 분쟁조정자, 자원
  배분자, 협상자다. 이러한 기능들은 모두 의사결정을
  필요로 한다.

대인적 역할, 정보 관리, 의사결정이라는 경영자의 세 가지 역할 및 이에 따른 기능들은 모두 경영자라고 하는 복잡하고 무한하며 반드시 필요한 지위(position)에 대한 설명이다. 경영자의 세 가지 역할을 제시한 헨리 민츠버그(Henry Mintzberg)는 경영자가 자신의 일을 완벽하게 수행함에 있어서 엄청난 도전에 직면해 있다고 주장한다. "이러한 부담감은 경영자로 하여금 과중한 업무에 시달리게 할 뿐만 아니라 매사에 간섭하며, 조그만 자극에도 예민한 반응을 보이고, 이론과 추상적인 것보다 가시적인 성과나 이익에 급급하며, 매사에 거친 태도로 임하게 한다."[4] 이와 같이 경영자는 세부적인 일에까지 무한책임을 지고 있으며, 주어진 임무를 정한 시간 내에 훌륭하게 수행해 주기를 바라는 주변 사람들의 기대를 저버리지 않아야 한다는 부담도 짊어지고 있다.

지도자는 경영자에 비해 예술가나 과학자와 같이 창조적 사고를 가진 자에 가깝다고 할 수 있다. 맥스 드프리는 리더십은 마치 예술과 같다고 했다. 리더십은 만들어지는 것으로서 창조적이고 즉흥적이며, 마치 재즈음악과도 같은 것이다. 지도자는 계획과 함께 시작하며 일정한 틀의 화음 · 음조 · 속도 · 음색을 유지하면서 다양한 변화를 시도한다. 지도자는 예술가 같은 재능 있는 사람들과 유사하다. 따라서 주변 사람들로부터 자신이 가끔 충동적이며 즉흥적이라는 말을 듣는다.[5] 에이브러햄 잘레즈닉(Abraham Zaleznik)은 "때때로 지도자는 자신의 재능이 끊임없이 분출되며, 다른 사람을 힘들게 하는 욕구나 '일을 더 잘하려는' 중압감을 경험한다. 그 결과 지도자는 안정적으로 일할 수 있는 분위기를 조성하지 못하고 심한 감정 기복으로 일터를 혼란스럽게 만들기도 한다"[6]고 주장한다.

이와 같이 지도자가 무엇인가 새로운 것을 독창적으로 계획하고 창조하며 구성하는 예술가라면 경영자는 지도자의 구상을 완성하기 위해 마지막 손질을 하는 기술자라고 할 수 있다. 이들은 지도자의 비전을 시행하는 자다. 경영자는 시스템과 사람들을 통해 조직을 더욱 효율적으로 운영하는 자다. 이들은 "문제가 없으면 굳이 손 댈 필요가 없다"고 말한다. 그러나 지도자의 생각은 다르다. "문제가 없는 때야말로 새로운 시도를 할 때"라는 것이다. 이들은 가능성에 대한 사람들의 사고방식을 바꿔 놓는다.

그러나 우리는 이러한 차이에도 불구하고 경영자와 지도자는 서로 상반된 관계가 아니라 동일선상에 있다는 사실을 간과해서는 안 된다. 대부분의 지도자는 어느 정도의 경영 능력이 요구되며, 경영자 역시 리더십을 필요로 하는 곳이 많다. 사람이나 지위를 막론하고 둘 중 어느 하나만 해당되는 것은 없다.

리더십에 대한 현대적 관심

　문화평론가들은 종종 특정 리더십이 부상하는 배후에 대해 관찰하고 그 원인을 제시하였다. 예를 들어 1960년대 테오도어 아도르노(Theodor Adorno)를 비롯한 프랑크푸르트 대학 사회조사연구소(Frankfurt School of Social Research)는 몇 가지 요소로 인해 '권위주의적 성격'이 부상하게 되었다고 주장했다. 파시즘과 공산주의가 부상하던 1930년대와 1940년대에 이러한 성격의 소유자들이 영향력 있는 자리에 다수 포진해 있었다는 것이다.[7] 이러한 연구들은 특정 형태의 리더십에 대한 영향과 매력을 설명하는 이론을 정립하고자 했다. 그러나 리더십과 경영에 관한 책을 저술한 사람들 가운데 이러한 분석을 시도할 만큼 폭넓은 문화적 이해를 소유한 사람은 드물었다. 이러한 능력을 갖춘 인물로는 문화적 사고에 대한 유럽인의 전통과 형식에 대해 연구한 피터 드러커 같은 사람을 들 수 있으며, 그는 실제로 이와 관련한 저서를 내기도 했다. 그러나 그는 특정 시대에 리더십이라는 주제가 많은 사람들의 핵심 쟁점으로 부상하게 된 이유보다 리더십을 위한 사회적 인식의 변화에 대해 더 많은 관심을 가지고 있었다.

　이와 같이 리더십에 대한 시대적 관심의 저변에 깔려 있는 원인에 관한 연구는 거의 없었다는 것이 대체적인 시각이다. 리더십과 관련해 소위 1945년 이전의 기성세대(builder)와 1945~1960년의 베이비붐세대(boomer) 및 1960년대 이후 태어난 신세대(buster) 사이의 상이한 접근방식에 대한 실제적인 연구가 진행된 적이 있다. 그러나 이 연구는 리더십에 대한 관심이 1950년대부터 1970년대 중반 사이에 태어난 사람들과 밀접한 관련을 가진다는 사실만 제시했을 뿐이다. 1945년 이전에 태어난 기성세대는 리더십을 당연한 것으로 받아들이는 반면에 베이비붐세대는 리더십을 의심하는 경향이 있지만, 신세대의 경우 더 나은 역할 모델에 대한 욕구가 리더십에 대한 지속적인 관심을 보여 준다는 것이다. 그러나 세대별 접근방법에 대한 연구의 증가에도 불구하고 리더십에 대한 선입관이 존재하는 이유에 대해서는 별다른 의견을 제시하지 못했다. 또한 지도자가 안고 있는 문제점을 지적한 책도 많았지만 대부분 지도자의 인격에 관한 것이었다. 이들은 그것에 담긴 광범위한 요인에 대해서는 살펴보지 않았기 때문에 심층적인 문화적 개념에 대한 의문을 제기할 수 없었던 것이다. 이 밖에도 전형적인 형태의 리더십에서 나타나는(또는 나타나야만 하는) 변화를 식별하는 작업 이상의 연구도 진행되었다. 이러한 저술들은 정치, 경제, 공동체 조직, 교회에 대해 관찰했다. 그러나 이들은 이러한 형태의 리더십에 대한 관심이 지난 20년간 특별히 두드러지게 나타난 이유에 대해서는 다루지 않았다. 이들 책은 기껏해야 인간의 심리와 사회적 역학 속에서 일어나는 변화가 새로운 패러다임의 리더십에 대한 실천을 요구한다는 사실을 제시했을 뿐이다.

따라서 이 책은 리더십에 대한 오늘날의 관심을 설명해 줄 수 있는 몇 가지 핵심적인 요소에 대해 규명하고자 한다. 그러나 이것은 결코 이 문제에 대한 철저한 유형론(typology)이나 결정적인 분석이라기보다 다만 이러한 현상에 대한 설명이 될 수 있는 일련의 총체적인 가능성이라고 할 수 있다.

사람들은 주로 위기의 시기에 리더십에 대한 관심을 가졌다. 미국 뉴욕의 세계무역센터가 테러를 당한 뒤 루디 줄리아니(Rudy Giuliani) 당시 뉴욕 시장과 그의 리더십에 대한 관심이 증폭한 것도 이러한 연유에서다. 위기가 닥치기 전에 지도자로서 그의 이미지는 임기를 앞두고 내리막길을 걷고 있었다. 그러나 2001년 9월 11일 그는 정치적·사회적으로 시민에 의한, 시민을 위한, 시민의 지도자로서 급부상했다. 테러리스트의 공격에 대한 그의 신속하고 과감한 조치와 언행은 가위 '대통령감'이라는 찬사를 받을 만큼 훌륭했던 것이다.

전시에는 군사 지도자에 대한 관심이 높고, 전반적으로 사회 공의가 시행되지 못하는 시기에는 사회 지도자나 법률 지도자에 대한 관심이 늘어나며, 도덕적으로 부패한 시기에는 윤리 지도자나 종교 지도자에게 관심의 초점이 맞춰진다. 미국이 9·11 테러 당시 제기된 악의 문제에 대한 대답을 찾으려 했을 때 빌리 그레이엄(Billy Graham)은 도덕과 선을 대표하는 인물로 다시 한번 부각되었으며, 세계의 모든 그리스도인은 슬픔과 불확실성 속에 빠져들었다. 경제적 공황기에는 기업가나 경제 지도자에게 고개를 돌린다. 사람들은 대체로 평온한 시기에는 지도자에 대한 관심을 많이 갖지 않는다. 이러한 시기에 사람들은 영웅이나 유명 인사들에게 관심을 갖지만 이들이 자신을 위기에서 구해 줄 것이라고는 생각하지 않는다.

　또한 리더십에 대한 관심은 급격한 변화나 불확실성이 만연한 시대에 나타나는 경향이 있다. 국내외적 정세·사회·경제적 문제 및 인종이나 문화적 상황이 사람들에게 불안감을 조성하고, 불확실한 미래에 대한 두려움을 불러일으킬 수 있다. 또는 변화의 속도가 너무 빠르거나 방향을 예측할 수 없어 당황하기도 한다. 때때로 이러한 불안감은 현재 무슨 일이 진행되고 있으며 어떠한 파급효과가 있을 것인지에 대해 알려주고, 현재의 상황을 극복할 수 있는 자신감을 불어넣어 줄 통찰력과 신뢰성을 갖춘 지도자에 대한 갈망으로 나타나기도 한다. 리더십에 대한 관심이 현재보다 미래에 초점을 맞추는 경우도 있는데 이 경우 논쟁의 초점은 다음 세대를 위한 지도자 훈련에 맞춰진다.

　불확실한 시기에 지도자에 대한 관심이 집단적으로 모인 가장 놀라운 예는 1992년 프랑코 베르나베(Franco Bernabe)가 이탈리아 최대의 에너지 집약 산업인 ENI의 최고경영자로 지명되어 기업 혁신이라는 임무를 부여받을 때다. 베르나베는 부패로 만신창이가 된 공기업을 인수해 도덕적·재정적 변화를 통해 완전히 새로운 모습으로 탈바꿈시켰다. 그가 꿈꾼 회사는 비윤리적 행위에서 벗어나 건전한 기업윤리를 실천하는 건실한 상장기업이었다. 기업을 인수한 지 30일 만에 그는 모든 보고는 자신에게 직접 하라는 지시를 내렸고 고위 간부들의 일괄 사임을 요구했다(이들 대부분은 비윤리적 기업 행위로 기소된 자들이었다). 그는 이윤을 창출하지 못하는 부문에 대한 매각을 단행하고, 행정적 공백을 메우기 위해 과거에 일했던 사람들을 하급 관리자의 자리에 앉혔다. ENI는 변화와 강력한 리더십을 간절히 필요로 하는 회사였고 베르나베는 이러한 요구와 직원들의 기대에 부응해 기업을 도덕적 · 재정적 영역에서 한층 발전된 새로운 모습으로 변화시킬 수 있는 기회를 놓치지 않았던 것이다.[8]

리더십에 대한 관심에 영향을 주는 또 한 가지 요인은 특정 지도자의 실패다. 이것은 특히 사람들이 지도자에게 상당한 기대를 걸고 있거나 지도자의 역할에 크게 의존하고 있는 경우에 두드러지게 나타난다. 오늘날 우리는 공직자나 사회적 · 경제적 영역에서 중요한 책임을 지고 있는 사람들이 성적 · 도덕적 · 법적 · 금전적 부정에 연루되었다는 보도를 심심찮게 접한다. 빌 클린턴 미국 대통령의 예에서 보듯이 이들의 업적에 대한 대중적 평가가 훌륭하다고 할지라도 그의 행위는 두고두고 지도자와 리더십 전반에 대한 비난의 대상이 될 것이다. 이러한 때 사람들은 무엇이 잘못되었는지 진단하고 다른 시대, 특히 더 좋던 시대와 비교하게 되며 상황을 개선할 수 있는 방법을 모색하는 가운데 더 나은 자질을 갖춘 지도자를 찾게 된다. 특히 오늘날과 같이 젊은이들이 지도자에 대해 유별난 환멸감을 가지고 있는 시대에는 젊은이들에게 지도자에 대해 진지하게 생각하고 스스로 리더십을 받아들일 수 있는 동기를 부여해야 한다는 시대적 과업도 주어진다.

클레어몬트 대학교(Claremont Graduate University)의 진 리프먼블

루멘(Jean Lipman-Blumen) 교수는 우리가 나쁜 지도자를 어쩔 수 없이 받아들이는 이유를 다음 다섯 가지로 제시한다. (1)이들을 쫓아내는 것은 너무 어렵고 많은 힘이 든다. (2)이들에 대한 도전은 혼자 할 수 없으며, 다른 사람들로부터 충분한 지지를 받을 수도 없다. (3)이들을 몰아내는 데에는 큰 희생이 따를 수 있다. (4)더욱 중요한 문제가 발생하거나 위기마저 찾아올 수 있다. (5)결국 이들은 그렇게 나쁜 사람이 아니다. 최소한 우리는 이들의 잘못이 무엇인가는 알고 있다. 지도자의 실패는 어디에서 기인하는가? 이들에게는 자신을 제대로 평가할 수 있는 능력이 없다. 그 결과 이들은 권력과 탐욕으로 만들어진 권위에 속아 분에 넘치는 보상을 받으려 한다. 더욱이 자신이 사람들과 멀리 떨어져서 이 사람들을 '원격 조종'할 수 있다고 믿는 지도자들은 결국 파멸의 나락으로 떨어질 것이다. 이들 '원격 조종자'는 비전을 제시하고, 비전의 성취를 위한 강력한 지지를 이끌어내는 진정한 리더십을 발휘하기보다 허구적 일체감을 조성하려 한다. 이런 지도자들은 사람들의 요구나 필요, 가치관, 열정, 관심사에는 전혀 무관심하다. 이들이 버림을 받을 수밖에 없는 것은 이 때문이다. 리더십 부재의 저변에는 '오직 나'라는 자기중심적 이기주의도 도사리고 있는 것이다.[9]

리더십에 대한 관심이 몸에 배어 있는 듯이 보이는 사회나 단체도 있다. 이러한 관심은 그 사회를 태동시킨 역사적 상황이나 도전에서 비롯되기도 한다. 그러나 미국과 같은 사회에서는 이러한 주장이 논쟁화될 수도 있다. 미국인들은 리더십에 대한 관점이나 개넘이 다른 나라를 이해하지 못하기 때문이다. 예를 들어 호주에서는 활발한 논쟁과 함께 오랜 세월 동안 이어져 내려온 '키 큰 양귀비 꺾기 증후군'(tall poppy syndrome)이라는 것이 있다. 이것은 누군가 다른 사람들보다 높아지거나 특히 지도자로 부상할 경우 그를 깎아내리려는 경향을 말한다. 이러한 경향이 모두 평등주의에 대한 욕구나 적대감의 발로라고 말하기는 어렵다. 적어도 스포츠계의 스타와 자신을 낮추거나 박애주의적 사고를 가진 일부 국내 기업들은 이러한 신드롬의 범주에서 제외되기 때문이다. 또한 이 증후군은 지금은 많이 사라졌지만 한때 싸움에서 지고 있는 편을 응원하는 경향을 보이는 호주의 국민성을 잘 설명해 준다. 반면에 미국인은 외견상 드러나는 민주주의적 요소나 미사여구에도 불구하고 어떤 단체나 기관도 조직을 구성하고 경영하는 지도자 없이는 존재할 수 없으며, 가시적이고 조직화된 리더십 없이는 어떤 것도 이룰 수 없다고 믿는다. 이러한 관점은 위기나 불안감의 도래 여부와 관계 없이 리더십에 대한 관심을 지속시킨다.

때때로 사회를 구성하는 여러 그룹 가운데 각 분야에서 리더십을 발휘할 수 있는 길이 막혔다고 생각하는 계층에서 리더십에 대한 관심을 더욱 적극적으로 개진하기도 한다. 역사를 보면 확실히 상대적 불이익을 당한 계층이 존재한 것은 사실이다. 대표적인 예가 여성이나 소수민족의 경우다. 사회적 욕구가 팽배한 시기에는 다른 사람들이 독점해온 권좌나 양지(a place in the sun)에 대한 욕구가 분출되게 마련이다. 이런 계층이 정상의 자리를 대표할 수 있을 가능성이 보일 때 다음 이슈와 같은 논쟁이 따르게 된다. 이러한 기회를 더욱 확대할 수 있는 방안은 없는가? 좀 더 신속한 지위 이양에 방해가 되는 요소는 무엇인가? 이런 사람들이 지향하는 리더십의 목적이나 방법에는 어떤 차이가 있는가? 이러한 논쟁은 리더십의 문제를 전면에 드러내게 한다.

현대인이 리더십에 매력을 느끼고 있는 또 한 가지 요소는 대중적 인지도가 높거나 세인의 관심을 받고 있는 새로운 타입의 지도자 출현이다. 이들은 종종 리더십에 대한 관심을 새로 불러일으키거나 사라져 가는 관심에 불을 다시 지핀다. 최근 수십 년간 소위 지난 세기 산업화의 역군이나 기업가의 뒤를 이어 막대한 재력을 지닌 경제 거인들이 나타났다. 애플(Apple), 넷스케이프(Netscape), 마이크로소프트사(MS)와 같은 고성장 첨단 정보기술 분야에서는 혁신적 사고를 지닌 젊은 지도자들이 부상하고 있다. 인간의 권리 — 시민의 권리, 소비자의 권리, 환경권 — 에 관한 이슈는 매우 훌륭한, 때로는 모두에게서 존경을 받는 이상주의자나 전략가를 양산하기도 한다. 몇몇 분야에서는 승진을 가로막는 각종 장벽에도 불구하고 발군의 실력을 인정받고 있는 여성들이 젊은 직장 여성들에게 새로운 역할 모델을 제공하고 있다. 공동체 내에서는 가난한 자와 약자를 돕는 종교적 인물에 버금가는 새로운 지도자들이 부상하고 있다. 또한 바츨라프 하벨(Václav Havel)이나 넬슨 만델라 (Nelson Mandela)와 같은 강력한 이상적인 정치가도 있다. 이들은 예기치 않게 권좌에 앉았지만 상당한 정치적 수완과 관리능력을 발휘했다.

　이와 관련된 것이 리더십 육성을 위한 기관이나 훈련 센터, 각종 프로그램이나 교육 과정, 전문 강사나 서적의 범람이다. 이러한 현상은 어느 곳에서나 찾아볼 수 있는 세계적 추세이지만 이 가운데에서도 미국이 가장 적극적이다. 이것은 리더십에 대한 미국인의 관심이 유별난 탓도 있겠지만 다른 이유도 있다. 예를 들면 기업 경영과 관련된 대학원 과정은 계속해서 늘어나고 있으며, 새로운 분야에 대한 개척을 요구하는 학계의 목소리도 꾸준하다. 이유가 무엇이든지 일단 학계 또는 상업적 측면에서 상담가 및 훈련 센터를 통한 리더십 프로그램이나 대학의 교육 과정이 개설된 이상 리더십에 대한 논의는 다른 사회적·문화적 요소와 구별되는 하나의 자체적 계기를 추구하게 되고 그래서 자칫 자기합리화에 빠질 우려도 안고 있다.

　결론적으로 이러한 여러 요소가 동시에 한 개인이나 그룹에 집약될 경우 각 요소 간에 상호 뒷받침하며 리더십이라는 주제를 새로운 차원의 공적의식(public consciousness)으로 가져온다. 이것이 현재의 실정이다.

리더십 이해를 위한 주요 매개변수

　리더십을 이해하기 위해 필요한 핵심적 매개변수들 ─ 때로는 상호 협력하며 때로는 유익한 긴장을 조성하는 — 에 대해서는 상당한 주의가 요구된다. 대개의 경우 이러한 요소들은 (특히 어느 정도 대중화된 단계에서) 더욱 복잡한 매개변수의 한두 가지 요소가 마치 중요한 내용을 모두 담고 있기라도 하듯이 특별히 부각되기 때문이다. 결과적으로 리더십에 대한 이해의 폭은 그만큼 좁아질 수밖에 없다. 때로는 리더십의 특정 요소 상호간에 아무런 관련성이 없는 것처럼 나타나기도 한다. 이것은 리더십의 특징이라 할 수 있는 복잡성을 무시한 결과다. 때로는 리더십에 관한 논의가 지나치게 개인주의적 성향을 보임에 따라 정작 중요한 관계적·구조적·문화적 요소에는 관심을 소홀히 하는 경우도 있다. 이에 따라 결국 기술적(descriptive)이고 규범적인 관점에서는 적합하지 않은 단편적인 설명으로 흐르게 된다.

가장 먼저 고려해 봐야 할 것은 리더십과 관련해 우리가 사용하고 있는 단어에 관한 언어 문제다. 즉 이 논쟁과 관련해 우리가 염두에 두고 있는 실체는 무엇인가? 지도자에 관한 것인가 리더십에 관한 것인가? 지도자에 대한 논쟁은 사람에게 초점을 맞추는 것이지만 이것이 전부는 아니다. 우리는 과연 누구를 언급하고 있는가라는 부가적 질문이 여전히 남아 있다. 한 조직의 수장인가? 몇몇 수뇌부인가? 아니면 고위 경영진, 중간 관리자, 하급 관리자와 같이 다양한 부서 조직의 책임자인가? 리더십에 관한 논의가 사람(지도자)에게 초점을 맞출 경우 지도자에 대한 조직원의 영향력이나 조직 자체를 간과하기 쉽다는 단점이 있다.

반면에 **리더십** 자체에 초점을 맞춘 논의는 더욱 체계적인 방법으로 주제에 접근하게 하며, 일반적으로 지도자와 무관한 계층의 사람들로부터도 리더십이 발생할 수 있는지 여부를 살펴볼 수 있다. 또한 이 방법은 누군가 지도자의 역할을 할당받는다기보다 조직의 구성원 가운데 합리성과 능력을 갖춘 자가 그 조직의 지도자로 부상할 수 있다는 가능성을 열어 둔다.[10] 리더십에 초점을 맞춘 접근방식의 약점은 논쟁 자체가 다소 추상적이고 이론적으로 흐를 위험이 있다는 것이다. 이상의 두 가지 접근 방법 가운데 양자택일해야만 한다고 주장하는 사람도 있지만, 둘 다 나름대로의 장점과 타당성을 가지고 있다. 사실 두 가지 방법 모두 서로의 약점과 한계를 보완하기 위해 필요하다.

다음으로 고려할 사항은 리더십의 형식에 관한 것이다. 우리는 종종 리더십을, 이것을 직접 행사하는 사람들에게만 국한시켜 이해하려는 경향이 있다. 그러나 다른 사람을 통해 리더십을 발휘하는 경우도 있다. '막후 실력자' 라는 표현은 이런 경우를 두고 하는 말이다. 이것은 가끔 사회적 약자에게 개방되어 있는 유일한 통로가 되기도 했다. 또한 리더십은 조직 내의 공식적인 지위에 있는 사람들에게만 해당하는 용어로 사용되기도 한다. 공식적인 ─ 또는 지위로서의 ─ 리더십은 언제나 직함(title)이나 주변의 인정(recognition) 또는 재력(resources)에 초점이 맞춰진다. 그러나 훌륭한 성품과 일에 대한 능력, 효율적이고 탁월한 업무 수행에 대한 주변의 인정을 통해 리더십을 발휘하는 사람들도 있다. 로널드 하이페츠(Ronald Heifetz) 같은 사람들에 따르면 비공식적 리더십은 공동체의 변화를 추구하는 네트워크 조직에 가장 효과적인 리더십이라고 한다.[11] 이유는 리더십이 공식적일수록 지위를 남용하거나, 조직을 지배하려 하거나, 조직 계획을 조작하려는 경향이 있기 때문이다. 풀뿌리 리더십은 강력한 추진력으로 여러 부문에서 동시에 변화를 기할 수 있는 탁월한 방법이다.

그러나 공식적 · 비공식적 형태의 리더십 모두가 필요하다. 목적과 상황에 따라 어느 한쪽이 상대보다 우위를 점하기도 하지만 특정 과업의 성취를 위해서는 두 가지 형태의 리더십 모두 필요하다. 오늘날과 같은 풍토 아래에서 공식적 지도자가 다른 사람들의 인정과 협조를 얻어내기 위해서는 주로 비공식적 리더십에 해당하는 특성을 필요로 할 경우가 있다. 이것은 목회사역 분야에서도 마찬가지다.

리더십을 이해하기 위해서는 리더십의 본질에 대해 규명해야 한다. 리더십은 학문인가 예술인가? 지난 50년 동안 대부분의 사람들은 리더십을 하나의 학문으로 생각해 왔으며 오늘날에도 몇몇 분야에서는 여전히 그렇게 받아들이고 있다. 이러한 관점에서 볼 때 리더십은 본질적으로 정보와 요령 및 기술 습득이라는 학문적 요소를 지닌다. 그러나 최근에 들어와 이러한 가정에 반발하는 주장이 대두되었다. 리더십은 연극 공연이나 음악 연주와 같은 예술적 형태에 가깝다는 것이다. 둘 다 일리 있는 주장이다. 그러나 후자의 경우 MBA와 같은 일정한 공식적 자격을 취득하거나, 특정 기술이나 능력을 개발하는 훈련 기관을 통해 교육을 받아야만 리더십을 갖췄다고 인정하는 오늘날 대중의 시각이 걸림돌로 작용한다.

　그렇기 때문에 우리는 리더십에 대해 정해진 시간과 공간 속에서 일어나는 일회적 사건이 아니라 끊임없이 진화하고 발전하는 하나의 과정으로 보는 것이 좋다. 이러한 관점은 마치 예측 불가능한 시장 상황처럼 좀 더 개방적 관점에서 리더십을 바라보게 하며, 창조적 표현과 다의성(ambiguity)의 여지를 남겨 둔다. 최상의 상태에 있는 지도자는 창조적 사고와 전문적 지식, 이상과 논리, 기업가와 경영자를 결합할 수 있다. 그렇지 못할지라도 적어도 지도자는 자신의 운영 방식에 협조하는 사람들에게 둘러싸여 이들의 말을 듣는다. 결국 우리는 리더십에 신비로운 요소가 있다는 사실을 인정해야만 한다. 리더십은 결코 우리에게 모든 비밀을 드러내지 않으며, 가장 상세하고 정확한 내용을 파악하는 것조차 용납하지 않는다. 진정한 지도자는 모호성과 역설, 심지어 모순조차 예상하고 이것들을 누릴 줄 아는 사람이다. 이들은 이러한 요소들이 없으면 어떠한 융통성이나 창의성 및 혁신도 기대하기 어렵다는 사실을 잘 알고 있다.

　리더십을 이해하기 위해서는 리더십의 주된 형태에 대한 이해도 필요하다. 게리 윌스(Garry Wills)는 역사의 특정 시기에 중요한 대중적 인물로 부상한 사람들에 대한 연구를 통해 리더십의 몇 가지 형태에 대해 규명했다.[12] 그의 목록에는 정치적 또는 선거를 통한 리더십, 군사적 리더십, 지적 리더십, 사회 개혁자 또는 소위 급진적 리더십이 포함되어 있다. 대중보다 교회에 초점을 맞추어 빌 하이벨스(Bill Hybels)는 열 가지 형태의 리더십을 제시했다. 미래지향적·지시적·전략적·경영적·동기부여적·목회적·조직관리적·개혁적·기업가적·통합적 리더십이 여기에 해당한다.[13] 이러한 형태가 전부는 아니지만 우리는 이러한 형태들을 통해 리더십이 매우 복잡하고 다양한 현상임을 알 수 있다. 또한 이것은 "리더십에는 정도가 없으며 그때 그때 상황에 따라 달라진다"[14]는 사실을 잘 보여 준다. 그러므로 특정 시간, 특정 상황에서 어떠한 형태의 리더십이 요구되는가 하는 것이 중요하다.

리더십을 이해하기 위해 또 한 가지 알아야 할 영역이 있다. 우리는 조직에 대해 언급할 때 자신이 가지고 있는 이미지를 간과할 때가 많으며, 한두 개의 지배적 이미지에 너무 의존하는 경향이 있다. 가렛 모건(Gareth Morgan)이 주장한 것처럼 조직은 다음과 같은 여러 요소로 이해될 수 있다. (1)기계 또는 기계 장치 (2)일정한 환경 속에 놓인 하나의 유기체 (3)조직의 발전에 대한 강조 및 정보 처리를 포함한 전자 시스템이나 홀로그래픽 방식 (4)다양한 종류의 하위문화를 포함해 나름대로의 시대정신과 역사, 가치관, 상징을 가진 문화적 집단 (5)감독 방식, 권력 형태, 갈등 해소 능력에 관심을 가진 정치적 시스템 (6)대인 시스템(interpersonal systems). 이 시스템은 순기능이나 역기능을 할 수 있고, 고무적이거나 억압적일 수 있으며, 두려움을 주거나 자유롭게 할 수도 있다. 특정 조직의 성격을 제대로 이해하기만 한다면 조직의 발전과

효율적인 운영에 도움을 주는 리더십 발전에 걸맞은 표현과 충고를 할 수 있다.[15]

리더십이 미치는 범위에 대해서도 살펴볼 필요가 있다. 리더십의 범위에 대한 연구가 시작되고 처음 수십 년간 리더십은 종종 조직의 최상위 계층에만 존재하며, 하위 계층의 감독자에게 내려올수록 점차 사라진다고 생각했다. 그러나 최근의 연구나 경험에 따르면 리더십은 훨씬 광범위한 방식으로 조직 전체에 파급된다. 사실 리더십은 모든 구성원에게 영향을 준다. 리더십은 누군가 특정 과업을 탁월한 방식으로 처리해낼 때, 비효율적인 작업 방식에 의문을 가질 때, 다른 사람들로부터 존경을 받을 때, 동료의 어려움을 돌아볼 때, 특별한 향상을 보일 때, 비주류에 속한 주변인 또는 새로 들어온 사람에게 따뜻한 모습을 보이거나 외부 사람들에 대해 조직이 가지고 있는 최상의 모습을 보여 줄 때 발생한다.

기러기는 겨울을 나기 위해 남쪽으로 이동할 때 언제나 V자 형태를 유지한다. 이 현상에 대한 연구에 따르면 V자 형태가 공기 저항을 줄여 곁에 있는 새의 비행을 돕는다고 한다. 이 형태를 취할 경우 모든 새는 각자가 비행하는 것보다 적어도 70%의 거리를 더 비행할 수 있다. 대열에서 이탈한 새는 홀로 나는 것이 얼마나 힘든지 이내 깨닫고 다시 대열에 합류한다. 선두에서 나는 기러기가 지치면 뒤로 물러서고 다른 기러기가 그 지위를 대신한다. 이런 방식으로 모든 기러기는 번갈아 가며 잠깐씩 리더 역할을 한다. 이러한 기러기의 행동은 리더십에 대한 교훈을 준다. 모든 형태의 리더십이나 조직이 이런 방식으로 움직이는 것은 아니지만 모든 조직의 구성원은 언젠가 리더로서의 역할을 할 수 있는 잠재력을 지닌 중요한 사람들이다.

리더십의 제 단계(level/stage)에 대해서도 알아 둘 필요가 있다. 전자와 관련해 엘리엇 자크(Elliott Jacques)는 다양한 단계의 권위와 복잡성 및 기술을 제시했다. 조직 내 단계의 수는 조직의 규모와 방침에 따라 정해진다. 전형적인 조직의 단계는 다음과 같다. (1)육체노동에 의존하는 단순 노동 단계. 이들의 목표는 노동의 질 향상이며 따라서 리더의 역할은 다른 사람에게 맡기게 된다. (2)소비자나 고객은 물론 단순 노동 단계에 속한 자들을 지원하고 봉사하는 단계. 이들의 목표는 서비스이며, 따라서 남을 지원하는 임무가 극대화될 때 주변 사람들에게 리더의 지위를 내주게 된다. (3)업무 계획 수립 및 원활한 업무를 위해 각 부서를 연결하고 조정하는 시스템과 관련된 단계. (4)앞으로 할 일을 개발하고 설계하는 지적 노동 단계. 이들의 목표는 다른 사람이나 조직에 대해 방법을 제시하는 전략적 능력을 보여 주는 것이다. (5)주어진 상황 안에서 조직의 목표와 방향을 검토하고 설정하는 단계. 이들이 설정하는 새로운 업무 추진 방향은 개인의 도덕성이나 조직의 효율성에 지대한 영향을 미치게 된다. (6)국제 정세를 읽고 이해하는 단계. 이들은 자신에게 직속된 일선 경영 부서에 대해 새로운 국제적 기업 환경에 대처할 수 있도록 주의를 촉구한다. (7)한 차원 높은 가치관 정립 및 상황 타개를 통해 조직의 항구적 생존을 추구하는 단계.

이들은 조직의 유산을 이어 갈 수 있는 여건을 조성한다.[16] 교회나 기업을 막론하고 모든 조직이 해결해야 할 핵심적인 과제는 불필요한 단계가 생기거나 중요한 단계가 누락되지는 않은지 잘 파악해야 한다는 것이다. 오늘날 조직의 규모 축소를 선호하는 현상과 함께 인원 감축이 안고 있는 위험성 가운데 하나는 핵심 단계가 빠져 나간다는 것이다.

자크의 주장과 원리적인 면에서는 중복되지만 결코 동일하지 않은 또 하나의 유형학은 리더십과 관련해 한 개인이 일생 동안 거치는 단계에 관한 것이다. 예를 들어 젊은 시절에는 가능한 한 자신에게 부여된 책임을 완수함으로써 조직을 위해 헌신한다. 중년기에는 일을 통해 실제적인 기여를 하게 되는데, 이를 위해서는 봉사정신과 함께 용기가 필요하다. 노년기에는 자신의 업적이 개인이나 조직에 항구적인 영향을 주기를 바라면서 자신이 남긴 유산을 되돌아본다. 그러기 위해서는 현명한 지혜가 필수적이다. 따라서 리더십 훈련은 이러한 제 단계를 고려해 각 단계에 진입하려는 사람이나 이미 들어선 사람에게 구체적인 훈련 기회를 제공하고 경험을 쌓을 수 있도록 해야 한다.

또한 오늘날 각 세대가 리더십에 대해 가지고 있는 관점의 차이를 이해해야 한다. 지난 10여 년간 소위 기성세대와 베이비붐세대 및 신세대의 리더십에 대해 수많은 연구가 진행됐으며, 성과 면에서도 큰 진전이 있었다. 각 세대를 그룹별로 지나치게 일반화하는 것은 현명한 방법이 아니지만 어느 정도의 차이점이 나타나는 것은 분명한 사실이다. 대체로 기성세대는 리더십에 대해 다소 전통적인 접근을 한다. 이들은 일사불란한 권위를 통해 수행되는 계급적(hierarchical) 또는 상명하달식(chain-of-command) 모델에 익숙하며, 남존여비사상과 같은 고정관념에 젖어 있다. 기성세대가 가지고 있는 리더십의 역할은 주로 위로부터의 지시와 아래로부터의 복종이라는 명령 계통적 구조이고, 정보 공유는 필요한 것만 알면 된다는 식이며, 모든 기획(promotion)은 주로 윗선에서 조직을 통해서만 일어난다. 이 세대는 다음 세대에 권력을 넘겨준 곳도 일부 있지만 여전히 수많은 조직의 상층부를 점하고 있다.

다음 세대인 베이비붐세대는 리더십을 바라보는 관점이 대체적으로 다르다. 이들은 계급적이거나 상명하달식 명령 계통 대신 상호적이고(complementarity) 참여적인 지배(circles of governance)를 선호한다. 리더가 하는 역할은 분명히 있지만 지위에 따라 더욱 중요한 역할을 하는 곳이 있으며, 이들의 리더십 스타일은 좀 더 협의적이고 협동적이다. 모든 구성원이 일정 역할을 하는 팀체제(team)는 맡은 일을 하나씩 처리해 나감에 따라 점차 큰 역할을 맡는다. 단순히 명령을 내리기보다 취지를 설명하고, 복종을 강요하기보다 동참과 협조를 구하며, 정보 공유에 좀 더 개방적인 한편 기획에 있어서도 더욱 유연한 접근을 한다. 또한 이 세대는 기성세대에 비해 지도자가 구성원을 인격적으로 대하고, 상호 인간적인 관계를 맺으며, 개인의 발전을 도모해 주는 능력을 높이 평가하는 경향이 있다.

새로운 첨단 기술, 레저산업이나 지식 산업에서는 이미 다음 세대로 주도권이 넘어갔다. 이 신세대의 특징은 리더십 자체에 대한 전반적인 반감이다. 이들은 포괄적이고 사용자 친화적인 이전 세대의 모델을 진지하게 여기는 것이 아니라 과장되고 가식적이며, 따라서 기능적이라기보다 형식적이고 인위적이라고 생각한다. 이들은 그룹 내에서 리더나 주도적 역할을 하기보다 그룹 주변을 맴돌며 리더십에 소극적으로 접근한다. 이 세대의 리더십은 의견의 합일점을 찾는 방식을 지향하는 상당한 자치권을 가진 네트워크 조직의 형태를 취한다. 이들은 대표를 뽑거나 이러한 대표 자격을 갖추려고 애쓰기보다 각자의 지혜와 상상력을 발휘해 조직에 기여할 수 있도록 모든 구성원에게 힘을 부여하는 방안을 추구한다. 이들은 이런 과정을 통해 리더십을 경험하며, 따라서 이러한 리더십은 어느 한 곳에서만 나오는 제한된 리더십이 아니라 더욱 광범위한 리더십이 된다.

리더십과 그 이슈들

여성과 리더십

오늘날 리더십에 대한 관심이 증가하고 있는 이면에는 여성의 리더십이 한 자리를 차지하고 있다. 존 네이스빗(John Naisbitt)과 패트리셔 애버딘(Patricia Aburdene)은 『메가트렌드 2000』(*Megatrends*

2000)이라는 책에서 1990년대의 여성은 더 이상 사회의 소수파로 머물지 않을 것이라고 내다보았다. 이들은 "오늘날 기업의 지도자가 되는 과정에 있어서 남자라고 해서 여자보다 유리한 것은 전혀 없다. 우리는 아직 제대로 인식하지 못하고 있지만 오늘날 미국 재계에서는 이미 남자와 여자가 동등한 조건 아래 경주하고 있다"고 주장한다.[17]

여성의 역할에 많은 변화가 있었다는 것은 사실이다. 여성은 전업주부에서 자녀 양육의 부담이 없는 직장 여성 및 이 두 가지를 모두 병행하기까지 다양한 선택을 할 수 있게 되었다. 그러나 과연 여성이 오늘날 직장 서열에서 지도자로서 남성과 동등한 지위를 누리고 있는가? 실제로 직장의 책임자급 지위에 여성의 진출은 두드러지게 증가했으며, 이 수도 20세기 마지막 30년 동안 약 세 배 가까이 늘어났다.[18] 그러나 고위층의 경우 여성 지도자의 수는 같은 비율만큼 증가세를 보이지 못하고 있다. 「포춘」(*Fortune*)이 선정한 1000대 기업 총수 가운데 여성은 1.1%에 불과하다.[19] 우리가 느끼는 변화의 정도가 실제보다 훨씬 커 보였을 뿐이다. 네이스빗과 애버딘의 예측은 하나의 궁극적인 가능성이었을 뿐 아직은 이러한 기대가 현실화되지 않은 것이다.

여성이 리더십에 대한 재능을 발휘해야 한다는 소명을 느꼈다고 할지라도 한편으로는 이것을 가로막는 저항에 부닥칠 수 있다. 특히 신앙을 가진 여성에게 직장에서의 평등에 관한 이슈는 직업에 대한 소명이라는 문제와 맞물린다. 고위급 지도자 계층에서 여성의 목소리는 아직도 미미하며, 여성이 조직의 중대사를 논의하는 지위에 앉기까지는 특별한 용기와 확고한 소명 의식이 필요하다.

미국 하버드 대학의 교육학자인 데버러 스위스(Deborah Swiss)는 "지난 10년간 직장에서 여성의 약진이 잠시 멈춘 시기에 너무나 많은 기업의 지도자가 말과 행동이 다른 삶을 보였다"고 주장한다.[20] 그녀는 전국의 전문직 여성을 대표하는 325명에 대한 조사를 통해 직장 여성에 관한 다음과 같은 결과를 제시했다.

- 임금 격차에는 성별의 차이가 반영됐다.
- 여성이 경영자가 되기 위한 부서의 업무를 맡을지라도 고위급 관리자/지도자가 되는 데에는 아무런 도움을 주지 못한다.
- 각종 위원회 의장이나 주요 직책을 맡길 때 종종 재능보다 성별이 중요한 요소로 작용한다.
- 아무리 훌륭한 기안이나 정책도 최고경영자나 상급자의 지원이 없으면 아무런 소용이 없다.
- 객관적인 기준이 없이 사람을 평가한다는 것은 여성과 남성에게 다른 기준을 적용해야 한다는 이중적인 잣대를 영속화한다.
- 여성에게 성희롱 문제는 주변의 도움을 받지 못하는 작업 환경을 조성하는 단초를 제공하는 원인이 된다.
- 여성의 승진을 가로막는 가장 큰 요소는 자녀 양육에

대한 책임이 아니라 성별에 대한 사회적 편견이다.[21]

　스위스는 계속해서 여성이 리더십을 발휘할 수 있는 고위직으로 승진하지 못하는 원인에 대해 다음과 같은 두 가지 잘못된 가설을 예로 제시했다. (1)송유관 이론(pipeline theory): 여성에게 지도자가 되기 위한 경력을 쌓을 수 있도록 허락한다면 성별이 잠재적 경력을 제한하지 않을 것이라는 이론. 이 이론은 여성의 전반적인 승진에 큰 영향을 끼치지 못했다. 지배적인 현실은 여성이 남성과 같은 대우를 받기 위해서 두 배의 노력과 업무 능력을 보여 주어야 한다는 것이다. (2)직장과 가정의 병행에 관한 통념(work-family myth): 조직이 여성의 육아나 가사 책임에 대해 조금만 더 유연하게 대처하고 지원한다면 여성은 훨씬 발전할 수 있다는 이론. 이 이론 역시 큰 영향을 끼치지 못했다. 가장 가족 친화적 기업으로 분류되는 회사들도 여성의 승진을 가로막는 보이지 않는 장벽을 허물기 위한 조치는 거의 하지 않았다.

　스위스는 여성에게 부정적인 영향을 끼칠 수 있는 조치나 조직 문화와 관련해 협력적인 방식을 선호하며, 상명하달식 리더십 스타일에 반감을 가진 여성은 경력에 지장을 받을 수 있다고 말한다. 그나마 오늘날 많은 조직이 협동적 리더십의 가치를 새롭게 인식하고 이 방식을 점차 선호하는 추세를 보이고 있다는 사실은 다행한 일이다. 여성에게는 이 스타일이 대체적으로 적절하며, 특히 신앙을 가진 여성이 공동체를 조직적으로 이끌어가기 위해서는 진지한 협력을 통해 발휘하는 리더십이 매우 중요하다.

더 많은 여성이 더 영향력 있는 지위에 있어야 한다는 당위성과 관련해 우리는 다양성과 변화라는 이슈를 빼놓을 수 없다. 제니퍼 제임스(Jennifer James)는 『미래적 사고』(*Thinking in the Future Tense*)에서 다양성은 "정책보다 우위에 있다. …… 이것은 국가적 염원이자 우리 모두의 일치된 신조"라면서 우리는 "다양한 문화를 가진 하나의 국가"이며, 이것은 "우리가 추구하고 지향해야 할 지표, 즉 많은 문화를 가진 하나의 세계다. …… 이러한 다양성을 어떻게 가꿔 나갈 것인가 하는 문제는 앞으로 올 변화에 우리가 얼마나 잘 대처할 수 있을지를 보여 주는 시금석이 될 것이다"라고 주장한다. 제임스는 수필가 오스타 보언(Asta Bowen)의 글을 인용해 이 땅에서 "우리는 '최상의 민주주의를 구가하기 위해' 선구자적 노력을 기울이고 있으며, 특히 믿음의 지도자로서 모든 이질적인 것을 포용하고 받아들여야 한다"고 말하고 더 넓은 의미에서 "스스로 세계 시민이 되기 위해 노력하고, 모든 나라를 자유롭게 왕래하며 화폐와 언어 및 풍속의 자유로운 교류가 있어야 한다"라고 주장한다.[22] 21세기의 경제적 성공은 이와 같은 다양성을 어느 정도 수용할 수 있느냐에 전적으로 달려 있다. 그녀는 계속해서 문화적 속박에서 벗어난 자유로운 학문, 즉 공동체 정신 함양과 함께 개인과 조직 모두에 대해 '문화적 다원성에 대한 높은 지능지수'(high diversity IQs) 계발의 필요성을 주장한다. 2050년까지 미국 노동자의 60% 이상이 유색인종으로 채워질 것이며, 40% 이상은 여성이 차지할 것이다. 제임스는 문화적 소수파로 남아 있다는 것이 얼마나 어려운지를 지적한다. 새로운 기술 세대가 등장할 때마다 소수파는 자신의 능력을 입증해 보이려고 한다. 그러나 자신의 기술을 충분히 선보이고 인정을 받은 뒤에는 다수파가 다원성의 실용적 가치를 찾으려고 한다. 여성의 경우도 마찬가지다. 제임스는 지도층에 있는 여성들에 대해 다음과 같이 주장했다.

> 노동 관련 법조문의 개정, 경제적 균형의 변화, 노동의 역할 분담 변화는 사회의 심층부를 송두리째 흔들어 놓았다. 이러한 변화와 여성에 대한 두려움은 마거릿 대처나 베나지르 부토와 같은 성공적인 경우에도 불구하고 이미 전 세계적으로 확산된 것으로 보인다.[23]

　문화적 변화는 개인이나 조직 깊숙이 파고든다. 장기적인 변화를 가져오기 위해서는 "자기 자신의 용기를 신뢰해야 하며, 다원성에 대한 통찰력을 찾을 수 있는 가장 좋은 장소도 자기 자신"이다.[24] 우리는 이 목록에 신앙을 추가할 수 있을 것이다. 변화와 다원성을 받아들이기 위해서는 용기와 통찰력과 신앙이 필요하다. 믿음을 가진 여성 지도자는 변혁적 세계관을 받아들인다. 하나님의 뜻이 믿음의 사람들을 통해 세상을 변화시키는 것이라면, 믿음이 이끄는(faith-driven) 여성 지도자는 시스템 변화를 통해 다원성을 인정하고 존중하며 누릴 수 있는 방법을 찾아야 할 것이다. 우리는 이것을 믿음의 리더십을 통한 구속(redemptive) 사역의 한 요소로 볼 수 있을 것이다.

중요한 긴장

일터에서 믿음의 리더십은 신앙이 리더십에 영향을 미치는가라는 질문으로 시작된다. 이 질문에 대답하기 위한 한 가지 방법은 신앙을 그리스도인의 가치관과 기업 행위의 통합자(integrator)로 보는 것이다. 신앙은 리더십으로 하여금 세상 및 사람과 자신이 하는 일의 목적에 대한 확신의 닻을 내리게 한다. 매일의 삶에서 신앙은 지도자로 하여금 기업에 관한 창조적인 해결책을 찾도록 강요한다. 이러한 해결책은 기업 운영에 관한 일상적인 레이더망에는 나타나지 않는다.

믿음의 지도자가 항상 마주치는 세 가지 핵심적인 긴장은 다음과 같다.

1. 빛과 소금으로서 그리고 직장인으로서의 업무 능력 사이의 긴장: 직업상의 전문적 능력을 추구하는 것과 세속 사회에서 자신의 신앙을 직접 밝혀야 할 때가 언제인지를 아는 것.
2. 소명과 하나님에 대한 신뢰 사이의 긴장: 하나님의 인도하심에 따라 리더로서 섬기는 것과 자신의 소명을 따를 기회가 주어지지 않는 것처럼 보이는 상황

에서 하나님을 신뢰하는 것.

3. 가정과 직장 사이의 갈등: 고결성을 추구하는 동안
주변 사람들을 지나치게 소홀히 대함으로써 느끼는
자책감과 가정에 대한 충실 사이의 갈등.

로라 내쉬(Laura Nash)는 『일터에서의 신앙인들』(*Believers in Business*)에서 믿음의 지도자가 만나는 몇 가지 추가적 긴장을 제시했다.

- 하나님의 뜻과 자신에게 주어진 권한
- 사랑과 경쟁
- 직원들의 요구와 이윤 창출에 대한 책임
- 성공에 대한 야욕과 겸손
- 자선과 부[25]

믿음의 지도자는 언제나 이러한 양 극단 사이에 있으며, 신앙은 이 양 극단을 긴장 가운데 붙들어매는 접착제라고 할 수 있다. 이러한 긴장 가운데 지내면서 리더십을 위한 여정을 수용하기 위해서 우리가 세상에서 존재하는 것이 하나님의 어떤 목적을 이루기 위함인가 하는 소명의 참 의미에 대해 다시 한번 생각해 봐야 할 것이다.[26] 신앙과 리더십은 이러한 소명 및 가치관과 행동이 함께하는 곳에서 만난다. 과연 신앙은 리더십에 영향을 주는가? 대답은

너무나도 명확하다. 그렇다!

권력에 관한 문제

리더십과 신앙에 관한 논쟁에서 또 한 가지 빠질 수 없는 것이 권력(power)에 관한 개념과 이것을 어떻게 사용해야 사람 및 프로젝트와 절차를 통해 조직의 목표를 달성할 수 있을 것인가에 관한 문제다. 재닛 하그버그(Janet Hagberg)는 믿음의 사람들에게 적합한 권력 사용과 관련해 심도 있는 접근을 했다. "한 개인의 힘은 행동을 위한 외적 능력(외적 권력)과 자기 성찰을 위한 내적 능력(내적 권력)을 연결하는 정도에 달려 있다."[27] 이러한 사고는 지도자가 권력과 내적 성찰을 동시에 추구함으로써 사려 깊은 행동을 할 수 있게 한 것으로, 단체나 팀 및 조직에 필요하다.

하그버그는 권력을 시간이 지남에 따라 점차 자라고 발전하는 것으로 이해했다. 파워는 다음과 같은 여섯 가지 단계를 따라 이동하는 경향이 있다.

1. 권력이 전혀 없는 상태: 이 단계에 있는 지도자는 특별한 위험 부담이 없으며 의존적이고 쉽게 덫에 걸릴 수 있으며 유약하지만 희망이 없는 것이 아니다. 이러한 사람들은 강제적인 방식으로 다스리려고 하며 다른 사람에게 두려움을 불러일으키게 한다.
2. 사교에 의한 권력: 이러한 파워는 지도자가 요령을

배워 알고 있는 경우에 해당된다. 이 단계에서는 어느 정도 상급자에게 의존하는 경향이 있으며, 이 단계에서 권력을 기르기 위해서는 지도자가 위험을 무릅쓰고 홀로서기를 통해 스스로의 힘과 능력을 길러야 한다. 이런 지도자의 리더십은 주로 회유를 통해 나오며 다른 사람에게 의존성을 심어 준다.

3. 상징에 의한 권력: 이 단계의 권력은 지배하려는 성격을 띤다. 이 권력을 행사하는 자는 종종 야망이 있다거나 경쟁적이거나 카리스마적이거나 자기중심적이라는 평을 듣는다. 이들은 자신이 이러한 지배하려는 권력에 사로잡혀 있다는 사실을 모르기 때문에 다음 단계로 나아가지 못한다. 이들은 개인적 설득을 통해 사람들을 이끌며, 승부욕을 불러일으키게 한다.

4. 자기 성찰에 의한 권력: 이 단계의 지도자는 감화력을 통해 힘을 발휘한다. 이들은 강하고 사색적이며, 능력이 있고 멘토링(mentoring)에 능하다. 이들은 고결한 삶의 모범을 보이고 희망을 심어줌으로써 훌륭한 리더십을 발휘한다.

5. 목적에 의한 권력: 목적을 매개로 권력을 발휘하는 단계로, 이들은 대개 훌륭한 비전을 가지고 있으며 종종 '변칙자들'(the irregulars)로 불린다. 이 단계의

지도자들은 결코 자기중심적이지 않기 때문이다. 이들은 언제든지 다른 사람에게 권한을 넘길 준비를 갖추고 있다. 이들은 자신을 존중하고 온화하며 겸손하고 삶의 목적에 대한 확신을 가지고 있으며 영적이다. 이 단계의 지도자임을 보증하는 특징은 다른 사람에게 힘을 실어 주는 것이며, 이것은 사랑과 헌신을 불러일으킨다.

6. 게슈탈트(gestalt, 통합적 형태)에 의한 권력: 마지막 단계의 권력은 지혜의 모습으로 나타난다. 이 단계의 지도자는 이 땅의 순수한 영혼으로 불린다. 이들은 역설(paradox)에 익숙하고 죽음을 두려워하지 아니하며 은밀히 섬기고 봉사하며 윤리적이기 때문이다. 어떤 면에서 이들의 권력은 겉으로는 거의 드러나지 않으며 주변 사람들에게 내적 평화를 심어 주는 데 힘쓴다.[28]

이 모델은 지도자 중심의 권력에서 점차 다른 곳에 초점을 맞춘 영향력으로 권력이 옮겨 가는 것을 보여 준다. 이것은 지도자가 자신이 아니라 다른 사람을 섬기는 내적 사색과 연결될 때 권력이 보장된다는 사실을 보여 준다. 믿음의 지도자는 4~6단계에서 고결한 인격적 신앙과 주어진 권한 사이의 균형점을 찾는다.

결론

리더십에 대한 연구는 주변의 인징 여부와 관계 없이 가치(value)에 초점을 맞추어야 한다. 오늘날 리더십이 안고 있는 위기는 근본적으로 가치의 위기다. 리더십을 논하면서 리더십의 본질이자 외형적 실체에 해당하는 가치의 문제를 도외시할 수는 없다. 리더십은 결코 가치중립적(value-free)이 아니며, 따라서 가치 판단을 할 수 없다고 생각하는 것은 리더십의 위기를 앞당기는 결과를 초래하게 될 것이다. 적어도 리더십 연구에 있어서 중립지대는 존재하지 않는다. 리더십의 상호작용적 본질은 사람과 이들의 삶 속에 깊숙이 개입되어 있으며, 따라서 도덕적 차원에서의 접근이 요구된다. 하버드 비즈니스 스쿨(Harvard Business School)의 MBA 과정에 있는 한 학생은 "리더십은 수많은 열망이 포함된 단어다"라고 했다. 뒤따르는 자들은 자신이 원하는 것, 필요, 열망, 기대, 지도자와 따르는 자(leader-follower)의 관계에 대한 희망을 가지고 온다. 이런 이유로 **리더십**이란 단어와 이러한 행위 속에는 그들과 조직의 열망에 대한 무거운 책임감이 내포돼 있다. 리더십에 내재된 열망은 급속한 변화와 함께 사회가 지역화를 탈피해 세계화함에 따라 더욱 커져 간다. 지도자는 이러한 열망에 부응하고 대안을 제시할 뿐 아니라 지도자와 따르는 자 및 조직의 도덕성을 함양할 방법을 강구해야 한다.

물론 가치에 관한 이슈 속에는 핵심 신념들(core beliefs)과 세계관이 포함된다. 이러한 것들은 태도와 행동에 변화를 주고, 동기를 부여하며, 목표를 지향하게 한다. 기독교적 인생관이 개입할 수 있는 진입점(entry point)이 되는 곳이 바로 여기다. 리더십에 대한 기독교적 관점과 세속적 관점은 극명한 대조를 보인다. 양자의 관계는 단순한 기업경영 리더십과 성경적 모델 및 가치관에 기초한 리더십 사이의 긴장으로 설명할 수 있다. 또는 섬김을 통한 리더십과 지배 및 통치에 바탕을 둔 리더십으로 표현할 수 있을 것이다.

섬김을 통해 발휘되는 섬김의 리더십(servant leadership)이라는 단어가 원래 비즈니스 계통에서 나왔다는 사실과는 무관하게 ─ 퀘이커교도적 배경을 가진 로버트 그린리프(Robert Greenleaf)의 글에 따르면 ─ 이러한 양극화로 인해 엉뚱한 곳에서 폐단이 발생했다. 우선 교회 내에서, 더욱이 섬김의 리더십을 실천해야 할 영역에서조차 지배에 기초한 리더십이 성행하고 있다는 것이다. 한편으로는 기독교적 관점과 세속적 관점에 대한 지나친 구별이 하나님께서 세상 안에서 소위 일반계시와 그러한 사연을 통해 역사하신다는 사실조차 간과하게 만들고 있다. 따라서 성경은 기독교적 관점의 리더십을 결정하는 최종적이고 궁극적인 규범이지만, 그리스도인은 일반계시의 차원에서 진지하게 논의되고 있는 리더십에 대해서도 마음을 열어 놓아야 한다. 이어지는 내용은 교회 리더십에 대한 비판적 시각과 함께 일반 사회에서 볼 수 있는 경건한 리더십에 대한 긍정적인 관점에 대한 소개다.

제2장

리더십에 대한
성경적·역사적·현대적 관점

리더십에 관한 오늘날의 연구 및 최근에 나온 저서에 대해 1장에서 살펴보았지만, 논의를 계속하기 전에 여기서 잠시 시대를 거슬러 올라갈 필요가 있을 것 같다. 2장에서는 수세기 동안 이루어진 리더십에 대한 기독교적 접근방식에 대해 살펴볼 것이다. 여기에는 베네딕트 수도회, 루터교, 장로교, 퀘이커교 및 오순절 전통이 포함된다. 이들의 접근방식은 주로 교회 또는 수도회와 같은 기관을 바탕으로 하고 있기 때문에 명시적이든지 암묵적이든지 특정 체계를 갖춘 신학적 신념에 의해 영향을 받게 되어 있다. 종종 성직자나 사역의 본질과 형식에 대한 각 전통의 입장에 관한 연구가 진행되기도 했지만 리더십에 관한 연구는 매우 드물게, 그것도 리더십과 관련된 광범위한 이슈만 다루었을 뿐이다.

그러나 좀 더 근본적인 준거점을 얻기 위해서는 이와 같이 영향력 있는 전통보다 성경 자체로부터 시작하는 것이 타당할 것이다. 성경은 리더십을 포함해 신앙과 삶의 모든 중요한 국면에 대해 살펴볼 수 있는 잣대를 제공하기 때문이다. 여기에서의 초점은 신약성경에 맞춰진다. 구약성경의 자료는 나중에 다시 살펴보면서 부가적 결론으로 도출할 것이다.

성경적 벤치마크: 바울의 리더십

초기 그리스도인 가운데 리더십에 대한 이해를 가장 분명하고 구체적으로 제시한 사람은 바울이다. 그는 준교회(parachurch) 선교팀과 조직을 이끌고 다양한 문화적 상황에 놓인 지역 회중을 세워 나갔으며, 광범위한 영적 전선에서 리더십을 발휘했다. 바울은 리더십의 본질과 실제에 대해 체계적인 설명을 제공하지 않았지만 ― 사실 그는 리더십의 특성과 실제에 관한 근본적인 질문을 했다 ― 실제적인 신학적 이해에 많은 기여를 했다. 이어서 살펴볼 내용은 교회 내에서 지도자가 해야 할 역할, 바울과 그의 동역자들이 교회에서 수행한 역할, 이러한 교회들을 태동시킨 선교팀 안에서 바울이 맡은 역할에 관한 것이다.[1]

교회에서의 리더십

현대인에게 지배(governance)는 최대 관심사라 할 수 있다. 리더십은 민주적 관료사회라면 어디에서나 가장 중요한 관심사다. 교회도 마찬가지다. 교회는 어느 때보다 훨씬 민주적이고 관료적이 되었다. 사람들은 사회 체제나 종교적 영역 안에서 무엇보다 질서를 존중한다. 이것은 단순한 선입견이 아니라 하나의 덕이며, 수단에 불과한 것이 아니라 목적에 해당한다. 앞에서 언급한 대로 리더십의 문제는 상명하달식 명령 계통과 수직적 권위를 바라보는 관점에 영향을 미친다. 따라서 자칫하면 이 문제를 바울의 교회관에 있어서 가장 우선적 관심사로 해석할 위험성이 있다. 그는 확실히 질서 있는 교회, 성도가 적절한 보호와 인도를 받는 문제에 관심이 있었다. 그러나 교회의 방향이 잘못된 경우를 제외하고는 이 문제에 대해 언급한 적이 거의 없다. 그에게는 질서에 관한 문제가 본질적인 문제에 비하면 부차적인 것에 불과했던 것이다.

리더십과 관련된 용어

바울이 이 문제에 관해 언급할 때 사용한 기본적인 단어를 살펴보더라도 우리는 최고 수장이나 공권력 및 조직과 관련된 단어는 빈도수가 낮다는 사실을 알고 당황하게 될 것이다. 당시 지도층에 있는 사람들을 지칭할 때 사용된 단어들 가운데 바울이 사용한 유일한 고위직 단어는 그리스도에게 사용되었다(골 1:18). 바울의 글에는 질서나 질서의 필요성에 관한 언급이 자주 나타나지 않으며

(고전 14:40; 골 2:5), 교회와 관련해서는 고린도 성도들에게 그들이 모일 때 지켜야 할 사항에 대해 교훈하는 가운데(고전 14:13-40) 말미에 한 번 등장할 뿐이다. 이 말의 반대되는 뜻을 가진 단어는 무질서(unruliness)로, 어지러움과 관련된다(고전 14:33; 고후 12:20). 바울은 결코 한 사람 또는 소수의 사람에게 모임을 통제하는 역할이 주어졌다고 말하지 않는다. 이러한 책임은 성령께서 말씀하신 것을 분별하며 나누는 모든 사람에게 주어졌다(고전 12:7-11; 14:28, 30, 32). 조직은 적극적인 참여와 신비로운 과정을 통해 만들어지며 소수에 의해 결정되지 않는다.

권위(authority)라는 단어 역시 바울의 글에 자주 등장하지 않는다. 그는 지역 교회의 지도자와 관련해 이 단어를 일절 사용하지 않았지만 자신의 지위와 관련해 두 번 사용했으며, 당시 그의 사도직은 교회와 관련해 심각한 도전을 받고 있었다. 고린도에서 그는 교회를 세운 자로서 교회와 특별한 관계를 정립하고자 한 것은 분명하지만(고후 10-13장) '거짓 사도들'이 자처한 권위주의적 방식과는 전혀 다른 것이었다. 그는 성도들에게 부당한 방법으로 영향력을 행사하지 않았으며(고후 10:3), 자신의 유능함을 자랑하거나(고후 10:12-15) 말로써 교회를 현혹시키거나(고후 11:5-6) 개종자들을 조장하거나 지배하려 하지 않았다(고후 11:16-19; 고후 1:24). 그의 '권위'는 건설적인 목적을 위해서만 사용되었으며, 언제나 자신이 가기 전에 교회가 합당하고 바른 삶을 영위함으로써 더 이상 개입하지 않아도 되기만을 바랐다.

리더십 이해를 위한 기초적 은유

조직 및 권위와 관련해 바울은 몇 가지 은유를 통해 자신의 관점을 위한 전체적인 준거 기준 또는 패러다임을 제공한다. 그 기초가 되는 것이 가정생활에 관한 은유와 비유다. 이것은 하나님과 자기 백성의 관계에 대해 언급할 때 주로 가정과 관련된 용어가 사용된다는 점에서 매우 자연스러운 방법이라고 할 수 있다. 하나님은 '아버지'이며 신자는 '자녀'라는 차원에서, 바울도 자신을 믿음의 '자녀'를 낳은 '아비'라고 표현한다(고전 4:14-15; 고후 12:14; 살전 2:11). 이것은 매우 정감 있는 표현으로 가부장적이기보다 책임감 있는 부성을 잘 드러내는 표현이다. 또한 바울은 자신을 산고를 겪은 '어머니'(갈 4:19)나 자녀를 돌보는 유모(살전 2:7; 고전 3:2)로 표현한다. 이러한 은유는 바울과 성도들 간의 애정이 가득한 관계 및 그들에 대한 책임감을 강조한다. 그러나 바울이 그들에게 자신에 대한 의존심을 심어 주려 했다고 생각하는 것은 잘못이다. 그는 신자들을 성인 아이(adult child)처럼 대했으며, 그들이 그리스도 안에서 '성숙하여' 믿음 안에서 장성한 자가 되기를 촉구한 것이다(고전 14:20; 엡 4:14). 바울의 글 속에 나타난 다른 은유들, 가령 건축자(고전 3:10-15)나 농부(고전 3:6-9)는 사역과 관련된 용어로 고린도 교회를 시작해 세워 나가는 기본적인 역할을 강조한다. 몸에 관한 은유(고전 12:12-27; 엡 4:1-16), 특히 인체의 유기적 기능과 관련된 표현들은 교회가 서로 하나가 되어 성장하도록 도와줘야 할 중심인물들의 핵심 역할에 대해 보여 준다.

회중이 이끌어 가는 리더십

바울에게 있어서 회중 가운데 일어난 일은 모두 성령의 역사였으며, 이러한 현상은 모든 사람의 유익을 위해 모인 무리 전체에 나타났다. 모든 회중은 이 거룩한 체험에 사로잡혔다(고전 12:7). 당시 현장의 모습은 동작의 역동성이 강조된 행위 동사를 통해 생생하게 묘사됐다. 즉 성령의 '역사하심'과 '나타나심'과 '나누어 주심'이 모인 무리에게 임한 것이다(고전 12:6-7, 11). 바울은 다양한 명사를 사용해 당시 상황의 다양성을 보여 주고 있다. 이것은 여러 가지 '은사'와 '직임'과 '역사'다(고전 12:4-6). 이러한 은사를 통해 나타난 활동들은 모두 성령의 다양한 역사하심을 보여 준다(롬 12:4-8; 고전 12:8-11; 엡 4:11-13). 따라서 바울에게 있어서 모든 성도는 이러한 모임에 마땅히 동참해야 할 의무가 있었으며, 비록 몇몇 사람이 더 중요한 역할을 하겠지만 이 일은 결코 어느 한 사람의 손이나 지도층 또는 예배 위원회에 달려 있지 않았다(고전 12:10; 14:30). 바울은 회중이 모일 때 해야 할 일에 관한 일반적인 지침을 제시했지만(고전 13:1-3; 14:9-32; 엡 4:12-15), 사실 모든 사람이 이 지침을 지킨다면 별도의 질서나 지도자는 필요가 없을 것이다.

신분 차별이 없는 공동체

공동체 내에서 다른 사람보다 더 중요한 역할을 수행하는 자들에 대한 언급은 교회 내의 핵심 인물에 대해 살펴보게 한다. 바울의 글에서 제사장직에 관한 용어는 은유적 형태로만 등장하며, 그의 광범위한 복음 전도 사역 및 사선(재정적) 활동과 관련해 주도적 인물이나 단체는 전혀 언급되지 않는다(롬 15:16, 27; 고후 9:12; 빌 2:17, 25, 30). 바울의 요점은 구약시대에 하나님께서 소수의 몇몇 사람에게만 요구한 제의적 활동과 같은 사역은 이제 모든 그리스도인에게 해당된다는 것이다. 이것은 중요한 임무를 맡아 온 자들의 역할을 비신성화(desacralize)하고 대중화한다. 오늘날 약식으로 진행되는 것과 달리 매주 시행된 온전한 만찬은 온 교회가 함께 참여하는 중요한 행사였다. 그러나 바울서신 어디에도 (논쟁 여부와 관계없이) 이 모임을 주재하는 공식적인 인물에 관한 언급은 없다. 이 역할은 식사를 제공하는 주인이 맡았을 것이다. 이것이 전형적인 일상이었다면 세례 역시 모임을 주도한 인물이 특별히 있었던 것은 아닐 것이다(고전 1:14-17). 세속적 직무의 경우 1세기에 사용된 30개 이상의 관련 단어 가운데 오직 하나만, 그것도 교회에서 그리스도께서 수행하시는 절대적 역할과 관련해 사용되었다(골 1:18). 반면에 섬김과 관련된 용어는 훨씬 자주 등장한다. 그러나 1세기 당시 이 용어가 하류층에 속한 사람들이 다른 사람의 수발을 든다는 개념으로만 사용된 것은 아니다. 사회 저명인사나 중요한 정치적 인물을 시중드는 자들은 상당한 지위를 누리며 중요한 관리 감독 및 행정업무를 수행했다. 이들은 누구를 섬기느냐에 따라 자신의 지위가 결정됐으며, 이들 가운데 많은 사람이 서민층에 속한 일반인보다 높은 사회적 지위를 누렸다. 더욱이 그리스도께서는 성도들의 주님이시기 때문에 그들의 섬김은 고귀하고 존경을 받아 마땅하며, 그리스도께서는 궁극적인 섬김의 모델이시기 때문에 우리가 이 문제를 어떻게 받아들여야 할지를 보여 주는 가장 확실한 사례가 된다.

지위(position)보다 기능(functioning)

신자가 교회에 기여하는 일과 관련해 대체로 명사보다 동사가 더 자주 사용된다. 그러므로 중요한 것은 어떤 지위를 맡았느냐가 아니라 어떤 기능을 수행하는가이다. 예를 들어 바울은 '수고하고' '권하며' '가르치는' 자들에 대해 언급하며(갈 6:6; 살전 5:12) 교회 안에서 갈등을 통해 옳다고 인정함을 받게 될 것이라고 언급한다(고전 11:19). 명사가 사용될 때에는 '돕는 것'과 '가르치는 것'이라는 용어로 사용되었다(고전 12:28). 이러한 용어는 극적인 기여라기보다 매우 일상적인 기능과 관련해 사용되는 경향이 있다. 목회 서신과는 별도로(예를 들어 딤전 5:17) **장로**라는 단어는 나이 많은 사람을 가리키며 한 도시에 있는 여러 교회에 대한 공동 책임을 가지고 있는 존경받는 그리스도인들을 지칭하는 것으로 보이는데, 바울의 다른 글에서는 나타나지 않는다(행 14:23). 감독(overseer)이란 단어는 단 한 번 복수 형태로 나타나며 직위라기보다 부류를 나타내는 말로서 '사도'라는 말의 보조 용어로 사용된다. 잘 알려진 것처럼 바울서신에 안수(ordination)와 관련된 용어는 나타나지 않는다. 안수하는 장면이 나오지만 이것은 성령의 임재(행 8:17)나 치유(행 9:17) 및 순회 전도 사역을 위한 파견(행 13:2-3)과 같은 여러 용도로 사용되었다. 그러나 사도행전에 따르면 바울과 바나바는 여러 교회에서 "장로들을 택하였다"(행 14:23). 이것은 공동체의 결정을 비준한 것으로서 공동체가 선정한 일곱 집사에게 안수한 것과 같은 이치다(행 6:3-6). 바울은 고린도 교회 내의 몇몇 중요 인물들에 대해 언급할 때에도 회중에게 그들뿐만 아니라 "함께 일하며 수고하는 모든 자에게"(고전 16:16) 복종할 것을 명령했다. 이것은 개인의 외적 자질보다 그들이 함께 추구하는 공동의 사역에 초점이 맞춰져 있음을 보여 준다.

가정에서의 인정 및 사회 경험

목회서신에서 볼 수 있듯이 사람들은 먼저 가정에서 인정을 받은 뒤에야 공동체의 감독이나 돕는 자가 될 수 있었다. 그러나 가정은 살림하는 공간일 뿐 아니라 가족을 부양하고 하인을 감독하는 일을 맡는 일종의 일터였던 것이다. 그렇기 때문에 일꾼들을 관리하는 일에 탁월한 경험과 평판을 가진 자 역시 교회에서 리더십을 발휘할 수 있었다. 이것은 디도 유스도(행 18:7), 아굴라와 브리스길라(롬 16:3), 가이오(롬 16:23), 눔바(골 4:15), 빌레몬과 압비아(몬 1-2)와 같은 몇몇 사람이 바울의 주목을 받은 계기가 되었다고 생각하는 것도 무리한 추측은 아니다. 이들의 사회적 신망이 공동체 내에서 좋은 평판을 얻을 수 있는 바탕이 된 것은 사실이지만 이것은 어디까지나 그들이 스데바나와 그의 집안과 같이 "성도 섬기기로 작정한 자"(고전 16:15)가 되었을 때만 가능한 일이었다. 그러나 이것은 전통적인 권위가 은사적 권위를 대치했다는 말이 아니다. 이들은 이러한 책임을 위해 단순한 사회적 신망 이상의 것을 갖춰야 했던 것이다. 우리는 공동체의 인정을 얻기 위해 사회적 신망이나 영적 은사뿐 아니라 헌신과 섬김이라는 자질도 필요했다는 사실을 알고 있다. 바울이 언급한 자들 가운데에는 여자도 있다. 이는 그들이 사도들의 순회 사역(롬 16:6-7)이나 예언 사역(고전 11:5)은 물론 공동체 생활에서도 종종 중요한 역할을 했음을 의미한다. 여자도 복음 전도자로서 사역했는데(빌 4:3), 바울의 동역자 가운데에는 부부도 포함되어 있었으며 이들은 종종 깊이 있는 말씀을 가르치기도 했다(행 18:26). 바울은 사회적 지위는 물론 성별도 초월했던 것이다.

명령이 아닌 설득에 의한 동기 부여

바울은 자신이 세운 교회의 태동 및 성장 과정에 중추적인 역할을 했다. 이 밖의 다른 교회들에 대해서도 그는 결코 절대적인 지위를 인정하지 않았으며 그렇게 할 수도 없었다(롬 1:11-13). 그러나 일상적인 교회 사역에 관해서는 회중에게 맡겼다. 바울은 빌립보 교회와 같이 모든 사역이 비교적 순조롭게 진행되고 있는 교회에 대해서는 이들의 문제에 대해 언급하면서 자신이 교회를 세운 사실이나 사도적 권위에 대해 특별히 상기시키지 않았다. 그러나 고린도 교회와 같이 문제가 있어서 자신의 역할에 도전을 받고 있는 교회의 경우 자신이 교회 설립에 산파 역할을 하였음을 상기시키고(고전 4:15) 더욱 직접적으로 개입했다. 그러나 그가 권위적 자세를 취했다는 사례는 결코 찾아볼 수 없다. 그는 성도들이 자신에게 '복종' 하기보다 '본받기' 를 바랐으며(고전 11:1; 갈 4:12), '명령' 보다 (고전 14:37) 사랑에 근거해(몬 8-9) 호소하는 방식을 통해 교훈했다 (고전 4:16). 복종을 요구하는 몇 안 되는 경우는 모두 사랑의 촉구에 대한 적절한 반응으로서의 순종이나(고후 2:9) 복음을 좇아 사는 삶 (몬 21; 빌 2:12) 및 성령의 역사와 관련된 것이다(살전 4:8).

바울과 그의 동역자들의 리더십

교회에서 바울의 역할

앞에서 바울의 권위와 관련해 살펴본 내용은 그가 수행하고 있는 사역의 몇 가지 특징적 요소와 일치한다. 그의 사역에는 복음의 말씀(고전 15:3), 기본적인 교훈(살전 4:1), 바울 자신의 경험(행 20:34-35), 구약성경(고전 14:34), 그리스도의 말씀(고전 7:10), 일반적인 규례(고전 11:16)가 포함되어 있기 때문에 바울은 여기에 공동체가 성장할 수 있는 충분한 원천이 있다는 확신을 했다. 그는 동역자들이 특정 사안에 대한 충고가 필요한 경우 그렇게 했으며(예를 들어 고전 7:1; 살전 4:13), 경우에 따라서는 이들을 직접 방문해 이들이 하고 있는 일을 살피기도 했다(행 15:36). 훈계가 필요한 상황에서 그는 고압적 자세를 취할 수도 있었지만 계급적 권위를 앞세우기보다, 육신은 떠나 있으나 심령으로는 함께하는 동역자의 자세를 취했다(고전 5:3-5; 골 2:5). 특별한 신망이 없는 자라도 공동체 내의 분쟁을 해결할 수 있을 정도의 지혜는 있었으며(고전 6:4-5), 경우에 따라서는 온 교회가 함께 이런 일을 처리해야 했다(고전 5:1-5). 바울의 목표는 이들을 '주관하려는 것'이 아니라 '돕는 자'가 되어 이러한 문제에 대처할 수 있는 능력 있는 공동체를 세우는 것이었다(고후 1:24). 바울이 이들과 맞서야 한다면 그가 가지고 갈 채찍은 '말씀의 채찍'이며(고후 10:3-6), 가능한 "사랑과 온유한 마음으로"(고전 4:21) 나아가기를 원했다. 바울의 권위는 기본적으로 자신이 전파해야 할 복음으로부터 나온 것이지 사도적 권위로부터 직접 나온 것이 아니다. 교회는 그의 말이 복음과 합치하거나(갈 1:9) 성령의 뜻과 일치할 때(고전 7:40) 그에게 귀를 기울였다. 그의 권위는 내재적인 것이 아니라 하나의 수단이었으며 하나님의 부르심에 기초한 강력한 권위이지만 신자들에게는 권위를 분별할 능력이 있었다.

바울 동역자들의 역할

디모데나 디도와 같은 바울의 동역자들은 기능적 역할을 수행했으며, 바울의 메시지를 교회에 전달하는 일이나 자신에게 주어진 사역을 통해 얻은 평판에 근거해 권위를 얻었다. 이러한 과정은 자동적으로 이루어진 것이 아니다. 바울은 종종 이들과의 관계에 대해 언급하면서 이들이 자신의 사정에 대해 밝을 뿐 아니라 사도적 직무에 대한 충성심이 강했으며, 때로는 자신들의 목숨도 불사했다고 말한다(고전 16:10-11; 빌 2:19-23; 골 4:7-8). 이들은 교회를 방문할 때 거주자가 아니라 순회전도자로서의 기능을 수행했다(고후 7:15).

목회서신은 이러한 사실을 잘 보여 주고 있다. 바울의 동역자는 회중 가운데 정착해 공적인 사역을 감당한 것이 아니며, 일종의 대사로서 귀감이 되는 역할을 했다. 이들은 회중 가운데 상주하지는 않았지만 일정 기간에 그들을 방문해 그들에 대한 사랑과 바울의 가르침을 통해 형식적 권위가 아닌 영적 권위를 발휘했다(딤전 2:12-15; 6:11-12; 딤후 1:8; 2:22-24). 이들은 나이나 경험으로 보아 명령하는 자세가 아니라 친밀한 교제를 통해 성도들과 관계를 맺을 수밖에 없었다(딤전 5:1-2). 이들은 교회의 예배와 감독에 관한 구체적인 사항을 통제하고 조절하기보다 예배에 관한 내용과 교회를 돌아보는 일에 대해 가르침을 주어야 했다(딤전 3:6; 딤후 2:2-7; 딛 2:1-9). 교회 내에서의 핵심적 역할은 주변의 인정을 받은 자들에게 맡겼다(딤전 3:1-13; 딛 1:5-9). 바울의 동역자들은 교회가 제공하는 지식을 통해 이들을 검증하고 확인하는 일을 돕는 역할을 할 뿐이었다.[2]

선교팀에서의 바울의 역할

조직의 지도자로서의 바울

바울의 선교팀은 안디옥 교회라는 특정 교회를 통해 사명을 부여받았으며, 이곳을 중심으로 활동했다(행 13:1-3; 14:26-28). 이것은 지중해 전체를 영역으로 활동하는 매우 독립적인 단체였다. 이들은 언제나 몇몇 핵심 인물을 중심으로 대부분 함께 활동했지만 때때로 특정 사역을 위해 새롭게 재편되기도 했다. 또한 이 팀에는 필요에 따라 여러 교회로부터 파송을 받은 임시 요원도 다수 있었다. 바울의 팀에는 남자와 여자, 부부와 독신자, 젊은이와 노인, 헬라인과 유대인이 함께 있었다. 인원은 종종 40명 정도까지 되기도 했다. 이들의 주요 임무는 복음을 전하고, 복음을 받아들이는 자들을 통해 교회를 세웠으며, 흩어져 있는 교회를 돕고, 방문하거나 서신을 통해 그들을 격려하는 일이었다. 이것은 본질적으로 선교 활동을 목적으로 하는 비영리 단체였다.

모든 구성원은 바울이라는 단 한 사람의 사역 궤도를 중심으로 움직였다. 바울은 사람들을 '떠나거나' 누군가를 '택하거나' '보냈으며' 대체로 동료들의 동의 아래 다음 단계의 일을 결정했다(행 15:40; 16:1-3, 9; 18:1, 18-21; 19:21; 20:13, 16-17). 그럼에도 불구하고, 또한 자신의 사역이 복음에 바탕을 두고 그리스도를 통해 구체화한 것이어서 더욱 바울은 언제나 단체의 일원으로서 이들과 상의하는 자세를 취했다. 그는 자신과 함께 일하는 자를 "동역자"(빌 2:25)나 "형제"(행 18:18)라고 불렀으며, 이들에 대해 각자 주어진 사역을 맡은 자로 대했다. 이들은 그와 그의 사역에 있어서 단순한 외연 확장이 아니었다. 이것은 바울이 자신의 서신 서두에 그들 가운데 몇 사람을 각각 거명한다는 사실을 통해서도 확인할 수 있다(고전 1:1). 이러한 그의 태도는 자신의 동역자들이 방문하는 공동체로부터 환영과 위로를 받기 원하는 마음과 일치한다(고전 16:10-11; 고후 8:22, 24; 빌 2:20-22, 25-28; 골 4:7, 12-13). 모든 사람은 바울에게 순복했지만 이것은 어디까지나 자발적이고 인격적인 것이지 강제적이거나 형식적인 것이 아니었다.

바울 리더십의 특징

바울의 글 속에는 그의 리더십을 엿볼 수 있는 몇 가지 중요한 자질이 정기적으로 드러나는 것을 볼 수 있다. 오스왈드 샌더스(J. Oswald Sanders)에 따르면 사려 깊음, 용기, 결단력, 격려, 믿음, 비전, 신중한 자기 평가, 겸손, 경청, 관대함, 인내, 자기 단련, 성실, 지혜, 열심, 열정 등이 이러한 자질에 해당한다. 그러나 이 밖에도 바울은 갈등을 예리한 직관으로 봉합하고, 비판을 건설적인 방향으로 받아들이며, 의견의 차이를 원활히 조정하고, 재정을 양심적으로 집행하며, 시대를 분별하고, 순교적 자세로 고난을 참고 견디는 능력이 있었다. 그는 무슨 일을 하든지 시간마다 하나님과 교제하며, 자신의 영향을 받은 사람들 및 동역자와 의논했다. 그의 리더십은 전적으로 하나님이 주신 소명 의식 및 그리스도와의 연합, 다양한 청중 및 상황과 회중을 대할 때 성령께서 주시는 특별한 적응 능력(versatility)에 근거한다.[3]

교회사에서의 리더십 모델

역사적으로 교회는 공동체 내부에서나 세상 속에서 유서 깊고 풍성한 리더십의 전통을 지니고 있다. 이와 같이 다양한 종교적 전통에서 비롯된 독특한 리더십은 오늘날의 리더십에도 적용할 수 있는 것들이다.

다양한 전통에 반영된 리더십 이미지

베네딕트 전통

베네딕트 수도원의 수사들은 전통을 유지하고 보존하는 자들로 알려져 있다. 이들은 역사적으로 사본을 필사하는 서기관으로서 중세 시대 동안 수많은 고대 유품을 보관하고 있었다. 베네딕트식의 금욕생활은 다양한 배경과 문화를 중심으로 1500년 이상 지속되었다. 베네딕트식 금욕생활의 기본적인 수칙에 대해 규정하고 있는 성 베네딕트 수도원 규칙(Rule of St. Benedict)은 오늘날 서구사회에 존재하는 다양한 공동체에 큰 영향을 미친 중요한 자료다. 수도원장은 수도원의 지도자로서 조직 운영과 목회 사역, 공동의 유익과 특정 개인의 이익 사이에 발생할 수 있는 긴장을 적절히 해소할 수 있어야 했다. 수도원장의 역할은 일종의 영적 부모와 같은 것이었다. 이러한 역할을 충실히 수행하기 위해서 그는 수사들에게 하나님을 찾기 위한 지침과 함께 지혜(거룩한 교리 및 전통)를 전수해야만 했다. 특히 그는 행정적 의무와 목회적 의무 사이의 영적 연계에 대해서도 잘 알아야 했다.[4]

때로는 수사들의 영적 유익을 위해 수도원의 일시적인 재편이 불가피했다. 따라서 수도원장의 영적 리더십은 실제적인 삶에 대한 관심이 필수적이었다. 이런 면에서 그는 영적 원천과 물질적 자원의 공급을 책임진 청지기다(성 베네딕트 규칙 64조). 그의 청지기적 본분은 공동체 생활과 관련된 일상적인 지침을 하달하는 중요한 임무를 다른 사람에게 위임하는 데에서 잘 나타난다. 수도원장은 공동체 내에서 아버지와 같은 역할을 했다(규칙 2:24). 따라서 그의 리더십은 근본저으로 관계적이라 할 수 있다. 그는 공동체 유익에 관심을 가지고 모든 구성원의 복지를 추구해야 했다. 또한 수도원장은 성 베네딕트 규정에 따라 자신을 수사들의 의사로 여겨야 했다(규칙 28조). 그는 개개인 및 전체 공동체의 영적 질병을 '진단' 하는 방법을 알고 적절한 치료책을 강구할 수 있어야 했다. 베네딕트 수도원의 원장은 선생이기도 했다(규칙 2:11-15). 그는 수도원의 교리 외에도 삶의 방식에 대해서도 가르쳐야 했고 입으로 가르칠 뿐만 아니라 모든 생활과 행동의 모범을 보여야만 했다. 그는 비록 전통의 보존자이지만 '옛 것과 새 것을 모두 아우르는 지혜'를 소유해야 했다(규칙 64:9).

공동체는 수사들 가운데 수도원장 직무에 적합한 자를 선정하기 위해 '가르치는 지혜'와 '경건한 삶'의 모범이 되는 인물을 찾아야 했다(규칙 64:2). 지혜라는 개념 속에는 매사를 분별하고 사려 깊게 판단하는 능력이 포함되어 있다. 이것을 신중함 또는 분별력으로 불러도 좋을 것이다. 수도원장은 수사들을 평가하는 능력이 있어야 했으며, 수사들의 개인적 필요와 은사에 대해 알고 있어야 했다. 그는 이들의 영적 여정이 날마다 성장할 수 있도록 도전을 주고, 약한 자를 일으켜 세울 수 있는 방법을 알아야 했다(규칙 64:17-18). 또한 수도원장은 중요한 결정을 내릴 때 모든 공동체의 의견을 들어야 했으며, 가장 어린 사람들의 의견에도 귀를 기울여야 했다. 이렇게 하여 모든 사람의 중지(衆志)를 모아 분별력 있는 결정을 하게 되어 있었다.

베네딕트식 리더십의 복잡한 특징은 수도원장이 동시다발적으로 수행하는 다양한 역할에 잘 나타난다. 그는 자신의 리더십이 마치 부모나 안내자와 같이 장기간에 걸쳐 조직과 구성원들에게 영향을 줄 것이라는 사실을 알고 있기 때문에 지혜와 관심이 결합된 리더십을 발휘했다. 의사처럼 수도원장은 뒤따르는 사람들의 가려운 곳을 찾아내어 긁어 준다. 그는 교사처럼 가르치는 역할을 통해 그들의 인격적인 성장 및 전문적 지식의 성장을 도모해야 했다. 또한 그는 경영자처럼 사람과 자원에 대한 선하고 분별력 있는 청지기 정신을 발휘해 무리를 이끌어 가야 했다. 수도원장은 자신의 임무를 편안한 마음으로 위임할 수 있어야 하며 동시에 삶의 모범을 보여야 했다. 이러한 역할은 오늘날 사회가 요구하는 복잡한 리더십에 대한 이해를 돕는다. 지도자는 안내자와 청지기, 의사, 교사 및 권한을 부여하는 자로서 헌신하고 모범을 보이며 지혜를 나타내고 선한 삶을 살아야 했다.

루터교식 접근

루터교의 신학은 언제나 하나님의 이 세상에서의 오묘한 사역을 강조하면서, 특히 모든 피조 세계는 선하게 창조됐으며 세속 직업이나 공직도 선한 것이라고 주장하였다. 또한 이성은 우리가 이 땅에서 사는 동안 매우 중요한 역할을 하며 상식 또한 마찬가지다.

루터교 전통을 태동시킨 역사적 배경은 리더십을 저항 체계

(resistant system)라는 상황 속에서의 개혁적 행위라는 관점에서 바라보게 했다. 이러한 관점을 마르틴 루터에게 적용할 때 우리는 다음과 같은 세 가지 특징적 요소를 찾아볼 수 있다. (1)현 상황에 대한 비판 또는 '진실 규명'(defining reality) (2)건설적 실험 또는 위험 감수(risk taking) (3)새로운 질서의 영속(continuity)을 지향하는 통합체(consolidation). 이것은 용기와 협동심 및 헌신을 필요로 하는 변화의 개혁 모델이며, 모든 신자는 제사장이라고 하는 만인제사장설에 대한 그의 확신에 바탕을 두고 있다. 그는 이러한 확신을 통해 모든 신자는 하나님께 온전히 나아가 자신의 온전한 용서를 전하며, 하나님의 말씀을 나누고, 성령으로 묵상할 수 있다고 믿었다.

루터교의 관점으로부터 나온 리더십의 자격 요건은 무엇인가? 우선 말씀과 세례와 성만찬 및 공동체 교제를 통해 오는 은혜의 방편을 이해해야 한다. 사실 세례를 통해 믿음의 공동체 내에서 헌신하고 교제하는 하나님 자녀로서의 자기 위치를 돌아본다는 것은 리더십에 대한 이해와 직결된다. 이렇게 함으로써 신자는 믿음 안에서 안전한 삶을 누릴 수 있다. 지도자로서 루터는 자신을 끊임없이 근본적인 믿음의 원리 안으로, 세례를 통한 확실함 속으로, 믿음의 공동체 안에서 자신의 자리로 돌아갔다. 루터와 같이 언제나 이러한 핵심적인 이해를 마음에 담고 사는 자만이 지도자가 될 수 있는 것이다.

이러한 개혁적 리더십 이해가 제공하는 모델은 내적으로 지도자의 인격에 대한 존경과 외적으로 그가 추진하는 일에 초점을 맞추게 한다. 지도자는 세례를 통해, 믿음의 공동체 내에서의 위로와 대화 및 교제의 증거를 통해 나타나는 믿음을 겸손한 마음으로 받아들여야 한다. 지도자는 세상 속에서 자신의 위치에 대한 이러한 내적 확신을 통해 좀 더 자유롭게, 열심히, 개방적으로 회중을 이끌어 간다. 루터의 만인제사장 사상은 지도자로 하여금 스스로에 대해 공동체를 주관하는 자가 아니라 공동체를 대표하는 자로 여기게 하며, 특정인이 나서야 할 상황에도 모든 지체의 이름으로 대처하게 한다.[5]

장로교 모델

장로교의 리더십은 예언자, 제사장 및 왕이라고 하는 그리스도의 삼중직무에 대한 역사적인 개혁주의적 이해에 가장 잘 나타난다. 고대 이스라엘에서 이러한 리더십 기능은 세 사람이 나누어 맡았으며, 세 직무 모두 하나님의 뜻을 성취하기 위한 합법적이고 필요한 절차였다. 예언자는 하나님의 메시지를 사람에게 전달했으며, 제사장은 사람의 필요를 가지고 하나님 앞에 섰으며, 왕은 하나님의 뜻에 따라 백성을 다스렸다. 장로교 정치에서 이러한 역할은 하나님의 뜻을 교회에 선포하는 말씀 사역에 수종을 드는 목회자, 성도들의 필요를 채우는 집사, 하나님의 법을 회중에게 집행하는 장로로 나뉘어져 있다.

이 세 가지 역할은 그리스도 안에서 하나로 모아져 상호 보충적인 하나의 전체를 형성했다. 구속주로서 그리스도는 예언자이자 제사장이며 왕이 되신다. 그리스도는 하나님의 말씀을 선포하고, 자비를 베푸시며, 권능으로 병자를 치유하고 죄를 용서하며 풍랑을 잔잔하게 하신다.[6] 그리스도께서 이 세 가지 사역을 모두 담당하신 것처럼 기독교 공동체 안에서 예수를 주로 고백하는 자들 역시 어느 한 역할에 치중할 것이 아니라 예언자와 제사장과 왕의 역할을 모두 감당해야 한다. 우리는 세 직무를 다시 나눌 수 없으며, 하나의 전체로 보아야 한다. 이것은 우리가 반드시 세 가지 역할을 다 나타내야 한다는 말이 아니라 이 세 가지 기능이 리더십에 나타나야 한다는 의미다.

장로교 모델은 오늘날 리더십에 중요한 통찰력을 제공한다. 예언자적 기능은 감정이입(empathy)의 필요성을 보여 준다. 이것은 최근 수년 간 큰 호응을 받고 있는 중요한 기법이다. 종종 소프트 기법으로 분류되는 감정이입은 다른 사람과의 관계 구축 및 상대를 이해하는 데 필요하다는 사실이 입증되었다. 효과적인 의사소통 역시 또 하나의 리더십 기능이며, 예언자적 기능과 연결된다. 자신의 비전이나 계획을 명료하고 설득력 있게, 감동적이고 정확하게 전달할 수 있는 의사소통 능력이 있는 지도자는 매우 훌륭한 사상 전달 수단을 갖춘 것이다. 왕의 기능은 지도자의 명령하달 능력과 유사하다. 이것은 보다 큰 그림을 보는 능력에 해당한다.[7]

퀘이커 모델

퀘이커 또는 형제단 전통의 핵심에는 리더십 공유에 대한 확실한 믿음이 있다. 이들에게 개별적인 지명이나 임명을 받은 지도자란 낯선 개념이다. 이들의 지배 방식은 계급적 구조에 의한 의사결정 방식이 아니라 전체 구성원에 의한 합의 형식에 의존한다. 이 의사결정 모델에서의 강조점은 모인 무리 가운데 임재하시는 그리스도의 현현에 맞춰지며, 모든 사람은 성령의 인도하심을 분별하기 위해 침묵 상태에 들어간다. 침묵은 단순한 공허함이나 소리를 내지 않는다는 개념이 아니라 하나님의 세미한 음성을 듣기 위한 하나의 충만한 공간을 형성한다는 개념이다. 모인 사람들은 자신을 온전히 성령께 의탁하고, 무리를 위한 하나님의 지시하심을 기대하며, 서로에게 귀를 기울인다. 참석자는 중언부언이나 미사여구 또는 논쟁적 태도를 버리고 영적 통찰력을 통해 깨달은 바를 함께 나눈다. 의사 결정은 다수결보다 만장일치의 합의를 통해 이뤄진다.[8]

퀘이커교의 합의제 의사결정 과정은 '이 세상의 모든 사람은 상호의존적이며 서로에게 책임이 있다'[9]는 근본적인 믿음에 기초한다. 모든 사람은 평등하며, 성령께서는 형제단의 모임 가운데 누구를 통해서라도 말씀하실 수 있다는 것이다. 모든 사람은 구두로든지 다른 방식으로든지 동참해야 할 책임이 있으며, 영감을 받은 대로 통찰력을 제공할 수 있는 잠재력은 누구에게나 있다. 누구든지 침묵 상태에서 더 나아갈 수 없다면 말을 하지 않는다. 모임은 침묵을 통해 영적인 힘을 얻으며, 함께 나누는 침묵은 모임 전체가 영적 통찰력을 얻는 매개가 될 뿐 아니라 하나님 및 다른 신자와의 교제를 위한 수단이 된다. 형제단은 침묵을 쉽게 접근할 수 있는 보화로 생각한다. 모든 모임은 침묵으로 시작해서 침묵으로 마치며, 침묵은 지혜의 원천에 의지한다는 표시이자 성령의 역사하심에 자신을 온전히 맡기기 위한 시간이다.

이 모델에서 모임의 리더는 대화를 진행하는 역할을 한다. 지명된 리더 역시 구성원의 한 사람으로서 조직의 현안을 위한 새로운 해결책을 함께 강구한다. 이 방식의 취약점 가운데 하나는 지명된 리더가 대화에 동참하거나, 이야기를 듣거나, 배우거나, 자신의 권한을 분산하는 일에 자유롭다는 점이다. 퀘이커주의는 모든 구성원이 리더십과 책임을 공유하는 방식에 대해 더욱 잘 이해할 수 있는 길을 열어 준다.[10]

오순절 운동

짧은 역사에도 불구하고 오늘날 많은 영향을 끼치고 있는 오순절의 관점에서 볼 때 자신에 대한 이해는 은사와 능력을 부여하시는 자로서 하나님에 대한 이해로부터 나온다. 이런 맥락에서 리더십은 단순한 인간적 특성이 아니다. 이것은 배우거나 연마해서 얻을 수 있는 일련의 기술이나 지식이 아니다. 오히려 리더십은 자신이 예수님의 제자로서 성령의 능력을 담는 도구라는 이해로부터 시작한다. 하나님은 인간 지도자를 선택하는 최고의 지도자시다. 이와 같이 성경의 하나님의 주권적 역사하심으로부터 나오는 것이 리더십이다. 따라서 인간 리더십의 위대함은 그가 얼마나 하나님을 따르는가에 의해 결정된다.

오순절 교인들은 사도행전 2장에 근거해 하나님께서 간절히 성령을 구하는 모든 자에게 동일한 성령을 부어 주신다고 믿는다. 그러므로 이들은 기독교 리더십을 전가할 수 있고(transportable), 적응성이 있으며(adaptable), 개인적인 것으로 생각한다. 따라서 오순절 운동에서 모든 구성원은 잠재적 지도자이다. 모든 진정한 리더십은 성령께서 주시는 영적 권능에 기초하며, 사랑으로 충만한 공동체적 상황 속에서 나타난다. 청년들은 성경을 배우고 암송하며, 성령의 은사를 나타내라는 격려를 받는다. 또한 잘못에 대한 교정과 함께 인도와 양육이 제공된다. 이런 환경 가운데 조언과 후원을 통해 지도자가 부상한다.

오순절 교단의 관점에 따르면 리더십은 선하고 신실한 제자가 됨으로써 시작되는 영적 소명이라고 할 수 있다. 지도자는 자신이 하나님의 뜻을 이 땅에 성취하기 위해 사용되는 권능의 도구라고 생각한다. 우리는 이러한 부르심에 응답함으로써 하나님 나라의 현재와 미래에 참여하며, 하나님의 목적을 지금 여기에서 성취하게 되는 것이다. 누구든지 하나님의 부르심을 받을 수 있으며, 리더십은 결코 선택된 몇 사람만의 것이 아니다. 따라서 오순절의 관점에서 보면 지도자는 믿음의 공동체 안에서 지원과 격려를 통해 부상하며, 이들은 시간이 갈수록 점차 성장하고 발전해 나간다.[11]

일상생활에서의 리더십

앞에서 간략하게 살펴본 리더십에 대한 접근방식이 서구 사회의 유일한 모델은 아니다. 이 밖에도 예수회 운동(Jesuit movement)의 군대식 통치 및 회중교회 조직의 전형적인 특성을 들 수 있다. 이러한 접근과 앞에서 제시한 모델들은 모두 서구 사회의 리더십에 대한 폭넓은 이해에 많은 영향을 주었다. 가톨릭과 영국 국교회의 지배를 받는 지역에서는 이러한 영향력이 교회와 국가의 밀접한 연계를 통해 나타났다. 때로는 몇몇 개신교에서 볼 수 있는 것과 같이 신자들이 자신의 종교 문제를 스스로 관할할 수 있다면 더욱 광범위한 사회적 책임을 감당할 수 있을 것이라는 사실을 깨닫기 시작하면서 교회의 리더십이 사회 및 정치 구조 속으로 점차 확산되는 경우도 나타났다. 한 예로 16~18세기경 영국의 장로교와 독립교회를 중심으로 이러한 현상이 벌어졌다.[12] 여기저기에서 좀 더 급진적인 기독교 조직이 리더십에 대한 이해와 실천에 간접적인 영향을 주는 모델을 제공한 것이다. 그러나 국교에 반대하는 교회들이 민주주의 정부 형태의 발전에 끼친 영향에 대한 조사 자료를 제외하면 아직까지 이들 전통과 사회 구조의 구체적인 연결을 보여 주는 조사는 거의 시도되지 않았다.

이러한 교회적 전통 ─ 특히 베네딕트, 루터교, 장로교, 오순절 전통 ─ 은 오늘날의 조직이나 단체에 적용할 수 있는 풍성하고 유익한 리더십 모델을 제공한다.

수도원장은 공동의 비전과 가치관을 나누는 수도원의 지도자로서 헌신하는 한편 계속해서 공동체를 형성해 가며 전수된 신앙의 전통, 즉 역사와 윤리 및 근본적인 가치관을 지키고 보존해 다음 세대에게 전승해야 한다. 그의 임무는 공동체의 기본적 정체성과 비전을 새롭게 형성해 가는 것이다. 따라서 베네딕트 수도원장은 현재의 필요에 주의하는 동시에 미래적 안목도 지녀야 한다. 그는 과거 보수자일 뿐 아니라 미래 개척자다. 이 두 가지 기본적인 역할을 긴장 가운데 수행하는 것이야말로 베네딕트 수도원장을 독특한 지도자로 만드는 요인이다.

루터교의 접근방식에서도 리더십에 관한 몇 가지 중요한 함축을 찾아볼 수 있다. 첫째, 탁월한 리더십에는 소명의식이 따른다. 즉 리더십을 발휘하도록 하나님의 부르심을 받는다는 것이다. 둘째, 리더십은 지도자와 이 지도자를 따르는 자들이 공유하는 공동체 안에서 발생한다는 것이다. 이것은 결코 고립된 행동이 아니다. 셋째, 훌륭한 리더십의 기초는 자신 특히 하나님 안에 있는 자신을 아는 것이다. 여기에는 자신의 장점과 약점에 대한 파악, 성공과 실패 모두에 대한 포용력, 남아 있는 겸손과 감사에 의한 자아(ego) 점검이 포함된다.

그리스도의 삼중직무 가운데 제사장직과 예언자직에 관한 부분은 제임스 맥그리거 번스(James MacGregor Burns)가 주창한 변혁적 리더십(transforming leadership)과 유사하다.[13] 이러한 리더십은 지도자와 따르는 사람들 사이에 역동적이고 상호적인 관계를 형성함으로써 양자의 도덕성 및 사역의 질을 고양시킨다. 양자는 리더십 발휘와 추종이라는 각자의 행위를 통해 변화하게 된다. 고백을 받고 중보자 역할을 수행하는 제사장적 기능의 핵심은 감정이입이다. 히브리서 4장 15절에는 "우리에게 있는 대제사장은 우리 연약함을 체휼하지 아니하는 자가 아니요 모든 일에 우리와 한결같이 시험을 받은 자로되 죄는 없으시니라"고 했다. 이와 같이 변혁적 리더십은 감정이입의 중요성을 인식하는 접근방식이다. 즉 지도자는 자신의 필요를 일시 뒤로 미룬 채 뒤따르는 사람들의 입장에 서서 이들을 이해하는 것이다. 이러한 제사장적 기능은 자연히 예언자적 기능으로 연결된다. 뒤따르는 사람들의 생각을 더욱 온전히 이해하기 위해 제사장적 기능의 감정이입 방식을 이용한 지도자는 이제 이들을 좀 더 고상한 윤리적 · 도덕적 수준으로 이끌기 위해 선지자적 기능을 발휘해야 한다. 이것이 바로 변혁적 리더십의 핵심이다. 왕적 기능은 리더십의 통치 및 감독하는 영역과 연결된다. 지도자는 자신을 따르는 사람들에게 동기를 부여하고 도덕적 수준을 향상시킬 목적을 가지고 계획을 수립하고 실행해 나간다. 이러한 리더십 유형의 전형적인 사례가 마하트마 간디(Mohandas Gandhi)다. 간디는 수많은 사람을 위해 예언자와 제사장과 왕으로서의 역할을 수행한 변혁적 지도자였다.

쿼이커 전통은 다른 관점의 리더십을 제공한다. 쿼이커의 경우 모든 참석자가 지도자가 될 수 있다는 점에서 과연 이것을 리더십으로 볼 수 있느냐에 대해 의구심을 가지는 사람도 있다. 그러나 이 모델은 계급제도를 타파하고 신뢰와 존경을 얻는 것이 얼마나 중요한 것인지를 잘 보여 준다. 더욱이 모든 사람이 의사결정 과정에 동참함으로써 결국 계획의 실행 단계에서 시간을 절약하는 더 큰 유익을 얻을 수 있다.

오순절교단은 전통적으로 주일을 제외한 평일에 세상에서 어떤 리더십을 발휘해야 할지 몰라 곤란을 겪어 왔다. 이들은 이 세상의 모든 나라가 하나님의 나라에 정면으로 배치된다고 믿기 때문에 전통적으로 리더십을 포함한 세상 일에 가능한 한 얽히지 않으려 했다. 동시에 이들은 모든 사람이 의사결정에 동참하는 민주적 접근방식을 채택했다. 이들은 갑자기 부상하는 리더십 형태를 선호한다. 다시 말해서 지위와 관계 없이 가장 영향력 있는 자가 그룹의 지도자로 등장한다는 것이다. 이러한 접근방식은 협력적이면서 계급적이지 않은 조직에 적절한 리더십 형태다.

이상과 같은 몇 가지 전통적 관점은 리더십의 다양한 본질에 대한 풍성한 통찰력을 제공한다. 리더십은 여러 각도에서 해석될 수 있으며, 이와 같이 다양한 관점은 리더십을 더욱 온전히 이해하기 위해 필요한 요소가 된다. 각각의 전통은 역사와 핵심 지도자 및 조직 구성원에 따라 독특한 관점을 지닌다. 이러한 교회사적 전통의 관점들은 리더십을 신앙과 결부시킴으로써 사랑과 헌신 및 수준 높은 윤리적 행위에 대한 핵심적 가치관을 제공한다.

이렇게 형성된 신앙적 전통은 과거의 지도자에게 (1)전통과 적응 (2)보수과 개혁 (3)안정과 변화, 세 가지 보편적인 긴장을 제공했으며 이것은 오늘날 지도자들에게도 동일하게 적용된다. 이러한 긴장은 지도자로 하여금 몇 가지 중요한 질문에 맞서게 한다. 가령 조직을 이끌어가기 위해 새로운 적용의 시점은 언제인가? 특히 이러한 새로운 적용이 전통을 버릴 것을 요구할 때는 어떻게 할 것인가? 중요한 전통을 버려야 할 때는 언제인가? 이 시대의 표어가 '혁신이 아니면 죽음'이라고 한다면 지도자는 과연 어느 시점에서 혁신보다 전통 고수를 부르짖어야 할 것인가? 또한 지도자는 안정과 변화라는 이중성을 어떻게 조화시켜 나갈 것인가? 조직에는 이 두 가지 요소 모두 반드시 필요하며, 중요한 것은 최상의 기능을 발휘하게 하는 것이다. 이상은 각각의 교회사적 전통이 제기하는 영원하고 본질적인 질문들 가운데 일부로, 리더십에 대한 이해를 더욱 깊고 풍성하게 한다.

리더십에 대한 현대적 접근

지금까지 리더십에 대한 신약성경의 규범적인 접근 및 교회사적 리더십 모델에 대해 살펴보았지만 지난 한 세기 반 동안 리더십에 대한 학문적 연구에 대해 다루는 것도 도움이 될 것이다. 이 연구는 리더십에 대한 과거와 현재의 접근에 대해 살펴보고, 지도자들의 핵심적인 특징에 대해 전혀 새로운 방식으로 범주화하고 평가하며 규명한 것이다.

19세기 후반부에는 리더십에 대한 연구가 소위 위인론(great men

theory)을 중심으로 이뤄졌다. 따라서 연구의 초점은 어느 정도 역사에 영향을 준 인물에게 맞춰졌다. 이 연구에서 여성은 큰 주목을 받지 못했다. 당시 위대한 지도자는 탁월한 내재적 능력이나 특정한 시대적 환경을 통해 일어난다고 생각했다.

20세기 전반부에는 초점이 지도자의 특징적 인격이나 성품을 규명하는 쪽으로 옮겨갔다. 여기에는 다양한 경험론적 연구 기법이 사용되었다. 연구자들은 이와 같이 지도자의 특성을 규명하는 방식을 통해 미래의 지도자를 일찍 감지할 수 있을 것이라고 기대하고 있다. 그러나 1940년대에 랠프 스토그딜(Ralph Stogdill)은 리더십의 인격적 요소에 관한 세미나 논문에서 리더십에 관한 연구 현황에 대해 조사한 뒤 지도자에게 다른 사람과 특별히 구별되는 일관적인 특성은 없다는 결론을 내렸다.[14] 리더십은 지도자가 어떠한 인간관계를 통해 주어진 상황을 타개하고 문화적 영역을 개선시켜 나가느냐에 달려 있다는 것이다. 그러나 25년 뒤 리더십에 관한 연구들을 다시 한번 분석한 스토그딜은 앞서 주장한 상황적 요소와 함께 리더십의 특징적 성품에 관한 여지를 남겨 두었다.[15]

이후에도 리더십의 특징적 성품에 관한 연구가 몇 번 시도되었지만 다른 연구들은 리더십의 비전 및 카리스마적 영역과 관련된 특정 성품에 대해서만 강조했다. 이와 같은 성격적 특성에 관한 강조는 매스미디어를 통해 대중화된, 지도자는 특별한 종류의 사람이라는 개념과 연계된다. 연구 목록에서 가장 빈번하게 등장하는 특성은 지성, 자신감, 결단력, 고결성, 사회성이다. 남자다움이나 사교성과 같은 요소들도 간혹 나타나지만 자주 등장하지는 않는다. 반면에 계속되는 일련의 연구들을 관찰해 보면 대부분의 리더십 사례에서 유전적 요소 및 상황적 요소들이 나타나는 것을 볼 수 있다. 특히 비전과 카리스마는 조직의 특정 단계에서 반드시 필요한 요소임을 알 수 있다.

1950년대와 1960년대에는 리더십에 관한 관심의 초점이 리더십의 특징적 성품으로부터 외적 활동, 특히 지도자의 행동과 스타일에 모아졌다. 미국 오하이오 주립대학교와 미시건 대학교에서는 과업 지향적 방식과 사람 지향적 방식을 구별하는 다양한 연구가 시도되었다. 나중에 로버트 블레이크(Robert Blake)와 제인 모턴(Jane Mouton)이 창안한 매니저리얼 그리드(Managerial Grid)는 경영자의 역할을 결정하는 가장 유명한 도구가 되었다.[16] 이 관리망 이론에 따르면 지도자는 과업과 사람 중 어느 쪽을 더 지향하느냐에 따라 방관형(impoverished, 일과 사람 모두 소극적으로 지향), 친목형(country-club, 사람 지향적), 과업 지향형(authority-compliant, 결과 지향적), 팀플레이어형(team player, 일과 사람 모두 적극적으로 지향), 중도형(middle of the road)으로 분류할 수 있다. 이러한 일반적 접근은 리더십에 대한 개념적 틀이나 상세한 충고를 제공하기보다 지도자가 어떠한 역할을 해야 할 것인가를 발견할 수 있는 도구가 된다. 그러나 이 연구는 지도자의 스타일이 수행 결과와 어떤 관계에 있는지 명확하게 밝히지 못했으며, 과업과 사람 모두 적극적으로 지향하는 행동이 언제나 가장 효과적이라는 주장에 대한 뒷받침도 하

지 못했다.[17]

1970년대와 1980년대의 리더십 연구는 리더십이 일어나는 상황에 관심을 집중했다. 이러한 방향으로 물꼬를 튼 것은 리더십 스타일에 대한 조심스러운 비평으로부터 나온 상황 이론적 접근(contingency approach)이다. 수백 명의 지도자, 특히 군사 지도자를 대상으로 리더십 스타일을 연구한 프레드 피들러(Fred Fiedler)는 어떤 스타일이 특정 조직의 상황에 가장 적절한지에 대해 경험에 기초한 일반론을 제시했다.[18] 피들러에 따르면 지도자는 사람 지향적이든지 결과 지향적이든지 자신이 선호하는 일정한 스타일이 있기 때문에 가장 좋은 효과를 거둘 수 있는 적절한 상황을 찾는 것이 중요하다. 피들러의 연구는 일정한 상황 변수들의 결합체(다양한 부하 직원/상이한 상황)와 특정 스타일 사이에는 상호 연관성이 있음을 보여 준다. 그러나 그는 자신의 연구가 일정한 상황에서 특정 스타일의 리더십이 효과적인 이유나 지도자가 조직을 자신의 스타일에 적응하도록 훈련시키는 방법에 대해서 충분히 설명하지 못했음을 인정한다. 피들러의 방법은 리더십 스타일이나 상황 및 권력에 대한 평가의 복잡성으로 인해 실제적인 작업 현장에 적용하기에는 다소 번거로운 방식이라고 할 수 있다.

여기에서 한 걸음 더 나아가 리더십이 발생하는 상황에 초점을 맞춘 접근방식과 유사하면서도 상황변수를 더욱 강조한 사람은 폴 허시(Paul Hersey), 켄 블랜처드(Ken Blanchard), 듀이 존슨(Dewey Johnson)이다. 이들이 공동 저술해 몇 차례 개정한 『조직 행동 관리』(*Management of Organizational Behavior*)는 과업 및 사람 지향적 리더십 또는 지시적 및 지원직(directive and supportive) 리더십을 상조하지만, 특히 주어진 상황에 적합해야 한다는 점에 초점을 맞춘다.[19] 이것은 리더십에 있어서 이상적인 스타일이란 없으며, 누구나 자신의 리더십 스타일을 면밀히 분석하여 주어진 상황에 맞게 적응할 수 있는 가능성을 열어 두었다. 허시와 블랜처드는 피들러에 비해 지도자가 자신의 리더십을 부하 직원의 헌신(몰입)이나 능력에 맞춰 나갈 수 있는 힘이 있다고 믿었다. 이들은 위임형(지원과 지시가 모두 적은)으로부터 지원형, 지시형, 지도형(coaching, 지원과 지시가 모두 많은)으로 이어지는 리더십 스타일의 흐름에 대해 알고 있다. 그러나 이러한 접근방식은 다양한 경험적 연구를 통해서 입증되지 못했으며, 특히 부하 직원의 헌신이라는 표현은 개념도 모호할 뿐 아니라 헌신과 능력의 구별도 뚜렷하지 않았다. 허시와 블랜처드가 생각하는 리더십 스타일 역시 부하 직원의 성숙도에 따라 더욱 적합한 상황이 있으며, 상대적으로 호흡이 맞는 부하 직원들과 함께 일할 때 더욱 효율적이 된다.

지도자와 부하 직원 사이의 역동적 관계가 리더십 발휘에 매우 중요하다는 사실에 대한 인식을 강조한 제임스 맥그리거 번스는 변혁적 리더십을 더욱 발전시켰다.[20] 번스는 거래적 리더십(transactional leadership)과 변혁적 리더십을 구분하였다. 거래적 리더십은 지도자와 따르는 자가 상호 협력을 통해 무엇을 나누어 가질 것인가에 초점을 맞춘다. 이러한 예는 선거철이 되면 쉽게 찾아볼 수 있다. 반면에 변혁적 리더십은 지도자와 따르는 자 모두에 대한 동기 부여와 도덕성 함양을 추구한다. 이와 관련해 앨런 브리먼(Alan Bryman)을 비롯한 다른 사람들은 카리스마의 역할이라고 하는 사실상 성품적 특성을 강조했다.[21] 수년 뒤 버너드 배스(Bernard Bass)는 변혁적 리더십에 대한 더욱 복잡한 모델을 제시했다.[22] 그는 거래적 리더십과 변혁적 리더십은 상반된 것이 아니라 하나의 연속선상에 있다고 주장했다. 그 역시 카리스마의 존재가 리더십의 한 요소는 될 수 있지만 이것만으로 효과적인 리더십 발휘가 충분하지 않다고 말한다.

워런 베니스(Warren Bennis)와 버트 네이너스(Burt Nanus)[23]는 수많은 지도층 인사와의 광범위한 인터뷰를 통해 배스의 연구를 경험론적 차원으로 이끌어냄으로써 변혁적 리더십의 확산에 큰 영향을 주었다.[24] 배스가 강조하는 리더십의 기본적 요소는 이상적인 감화력(또는 카리스마), 영감 있는 동기 부여, 지적 자극 및 개인에 대한 이해 등이다. 베니스의 경우 비전 제시, 열정, 고결성, 신뢰성, 호기심, 모험 정신을 주장한다. 네이너스는 미래적 안목과 식견, 변화에 대한 추구, 조직 설계(organization design), 진취적 기상, 철저한 독립심, 고결성을 핵심 요체로 꼽는다.

베니스와 네이너스는 거래적 이론 또는 교환적 이론에 대해 강조하면서도 사람들이 지도자에 대한 충성을 대가로 보상을 요구한다는 논리에 대해서는 비판적 입장을 취했다. 이들은 이 이론이 양자 간의 광범위한 역동성을 이해하지 못한 소치라고 주장한다. 또한 이 이론은 변화를 추구하기보다 주어진 상황이 허용하는 법, 가치관, 문화, 제약 속에서 활동하겠다는 의지로 만족한다. 앨런 코언(Allan Cohen)과 데이비드 브래드퍼드(David Bradford)는 『권위를 초월한 영향력』(*Influence without Authority*)에서 가장 고상한 형태의 영향력은 지도자와 따르는 자가 단순한 파트너 관계 이상의 단계로 진입하면서 발휘된다고 주장했다.[25] 이 주장을 더욱 다듬은 윌프리드 드래스(Wilfred Drath)와 찰스 팰러스(Charles Palus)는 지도자와 다른 사람의 관계 대신 함께 일하며 변화를 추구하는 사람들의 단체 또는 조직, 즉 지도자와 리더십이 발생하는 상황으로부터 모든 연구가 시작되어야 한다고 주장했다.[26] 이와 같이 높은 연구 가치에도 불구하고 변혁적 리더십은 주로 탁월한 지도자에게만 초점을 맞췄으며, 개념적 명확성의 부족으로 많은 어려움을 겪었다. 따라서 많은 사람은 이것을 리더십에 대한 또 하나의 접근방식이라기보다 완전한 모습을 구비하지 못한 이론으로 본다.

지난 20년 간 사람들은 리더십이 어떻게 발휘되고 발전하는가에 대해 더욱 복잡한 이론을 제시했다. 이들은 상황적·관계적·문화적 요인과 함께 사람들은 어떻게 조직을 통해 리더십을 발휘하며 인격적 교감을 가지는가, 조직은 공동체와 사회에 대해 어떠한 책임감을 가지며 개인과 조직의 가치관은 어떤 영향을 미치는가, 윤리 강령(code) 및 윤리적 의사결정의 중요성을 앞세우는 지도자의 가치관은 어떤 것이 있는가 등 여러 요소를 고려했다. 또한 이들은 조직의 안팎에 존재하는 다문화(multicultural) 및 범세계적 특성을 인정하고 타 문화에 대해 더욱 많은 관심을 기울이며 함께 공존할 수 있는 길을 모색했다. 이들은 기독교를 비롯한 종교의 영향력과 리더십에 대한 관점, 특히 이러한 관점들이 야기하는 다양한 긴장에 우선적으로 관심을 두었다. 일곱 가지의 핵심적인 긴장은 하나님 및 재물, 사랑 및 경쟁, 인간적 필요 및 이윤 창출 의무, 가정 및 직장, 겸손 및 성공, 자선 및 부, 충실함 및 관용과 관련된다.[27]

리더십에 대한 지속적인 연구와 함께 이 주제에 대한 저서도 많이 출판되었다. 이러한 책들은 주로 교육학자의 분석용이 아니라 실제 현장에 도움이 되는 내용을 담고 있다. 저자들 가운데에는 위런 베니스와 버트 네이너스가 특히 유명하며 이 밖에도 피터 블록(Peter Block), 스티븐 코비(Stephen Covey), 맥스 드프리, 존 가드너(John Gardner), 제임스 쿠지스(James Kouzes), 배리 포스너(Barry Posner), 마거릿 휘틀리(Margaret Wheatley) 등이 있다. 이들은 몇 가지 차이점이 있음에도 불구하고 여러 면에서 다음과 같은 공통점을 가진다.

- 이들은 리더십을 특별한 사람들만의 전유물이 아니라 모든 사람에게 해당되는 것으로 정의한다.
- 이들은 모든 권한(authority)은 함께 나누고 분배되거나 조직 전체로 파급되어야 한다고 생각한다.
- 이들은 섬기는 지도자(servant-leader) 패러다임, 또는 청지기나 수탁자(trustee)로서의 지도자 이미지를 강

조한다.

- 이들은 지위에 따른 권력(positional power)보다 조직의 목적과 비전에 관한 용어를 많이 사용한다.
- 이들은 변혁적 어휘나 태도 및 행위에 초점을 맞춘다.
- 이들은 지도자란 다른 사람들의 모범이 되며, 누구보다 그들을 격려하고 힘을 북돋워 주는 사람이라고 믿는다.
- 이들은 지도자란 결코 홀로 고립된 자가 아니라 팀 내의 핵심 인물이라고 생각한다.
- 이들은 지도자가 자신을 따르는 자와 상호 관계를 맺고 그들에게 힘을 실어 주는 행위를 중요한 주제로 다룬다.
- 이들은 윤리의 중요성뿐 아니라 리더십과 관련한 다양한 가치의 중요성을 강조한다.

이들 가운데 일부 내용은 성경적 관점과 매우 유사하다. 이것은 기독교적 관점을 발전시키고 실천하려는 자들에게 매우 고무적인 현상이 아닐 수 없다.

결론

우리는 2장에서 리더십에 대한 바울의 접근방식 및 다양한 교회사적 전통에 관한 논의를 통해 기독교적 리더십을 이해하기 위한 몇 가지 중요한 방법에 대해 대략적으로 살펴볼 수 있었다. 이러한 모델들은 모두 신앙을 리더십으로 승화시키려는 믿음의 사람들에게 훌륭한 지침이 될 수 있는 몇 가지 주제들을 보여 준다.

이러한 주제들은 2장에서 논의한 리더십의 다양한 국면을 더욱 잘 이해하도록 은유의 형태를 취한 것으로 보인다. 은유는 복잡한 사상이나 이슈를 쉽게 깨닫게 하고, 새로운 통찰력을 제공하는 강력한 도구다. 은유의 힘은 A에 대해 알고 있는 지식을 자신이 잘 알지 못하는 B에 적용하는 능력에 있다. 이와 같이 은유는 알고 있는 것과 알지 못하는 것 사이의 괴리를 연결한다. 즉 우리는 서로 다른 두 가지에 대한 비교를 통해 자신이 알고 있는 것(A에 관한 지식)으로 알지 못하는 것(B)을 이해하게 되는 것이다.[28] 이것은 좀 더 깊은 이해와 통찰력을 제공한다. 2장의 경우 이러한 은유는 리더십에 대한, 그리고 리더십이 기독교적 관점에서 어떻게 표현되는지에 대한 통찰력을 제공한다.

예를 들어 바울은 교회의 리더십은 가정 — 어머니와 자녀, 아버지와 자녀, 자녀와 부모 — 과 유사하다고 말한다. 이러한 은유는 리더십에 포함된 사랑의 관계와 따르는 사람들에 대한 책임감을 강조하는 것으로서 하나님과 하나님의 사랑을 더욱 깊이 이해하게 한다.

마찬가지로 베네딕트 전통은 부모, 의사, 교사, 청지기라는 은유를 통해 수도원장의 역할을 조명한다. 믿음의 지도자는 부모같이 돌보고, 의사같이 치유하며, 교사같이 가르치고, 청지기같이 맡은 것을 잘 관리해야 한다.

개혁적인 지도자는 루터의 전통으로부터 훌륭한 은유를 발견한다. 루터의 사례는 지도자가 무사안일하며 고정된 틀을 깨트리고 엄격한 자기통제를 통해 올바른 방향으로 개혁해 나가야 할 것을 강조한다. 이것은 더 큰 자유와 책임감을 창출한다.

리더십은 예언자, 제사장, 왕이라는 장로교적 관점의 삼중직무에 관한 은유로도 나타낼 수 있다. 앞에서 언급한 대로 예언자는 선포하고, 제사장은 중재하며, 왕은 다스리고 관리한다.

그러나 리더십은 단순한 선포만이 아니다. 이것은 퀘이커 전통이 침묵이라는 은유를 사용해 보여 준 것처럼 귀를 기울일 수 있어야 한다. 리더십은 그저 텅 빈 공간이 아니라 중요하고 필요한 것을 들을 수 있는 공간을 창출해내는 침묵과 같은 것이다.

또한 리더십은 오순절 전통에서 볼 수 있듯이 성령충만과 선한 일을 할 수 있는 권능으로 덧입기를 기다리는 그릇과 같다. 리더십은 은사를 받는 것과 같으며, 이러한 은사는 예수의 이름으로 선한 일을 할 수 있는 능력과 함께 임한다. 오순절 교단은 이러한 은사를 받기 위해 먼저 선한 제자가 되어 마음을 열고 기꺼이 순종하는 마음으로 인도하심을 받아야 한다고 말한다.

2장은 신실한 리더십의 실천에 관한 깨달음을 주는 여러 은유로 풍성하다. 지도자가 자신의 신앙을 리더십으로 승화시키는 방법을 발견한다면 자신이 이끄는 조직과 구성원은 목적에 대한 분명한 인식과 최선을 다해 섬기려는 마음을 가질 것이며, 새로운 힘을 얻게 될 것이다.

리더십에 대한 이해의 발전 과정 및 리더십의 경향에 영향을 끼친 몇몇 연구들은 리더십에 대한 더욱 깊은 통찰력을 제공한다. 우리는 이러한 논쟁을 통해 리더십에는 적어도 다음과 같은 네 가지 중요한 요소가 포함돼 있다는 사실을 알 수 있다. (1)지도자의 인격, (2)지도자와 따르는 사람의 상호 관계, (3)지도자가 성취하고자 하는 일, (4)지도자가 속한 상황이나 배경의 영향.

이러한 요소들은 은유적 접근과 조화를 이루며 연못 속의 파장과 같은 동심원을 이룬다. 지도자의 인격은 가장 안쪽에 위치한 원이다. 다음은 지도자와 따르는 자의 관계이며, 그 다음은 일이며, 상황이나 배경은 맨 바깥쪽 원에 해당한다. 네 가지 원은 모두 리더십의 완전한 모습을 갖추는 데 반드시 필요한 중요한 요소다. 이러한 은유 속에는 리더십의 역동적인 에너지가 담겨 있다. 리더십은 사람과 일과 상황에 대해 매우 크고 의미 있는 영향을 미칠 수 있는 힘을 보유하고 있다. 이것은 하나님 안에서 자신의 정체성을 깨닫고, 온전함을 통해 사람들을 인도하는 것이 얼마나 중요한지를 잘 보여 준다. 왜냐하면 지도자의 본질은 각각의 동심원으로 파급되며, 각각의 요소에 대해 긍정적이든지 부정적이든지 영향을 주기 때문이다.

은유는 리더십의 속성에 대해 더욱 이해하기 쉽도록 설명해 주며, 지도자가 실제로 해야 할 일에 대한 통찰력을 제공한다. 그러나 여기에서 멈춰서는 안 된다. 우리는 이러한 은유에서 한 걸음 더 나아가 "신실한 지도자는 자신의 신앙과 일치하는 방식으로 리더십을 발휘하기 위해 어떠한 조치를 취해야 하는가?"라고 물어봐야 한다. 일반적으로 믿음의 리더십은 다음과 같은 특징을 가지고 있다.

- 지향성(intentionality): 리더십은 목적 지향적 행동을 요구하며, 신앙은 자신의 행위가 영적인 온전함과 윤리적 일관성을 지향하도록 촉구한다.
- 성찰(reflection): 이 훈련은 영적 깊이와 더 큰 자기 이해 및 조직의 통찰력을 추구한다.
- 자기 평가(self-evaluation): 믿음의 지도자는 "거울에 비친 내 모습이 내가 생각하는, 그리고 내가 진정으로 되고 싶은 사람인가?"라고 물어야 한다. 신앙적인 리더십을 발휘하기 위해서는 언제든지 자신을 돌아보고 바로잡아 나가려는 의지가 있어야 한다.
- 언약 관계 구축(covenant building): 신실한 지도자는 동맹관계를 구축하고, 공동체를 형성하며, 파트너십을 추구하며, 팀워크를 촉진한다.
- 지적 고결성(intellectual integrity): 여기에는 세상을 자신이 원하는 바가 아니라 있는 그대로 보는 것이 포함된다. 이런 지도자는 인간의 본질이나 세상에 관한 지식을 계속해서 쌓아 간다.

- 윤리적 고결성(ethical integrity): 의사결정이나 행동 및 의사소통에 있어서 도덕적·윤리적 가치를 추구하는 것은 신실한 리더십의 증표 가운데 하나이다.

- 따르는 자의 도리: 리더십에는 반드시 훌륭한 추종성(followership)이 이어지게 된다. 신실한 지도자는 먼저 섬기는 자이며, 리더십은 바로 이러한 섬김에서 출발한다.

- 끊임없는 학습과 자기 계발: 리더십에 완전이란 없다. 이것은 부단한 학습과 자기 계발을 필요로 한다. 믿음의 지도자는 조직을 섬기는 자로서 자신의 역할이 지도자로서의 자질을 끊임없이 연마하는 것임을 알고 있다.

이러한 요소들은 신앙적 리더십의 중요한 벤치마크가 된다. 믿음의 지도자는 이러한 헌신을 통해 섬김의 기쁨과 믿음의 온전성을 발견할 것이며, 리더십을 통해 하나님께 영광을 돌리는 유익한 결과를 얻을 수 있을 것이다.

이어지는 장에서는 영적 부분에 초점을 맞춰서 리더십에 대한 현대적 논쟁에 관해 더욱 심도 있게 다룰 것이다.

제3장

리더십의 영적·종교적 영역

앞 장의 리더십에 관한 현대적 연구에 대해 살펴보면서 암시한 대로 최근까지 리더십의 영적 영역에 관해서는 거의 관심이 없었다. 19세기 말과 20세기의 상당 기간에 모든 분야를 지배한 가치중립적(value-free) 접근은 대부분 이러한 영역에 대해 배제했다. 리더십의 윤리적 영역 역시 이러한 사고의 영향을 받았다. 그러나 지난 수십 년간 삶의 영적인 영역에 대한 관심 증가로 말미암아 이에 대한 논의가 직무나 리더십과 관련해 활발히 전개되고 있다. 3장에서는 먼저 이와 같은 관심 증가에 함축된 의미에 대해(스티븐 코비에 대한 사례 연구를 중심으로) 살펴본 뒤 영적 영역에 대해 분명히 밝힌 저서나 인물에 대해(바츨라프 하벨을 중심으로) 좀 더 자세히 알아

보며, 끝으로 리더십에 대한 두 개의 기독교적 접근(패트리셔 브라운, 맥스 드프리)에 대해 살펴본다. 3장은 리더십에 있어서 영성의 중요성에 대한 인식이 증가하고 있다는 사실을 보여 주는 동시에 리더십에 대한 신앙적 접근에 대해 더욱 세밀하게 다룬다.

은밀히 퍼지는 영적 관심

유명 작가들 가운데에는 종교적 관점을 명백히 지지하지는 않지만 일(work)이나 리더십에 관한 이들의 글을 살펴보면 은연중에 영적 관심을 반영한 경우가 많다.

리더십에 관한 일부 저서에 잠재된 종교적 요소

영국의 경영 전문가이자 윤리학자인 스티븐 패티슨(Stephen Pattison)은 소위 경영에 관한 세속적 사고나 저서 가운데 상당수는 일종의 유토피아적 종교 신앙의 형태를 드러내고 있다고 주장한다.[1] 그는 계속해서 리더십에 관한 접근에 대해 좀 더 구체적인 논쟁에 초점을 맞춘다.[2]

그는 먼저 리더십에 대한 사상은 신앙적 요소와 구체적으로 연결되기 어렵지만 종종 특정 세계관이 주장하는 사상 또는 가치체계에 의해 뒷받침되거나, 종교 또는 종교와 유사한 요소의 영향을 받는다는 주장으로 시작한다. 이러한 요소들은 이들을 사로잡고 있는 힘이나 리더십에 관한 사상에 영향을 준다. 패티슨의 목적은 "공과 사를 떠나 리더십에서 종종 발견되는 잠재된 믿음이나 관습에 대해 조명하는 것"이다.[3] 리더십에 관한 몇몇 주요 저자들에 대한 그의 분석은 다음 네 가지 영역으로 나뉠 수 있다.

첫째, 패티슨은 많은 이론가와 상담가들이 전문적 지식이나 기술을 판매하는 것 이상으로 '믿음, 소망, 의미'를 판매하고 있다고 주장한다. 다분히 종교적 분위기를 담고 있는 이러한 요소들은 다음과 같은 확신에 근거한다.

- 인간은 세상을 다스리며 미래를 개척해 나갈 능력이 있다.
- 인간은 미래를 향한 분명한 목적과 목표를 얻을 수 있다.
- 고객의 필요나 만족은 언제나 궁극적이고 절대적이다.
- 중요한 것은 모두 객관적으로 측정될 수 있다.
- 조직의 성공은 최상의 선이다.

그는 계몽주의나 산업혁명 시대의 특색을 보여 주는 이러한 믿음들이 기독교적 관점과는 맞지 않다고 생각한다.

둘째, 패티슨은 리더십에 관해 다룬 여러 글에 나타난 신비적 은유의 존재에 초점을 맞춘다. 언어는 지도자가 영향력을 발휘하기 위해 사용하는 핵심적 도구이며, 지도자가 선택하는 어휘는 이들이 무엇을 가장 중요하게 여기는지를 잘 보여 준다. 이미지, 특히 자주 반복되는 핵심적 은유는 의미 파악 및 의사전달에 큰 도움이 된다. 리더십에 관한 책들 가운데에는 종교적 색채를 띠고 있는 은유가 상당히 많다. 예를 들면 다음과 같다.

- 비전(vision): 이것은 조직이 무엇을 지향하는지를 보여 주며, 따라서 조직의 구성원에 대해 강력한 동기부여를 제공한다.
- 사명(mission): 이것은 종종 조직의 임무를 기술한 사명 선언(mission statement)으로 나타나며, 조직과 조직의 목표를 위해 헌신하도록 한다.

이러한 은유는 종교적 사색이나 소명과 관련된 용어 속에 잠재되어 있는 개념에 뿌리를 두고 있다. 리더십과 관련해 일종의 만트라(mantra)처럼 사용되는 섬김이나 헌신과 같은 용어들 역시 이러한 범주에 속한다.

셋째, 패티슨은 신성한 의식에 관해 분석한다. 대부분의 조직은 상징적인 중요성을 지닌 일들을 당연한 것으로 여기며 습관적으로 행하는 경우가 많다. 이러한 행위가 비록 사람들의 생각과 달리 기능적 효과가 없어서 어떤 유익도 주지 못하지만, 그럼에도 불구하고 이것을 특정 목표에 매달리게 하는 유일하게 정당한 방법으로 여긴다는 것이다. 패티슨은 이러한 행위 속에 실제로 종교적인 무엇이 있다고 말하지 않지만, 기능적 면에 있어서 이러한 행위들은 종교적 제의와 유사한 역할을 한다고 말한다. 그는 다음과 같은 것들을 대표적 사례로 제시한다.

- 전략적 계획은 많은 것을 약속하지만 막상 이 계획이 완성되는 순간과는 무관한 경우가 많다. 고려해야 할 변수는 너무 많으며, 따라서 사람들은 변화하는 상황을 따라가기 어렵다.
- 결국 핵심은 앞으로 일어날 일을 궁극적으로 결정하는 절대적 요소에 대해 심사숙고하는 형태가 될 것이다.
- 리더십을 발휘하는 과정에 대한 선입견은 사람들이 맹신하기 쉬운 일종의 우상(fetish)이 될 수 있다.

넷째, 패티슨은 기업계와 일부 복음주의, 특히 분파적 기독교 단체의 주장과 행동에 나타난 다음과 같은 공통점에 대해 주목한다.

- 공동체의 정체성에는 소중한 가치가 부여되며, 그것은 전적인 충성을 요구한다.
- 사람들은 조직의 목적, 가치관, 관습에 동화된다.
- 목적의식 및 공동체 의식은 조직에 대한 소속감으로부터 나온다.
- 탁월함(excellence)을 추구하며 질적인 향상을 위해

애쓰는 것은 완전주의에서 볼 수 있는 것이다.

- 화려한 개인적 능력에도 불구하고 최고의 가치는 순
  종과 복종에 있다.

패티슨은 리더십의 발휘에는 때때로 종교적 색채가 가득하다고
말한다. 예를 들어 일부 리더십 분석가들은 전문적 지식이나 능력
보다 카리스마적 권위나 개인적 은사를 강조한다. 이것은 조직의
구원, 갱신, 성장에 대한 메시지와 함께 주기적으로 공동체의 갱생
을 촉구하는 톰 피터스(Tom Peters)와 같은 리더십 전파자의 특징
이기도 하다. 이러한 연설가나 저술가들은 지도자에게 있어서 자
기 단련의 필요성에 대해서도 강조한다.

패티슨은 다음과 같이 결론을 내린다.

> 믿음이나 신앙과 무관한 리더십은 실재하지 않는다.
> …… 리더십은 중요한 상징적, 비이성적, 영적 요소를
> 포함한다. 이러한 것들을 부정하기는 쉽지만 대신에
> …… 지도자는 기본적 믿음이나 가정에 대해 훨씬 정
> 밀하게 알고 있어야 할 것이다. 이러한 인식은 이들로
> 하여금 믿음의 본질, 내용, 영향, 소중함에 대해 더욱
> 세심한 평가를 하게 한다. 이와 같은 식으로 그들은 신
> 앙 체계 속에 갇히지 않고 리더십을 좀 더 명확히 소유
> 하게 된다.[4]

다음 장에서는 이 사상을 더욱 깊게 전개하면서 리더십에 대한 종교적 접근 및 실제에 대해 자세히 살펴보고, 기독교적 관점과 일치하는 리더십에 대한 이해와 이러한 리더십을 발휘하는 방법을 제시할 것이다. 그러나 여기서에는 잠재되어 있는 종교적 사상의 사례가 제시된 리더십에 관한 영향력 있는 저자의 글에 대해 살펴볼 것이다.

사례연구: 스티븐 코비

스티븐 코비의 『성공하는 사람들의 7가지 습관』(*Seven Habits of Highly Effective People*)은 1980년대 이후 가장 많이 읽히는 책 가운데 하나다.[5] 이 책은 10년 동안 무려 1000만부나 팔렸으며, 28개국 언어로 번역되었다. 2년 뒤에는 『원칙 중심의 리더십』(*Principle-Centered Leadership*)[6]이라는 책을 내놓았으며, 이후에도 개인과 가정의 발전에 관한 두 권의 공저가 더 나왔다.

코비의 인기에는 몇 가지 이유가 있다. 그의 책은 자체적 호소력을 지닌 몇 가지 요소를 하나로 결합하고 있다. 여기에는 유명한 경영관리 이론, 시류에 적합한 도덕성, 유사 과학(pseudo-science), 보편적 영성, 기술적 요소가 포함되어 있다. 이러한 요소들이 방대한 조직 내에서 권위의 부재와 목적의 상실을 경험하고, 동시대 도덕성의 거대한 시류에 부합하기를 원하는 중간 관료 계층의 공감대를 형성한 것으로 보인다. 이를 위해 코비는 공식화한 지혜와 영적 교훈 및 단순화한 관리 이론으로 이뤄진 일종의 '교리문답'

(catechism)을 제공한다. 이 가운데 첫 번째는 최근의 저서에 실린 부록 가운데 하나가 보여 주듯이 이집트, 그리스, 중국, 인도, 히브리의 지혜이고[7] 두 번째는 일터에서나 리더십의 발휘에 있어서 영적 영역의 결여와 리더십을 추구해야 할 필요성에 관한 것이다.

코비는 대규모 컨설팅 회사 운영과 유명 저자로 활동하기 이전에 브리검영 대학에서 20년 간 기업관리 및 조직행동학을 가르친 독실한 모르몬교도다. 그러나 코비는 그의 책에서 자신의 종교관에 대하여 일절 언급하지 않는다. 그는 하나님에 대해 일반적인 차원에서만 언급하며, 특히 모르몬교적 색채의 접근방식을 인정하지 않는다. 이에 대해 앨런 울프(Alan Wolfe)는 그의 유명한 논문 「백색마술」(White Magic)에서 이러한 분위기는 오랜 세월 동안 유지되어 온 모르몬교의 전통에 기인하며, 그 기원은 미국 사회 전체와 격리되지 않기 위해 일부 교리를 잠시 억누르기로 결정한 모르몬교 창시자 조지프 스미스에게로 거슬러 올라간다고 주장한다.[8] 한편 전 세계 독자는 물론 미국의 주류 문화에 어필하려는 코비 자신의 욕구에도 일부 기인한다. 울프는 책에서 말하는 핵심적 원리나 습관이 누구나 인정하는 일반적 원리라는 코비 자신의 주장에도 불구하고 그의 저서가 모르몬의 영향을 받았다는 사실에는 논쟁의 여지가 없다는 주장을 설득력 있게 제시한다. 울프는 코비의 저서가 모르몬의 신앙이나 가치관 및 원리를 단순히 경영학적 언어로 변환시켰다고 주장하지 않는다. 그는 다만 우리가 이러한 저서들을 통해 이것이 어떤 영향을 끼쳤건 모르몬적 뿌리로 규정할 수 있는 일련의 가정들을 발견할 수 있다고 말한다.

　무엇보다 코비는 자신이 제시하는 바를 이해하고 행하는 능력에 대한 믿음을 가지고 있다. 사람에 대한 이러한 믿음은 본질적으로 코비만이 언급하는 것이다. 개신교나 가톨릭과 달리 코비는 인간 본성이 본질적으로 선하다고 믿는다. 예를 들어 아담은 죄를 범하지 않았다. 다만 그는 선악을 알게 하는 나무의 열매를 먹을 수 있는 선택권을 행사했을 뿐이다. 이것이 바로 그가 하나님의 아들이 되고 신적인 존재가 될 수 있었던 이유다. 물론 코비도 식욕, 자존심, 야망과 같은 본능적 요소로부터 나오는 '나쁜 습관'의 존재를 인정한다. 그러나 그는 이러한 것들을 '성격적 문제'로 규정하고 인간에게는 이러한 것들을 다룰 수 있는 능력이 있다고 믿어 의심치 않았다.

　코비에 따르면 모든 문명사회에는 '자연계 법칙'이 내재되어 있으며, 이는 물리학적 법칙이 모든 피조 세계의 한 부분으로 존재하는 것과 같다. 따라서 모르몬 관점에서 볼 때 인간은 태초부터 하나님과 함께 시작했으며, 따라서 이러한 기능적 역학이 인류에게 정립된 것은 놀라운 일이 아니다. 사람은 최선을 다해 이러한 역학에 대해 알고 따라야 한다. 그러나 사람에게는 일관성이 없기 때문에 이러한 기능적 역학은 자동적으로 실행할 수 있는 하나의 습관으로 바뀌어야 한다. 법칙에 대한 복종이라는 개념은 모르몬교의 사고와 행동에 있어서 가장 핵심적인 법과 일치한다.

　코비가 제시하는 일곱 가지 원리는 다음과 같다. (1)주도적이 되라. (2)목표를 가지고 시작하라. (3)중요한 일을 우선하라. (4)모두가 이기는 쪽을 택하라. (5)먼저 상대의 말을 경청한 뒤에 그를 이해시키도록 하라. (6)시너지 효과를 추구하라. (7)정기적으로 자신을 새롭게 하라.[9] 코비가 이러한 원리들에 관해 사용한 언어는 적절한 것이지만 이러한 것들은 개념적이거나 도덕적인 특징을 지닌다기보다 절차에 관한(procedural) 용어라고 할 수 있다. 코비의 주장에 따르면 원리 중심적 지도자는 다음과 같은 특징을 띤다. (1)끊임없이 배운다. (2)섬김의 자세를 가진다. (3)긍정적 에너지를 발산한다. (4)다른 사람을 믿는다. (5)균형 잡힌 삶을 추구한다. (6)온전한 자기 갱신에 힘쓴다.[10] 마지막 두 가지 원리는 앞의 두 가지와 일치한다. 나머지 세 가지 원리는 태도나 생활 방식 및 교육적 요소와 같은 성품에 관한 복합적 내용으로, 깊이 다루지 않고 있다.

코비는 '도덕적 나침반'이라는 용어를 사용하지만 가치관과 원리 및 실천을 구별하면서 가치관은 지나치게 일반적이며, 원리 및 실천은 매우 구체적이라고 주장한다. 대체로 그의 일곱 가지 원리는 일종의 절차에 관한 메뉴얼을 형성한다. 이런 점에서 이러한 원리들은 도덕 조항보다 일상적 제의에 가깝다고 할 수 있다. 중요한 일을 우선 하라(First thing First)는 코비의 원리는 '매일의 묵상'에 관한 메뉴얼에 해당하는 것으로서 이러한 사실을 잘 보여 준다. 그는 습관이라는 용어를 즐겨 사용하며, 실제로 이것을 강조하지만 이것 역시 성품을 계발하는 데에는 최소한의 간접적 준거만 될 뿐이다. 이러한 요소들은 자기 계발과 라이프스타일에 더욱 가깝다.

누구든지 원하면 이러한 원리들을 실행에 옮길 수 있다는 코비의 믿음은 인간은 필요한 자유 의지를 가지고 있으며, 스스로 거룩한 책임을 성취할 수 있는 능력을 지니고 있다는 모르몬교의 관점과 맥이 닿는다. 사람들은 이들 가운데 내포된 이러한 원리를 이해할 수 있으며, 이것을 행동에 영향을 주는 습관으로 바꿀 수 있다. 선택권은 코비의 책에서 거듭 반복되는 주제이며, 사람들은 이것을 긍정적으로 사용하려는 기본적 욕구를 가지고 있다. 비록 결단력이나 의지가 항상 충분하지는 않을지라도 유사한 목표를 가진 사람들과의 계약을 통한 결합은 필요한 일을 성취할 수 있도록 돕는다. 따라서 모르몬교의 교리와 거의 상관없는 은혜나 성령을 통한 도움 또는 능력은 필요하지 않다. 코비는 주로 '인격 윤리'(personality ethic)에 반대되는 개념으로서 '성품 윤리'(character ethic)의 중요성에 대해 종종 언급하지만 성품의 핵심적 요소에 대해서는 제대로 정의하지 않는다. 예를 들어 고결성(integrity)은 단순히 사람들이 스스로에 대해 부여하는 가치에 불과하며, 성숙(maturity)은 용기와 배려 사이의 균형으로 설명한다. 사랑에 관해서는 간략히 언급하지만 코비는 이것의 본질이나 깊이에 대해서는 거의 제시하지 않는다.

그는 서로의 의견이 다를 때 필요한 것은 비판적 태도를 삼가고 관용하는 자세라고 말한다. 코비에게 중요한 것은 황금률 또는 상호주의 원칙이다. 코비는 이 점에서 죄와 속죄에 대한 이해가 부족한 모르몬교의 영향을 받은 것이다. 이 결과 리더십에 대한 그의 관점에는 희생적이거나 헌신적인 요소를 찾아볼 수 없다. 그는 사람들이 자신의 행동에 대한 개인적 책임감을 받아들이는 것으로부터 다른 사람과의 새로운 상호의존 관계로 옮겨 가야 할 필요성에 대해서 인정하지만, 이것은 어디까지나 조직의 결속이라는 차원에서 나온 말이며, 진정한 공동체에 해당하는 것은 아니다.

그렇다면 울프의 말처럼 본질적으로 "모르몬교가 스티븐 코비의 저서에 끼친 영향력은 많은 사람이 대부분의 시간을 헛되이 보내는 조직 속에 세속적 인생관에 대한 가정들을 은연중에 제공한 것"이라고 볼 수 있다.[11] 코비의 글 속에 나타난 종교적 요소의 혼합 — 유대교 및 기독교적 전통에 힘입은 모르몬교로부터 나온 일부 진정한 영적 요소, 그리고 인간의 마음에 내재된 자연스러운 종교적 본능의 발로 — 은 종교적 유산을 상실한 채 이것을 어떻게 일터에 연결해야 할지 모르고 세속적 방법을 적용하느라 놓친 무엇인가를 갈망하는 수많은 사람에게 큰 도전을 주었다. 이것이 바로 그렇게 그 유명하고 성공적인 종교적 혼합의 '숨은 실체'인 것이다.

일터에서의 영성에 관해 드러난 논의

일부 저자는 자신의 저서에서 영적 관심에 대한 암시를 하는 경우도 있지만 영성과 일에 관한 논의를 명백히 제시하는 사람도 많다. 이들 가운데 몇 명은 영성과 리더십의 관계에 대해 전문적인 연구를 시도했다. 이러한 저서에서 영성이라는 용어는 세 가지 기본적 의미를 지닌다. 한 권의 책에 세 가지 의미가 모두 나타나는 경우도 있지만[12] 대개는 어느 하나를 선호하는 경향이 있다.

영성에 대한 정의

어떤 저자는 영성을 인간적 용어로 정의한다. 영성은 정상적인 자신을 초월하게 만들거나 자신이 가진 다양성을 표현하는 능력 — 일반적으로 내적 자아나 존재 또는 영이나 혼에 해당한다 — 을 지닌다. 이러한 접근은 영혼에 관해 언급한 각종 전통을 끌어오며, 이들 전통에 대해서는 기본적으로 존재와 행위에 관한 중요한 교훈을 도출하는 신화로써 다룬다.[13] 영성에 대한 이러한 견해는 종교적 개념이 단어와 연결되거나 의미가 기존의 신앙과 연계되는 것을 거부한다.

다른 저자는 영성을 좀 더 우주적이며 종교적 색채를 띠는 용어로 정의한다. 이들이 정의하는 영성은 모든 삶의 영역과 본질을 꿰뚫는 고차원적 능력이나 신성의 일종으로서 사람들은 이것으로부터 삶과 생업의 원천을 발견한다.[14] 광범위한 고대 전통, 특히 동방의 전통과 뉴에이지 영성으로부터 나온 이러한 접근 역시 영성에 전통적인 종교적 의미를 부여하지 못한다.

그럼에도 불구하고 흥미로운 것은 신약성경에 사용된 중요한 헬라어 단어가 영성과 일터에 관한 논쟁에 상당수 사용되었다고 하는 사실이다. 이들의 저서에는 **유대교** 및 기독교에서 일반적으로 사용되고 있는 **사랑, 관심, 청지기직, 믿음**과 같은 용어와 함께 **코이노니아**(*koinonia*, 공동의 목적을 위해 협력하여 일하는 것), **다이아코니아**(*diakonia*, 봉사), **메타노이아**(*metanoia*, 생각과 마음의 급속한 변화)와 같은 용어가 종종 등장한다.

영성과 리더십

특히 리더십 관련 저서가 증가하면서 리더십에 관한 세 가지의 접근이 나타나게 되었다. 리 볼먼(Lee Bolman)과 테런스 딜(Terrence Deal)의 『소울』(*Leading with Soul*)[15]에는 주로 인간적 이해가 나타난다. 비록 저자들은 다양하게 혼합된 영적 전통을 소개하지만 이와 함께 철학과 사회과학 및 시를 활용한다. 저자들은 어느 정도 비범하면서도 초자연적이라고 할 수 없는 영성의 요소들을 포함하지만, 주로 인간의 '정신적인 중심'(spiritual center)에 초점을 맞춘다.

루스 목슬리(Russ Moxley)는 『리더십과 정신』(*Leadership and Spirit*)[16]을 통해 여기에서 한걸음 더 나아간 접근을 제시한다. 파커 팔머(Parker Palmer)의 영향을 받은 목슬리는 오늘날 의기소침한 직장인이 얼마나 많이 있는지에 대해, 때로는 리더십이 마음을 질식시킨다는 사실과 함께 사람들을 위로하고 격려할 뿐 아니라 새로운 힘을 북돋우어 줄 수 있는 리더십의 필요성에 대해 역설한다.

그가 제시하는 해결책은 "우리가 진정한 자아와 온전한 자아가 되는 법을 배움으로써" 리더십을 발휘하는 새로운 방법을 찾아야 한다는 것이다.[17) 목슬리에게 있어서 정신(spirit)은 모든 경험을 꿰뚫고 나아가며 개인의 독특한 자아를 규명할 뿐 아니라 이로 하여금 내적 온전에 이르게 하는 생명력에 해당한다. 또한 정신은 인간으로 하여금 존재하는 모든 것과 연계하게 하며, 접촉하는 모든 사람과 교제하게 한다. 정신은 자신을 초월한, 정상적인 상태와는 다른 '그 무엇'이다. 정신은 발견되는 것이라기보다 드러나는 것이며, 개발되기보다 자기의 것으로 만드는 것이다. 정신은 구체적인 종교적 표현과 다르며, 종교보다 앞선다. 종교가 정신으로 향하게 하거나 정신을 보충하는 통로라면, 정신은 본질적으로 단지 '온전히 인간이 되는 것'(being fully human)이다.[18)

비록 감지할 수는 없지만 정신은 다른 무엇보다 실제적이다. 사람들은 특별하고 신비로운 방식은 물론 날마다의 일상생활을 통해서도 정신과 만난다. 사람들은 혼자 있을 때뿐만 아니라 바쁘게 활동하는 때에도 정신을 느끼며, 예기치 않은 사건의 동시발생 현상(unexpected synchronicities)을 통해서뿐만 아니라 무작위적 사건(random events)이 분명한 순간을 통해서도 정신을 감지한다. 우리는 다른 사람들과의 관계에서 상대를 존중하고 그들을 수단으로서가 아닌 목적으로서 대하며, 계약적이거나 도구적이 아니라 언약적이고 상호적인 관계를 맺을 때 이러한 정신을 경험한다. 조직의 경우 주식에 대한 공동소유, 리더십의 분산 및 비전 공유와 같은 구체적인 실행을 통해 정신을 경험할 수 있다. 이러한 정신을 구현하며 발휘하는 리더십은 억압적이거나 개인주의적 태도를 초월한다. 정신은 파트너십과 힘의 균형을 추구하며, 상호의존에 대한 확인은 물론 온전한 자아에 대해 알고 포용한다. 정신은 소명과 은사, 진정성과 온전함의 중요성을 인식한다. 또한 정신은 침묵 및 묵상이나 일기 쓰기 같은 내적 수양은 물론 상대의 말을 경청하고, 함께 삶을 나누며 인격 성장을 위한 워크숍 참가 및 일 자체를 통한 배움과 같은 외적 훈련을 통해 스스로를 함양한다.

피터 베일(Peter Vail)의 『정신적 리더십』(*Spirited Leading and Learning*)[19]에는 이러한 정신에 대해 보다 초월적 의미를 부여한 광범위한 이해가 발견된다. 이 책은 찰스 하츠혼(Charles Hartshorne)의 『사회적 과정으로서 실재』(*Reality as Social Process*)[20]에 나오는 과정 철학과 사상적으로 연계된다. 베일의 경우 "관리 리더십은 세속적 정신이 아니며 …… 이것은 우리로 하여금 세속적 영역과 거룩한 영역, 자연과 초자연의 경계에 대해 재고하게 한다"며 대부분의 사고방식이나 훈련에 반박한다.[21] 모슬리와 상반된 입장에서 출발한 그는 개인보다 조직의 본질적인 정신력에 대해 다룬다. 조직은 세속적 단체가 아니며, 이들의 정신적 기초도 특정한 종교적 마인드를 가진 개인들에게 있지 않다. 조직은 본래부터 신성한 기초를 가지고 있다. 비록 최근 수십 년간 의미를 상실한 조직이 광범위하게 확산되었지만 조직 자체에는 구성원으로 하여금 의미와 신뢰를 발견하게 할 수 있는 고유한 응집성(coherence)이 있다. 이러한 내재적 힘은 리더십 또는 제도적 전통 ― 두 가지 요소 모두 오늘날 부족한 현상을 보이고 있다 ― 이나 비전 또는 사명 선언 이상의 것으로부터 나온다.

이와 같은 식으로 베일은 조직이 의미를 추구할 수 있는 징신적 근거에 대한 가능성을 열어 두었다. 그러기 위해서 사람들은 "자신에게, 자신에 대해, 자신 안에서 할 수 있는 것 이상의 것을 찾아야할" 필요가 있다.[22] 부적합하고 무력한 것은 자아 자체이기 때문이다. 오직 초월적 의미의 원천으로 향하는 것만이 사람과 조직에게 더 큰 가능성을 열어 줄 수 있을 것이다. 이것은 "신학적으로 사고하고 전달하는 방법(불행하게도 오늘날 어떤 MBA 과정에서도 다루지 않는다)"에 이르기까지 지속되는 과정이다.[23] 이러한 탐구를 더욱 어렵게 하는 것은 오늘날 영성과 일상의 위치가 근본적으로 잘못되었다(dislocation)는 사실에 있다. 조직의 정신이 살아나지 않는 한 진정한 삶은 일어날 수 없다. 조직 내에서 순수하게 개인적 차원의 정신적 삶을 추구하는 것으로는 부족하며, 불행하게도 조직이 의식적으로 더욱 정신적이 되려고 노력해도 언제나 성공하는 것은 아니다. 그럼에도 불구하고 사람들은 여전히 질적 수준이 높은 업무, 사랑으로 가득한 팀워크, 비범한 리더십, 조직의 초점에 대한 일치, 자아의 변화 등을 실제로 경험하고 있으며 이 모든 것은 정신적 영역이 존재함을 보여 준다.

이러한 현상은 특히 이러한 경험을 높이 평가하는 집단에서 더욱 두드러진다. 이들은 경제적·기술적·공동체적·순응적(adaptive) 초월적 또는 의미 창조적(meaning-creating) 차원에서 이러한 현상을 보인다. 정신적 삶은 이들 가운데 마지막 요소(초월적이거나 의미 창조적 차원)에만 국한되는 것이 아니라 모든 요소에서 경험된다. 예를 들어 경제적 측면에 있어서 정신적 자각은 낭비, 손실, 부당 이익, 뜻밖의 횡재와 같은 것들의 의미에 대해 주의를 기울인다. 기술적 측면에서는 원료나 기술 및 품질에 대한 가치를 왜 귀하게 여겨야 하는지를 알게 될 것이고 공동체적 측면에서는 진정한 교제의 의미에 대해 다시 한번 생각하게 할 것이다. 순응적 측면에서는 인내와 관용에 대해 관심을 가질 것이고 초월적 측면에서는 의미를 발견하고 이 의미에 합당한 언어를 찾을 것이며, 다른 사람들은 초월적 의미를 향해 모든 삶의 초점을 맞출 것이다.

삶의 정신적 영역은 구체적인 종교적 신앙을 가지고 있든지 그렇지 않든지 모든 사람에게 적용되지만, 특히 일종의 신성(divinity)에 대한 믿음을 가진 자들에게 더욱 큰 의미를 줄 것이다. 이것은 특히 업무를 집행하는 사람들에게 중요하다. 사실 "오늘날 조직의 리더십과 관련해 임원진에게 향상된 부분이 있다면 그것은 대부분 정신적 발전"이다.[24] 그러므로 우리는 "업무를 집행하는 임원 한 사람 한 사람의 정신적 상태와 정신적 성장은 무엇을 함축하고 있으며, 이들이 조직 내에서 비전과 생기와 정신력을 제시해야 하는 이유는 무엇인가"[25]라고 물어봐야 한다. 베일에게 있어서 이러한 집행부의 형성은 목적의식을 가진 사고와 행동을 추구하는 비전이나 사명에 관한 논쟁보다 우선한다. 이유는 이러한 것들이 단지 외부적인 것만 다루기 때문이다. 이들은 비전과 사명을 만들어내는 심오한 열정이나 개인적 자질, 핵심 가치에 대해서는 고려하지 않는다. 이러한 것들과 특히 감정은 지적 훈련 또는 지도자의 기능에서 자주 간과되거나 무시된다.

오직 사람들로 하여금 정신적 향상에 매달리게 하는 것만이 필요한 자질과 가치 및 감정을 활성화시킬 수 있다. 이러한 향상은 (1)새로운 관점과 가능성에 대한 수용, (2)열정적 이성(passionate reason)과 믿음의 표현, (3)창조적 한계 관리(boundary management, 각자의 재량에 맡기는 포괄적 관리)를 포함한 열린 가치 시스템 개발, (4)동질의 조직 정신을 통한 교제 구축, (5)철저한 의식적 기도와 같이 낡은 신학적 용어를 대체하는 새로운 정신적 어휘와 문법 제시, (6)좀 더 광범위한 전체 속에서 정신에 대한 평가, (7)현재의 관심과 열정을 정신이 존재하는 곳에 집중할 수 있는 능력 배양이다. 베일은 이 모든 정신적 영역은 "오늘날 관리(management)와 관련해 가장 중요한 문제를 야기한다"고 주장한다.[26]

지금까지는 일반적인 일터, 특히 리더십에 있어서의 영성(정신)에 대해 살펴봤지만 이제 세계적인 지도자의 삶에 나타난 확실한 영성에 관한 사례 연구로 들어가기로 한다.

사례 연구: 바츨라프 하벨(Václav Havel)

바츨라프 하벨은 영성을 리더십과 연결한 대표적인 인물이다. 그는 그리스도인은 아니지만 기독교적 요소 및 이와 유사한 여러 요소를 포함한 심오한 종교적 신앙을 소유한 인물이다. 심지어 한 유명한 기독교 변증자가 그에게 책을 헌정하면서 독자들에게 하벨을 리더십의 살아 있는 역할 모델의 대표적 사례로 소개할 정도다.[27] 하벨은 프라하 예술계에서 유명 인사가 되고, 공산정권에 반대하는 대중적 시위에 참여함으로써 정치적인 주목을 받기 시작했다. 1990년에 그는 체코슬로바키아의 대통령이 됐으며, 나라가 분단된 뒤 1993년부터 2003년까지 초대 체코 공화국 대통령직을 역임했다.

1936년에 중산층 가정에서 태어난 하벨은 나치와 공산주의를 모두 경험했다. 12살 때 모든 재산을 나라에 압수당한 그의 가족은 모든 여건이 형편 없는 시골 구석으로 강제로 쫓겨났다. 10대 중반에 초등학교를 마친 그는 연구실 조수로 일하면서 밤에는 시내에 있는 야간 학교에 다녔다. 그는 5년 뒤 대학에 입학했지만 2년간의 군 복무로 인해 학업을 중단해야 했다. 20대 초반에 연극에 취미를 붙인 그는 사람들을 모아 부대에 소속된 연극단을 조직했다.

1960년에 프라하의 극단에서 일을 시작한 그는 처음에는 무대 담당, 나중에는 극작가로 그곳에서 8년간 일했다. 이 기간에 그는 작가 협회에 가입했으며, 모든 회원이 일정한 사회적 역할을 감당할 수 있는 길을 모색했다. 그러나 "젊은 하벨이 가장 하고 싶지 않은 일은 지도자가 되는 것이었다. 그의 영웅은 부조리극을 주된 장르로 하는 극작가였다. 이런 드라마를 쓰는 작가들은 직접 나서서 사회를 변화시키려 하지 않는다."[28] 그의 극은 사람들이 자신의 희망을 실천으로 옮겨 줄 영웅을 그리지 않는다. 대신에 그는 이들에게 개인적이거나 사회적인 불행에 대해 맞서 무엇인가를 하도록 촉구한다. 하벨이 생각하는 유일한 해결책은 사람들 스스로 자신 안에서 해답을 발견해야 하는 것이었다. "극장은 이러한 도움을 중 재할 수 없다. 이것은 교회가 아니다. 극장은 — 하나님의 도우심 으로 — 극장이 되어야 한다."[29]

하벨은 1968년 소위 프라하의 봄이라 불리는 극적인 사건에 휘 말리게 된다. 당시 국가는 세계 언론에 의해 이름이 붙여진 '인간 의 얼굴을 가진 사회주의'를 표방했다. 그는 점차 논쟁과 회담 및 선언에 동참했다. 소련의 탱크가 밀고 들어온 뒤 그는 다시 한번 극장 일에 눈을 돌렸지만 3년 뒤 또다시 국가의 적으로 공개적인 낙인이 찍혔으며, 국가전복 혐의로 기소됐다. 그는 자신의 말처럼 일종의 '국내 추방' 형식으로 물러났다. 이후 1975년 4월에 그는 황폐화된 나라와 무질서한(entropic) 정부의 상태에 관해 당시 국가 지도자인 구스타프 후사크(Gustav Husak)에게 한 통의 편지를 썼다. 이 편지는 암암리에 광범위하게 퍼졌지만, 이것은 그에게 사려 깊 은 저항 행위였다기보다 자가 요법을 통한 훈련의 하나인 것이었 다.[30] 얼마 있지 않아 그는 선동적인 공연을 했다는 이유로 기소 중 인 음악가 단체를 보호하기 위한 운동본부를 조직하는 데 핵심 역 할을 했다.

1970년 말 그는 정치적 변화에 헌신한 수많은 사람과 단체가 서 명한 인권선언문인 77헌장(Charter 77) 제정에 깊숙이 관여했다. 그 는 이 헌장의 가장 젊은 대변인으로서 차를 소유하고 있어 기동력 이 좋았기 때문에 당국은 그를 핵심 배후 인물로 (잘못) 규명했다.

그는 체포되어 18개월간 감옥에 갇혔으며, 공개적인 모욕을 당한 뒤 잠시 풀려났지만 다시 투옥돼 3년을 감옥에서 보냈다. 당국은 하벨의 건강이 악화되자 그를 풀어 주었지만 이 일로 인해 국제적인 압력에 시달려야만 했다.

수감 생활 동안 하벨이 아내에게 보낸 편지에는 그의 정신적 삶이 잘 나타난다. 이러한 정신적 영역은 '극단적인 상황'을 견디며 초월적 '존재'를 맛본 강하고 신비한 경험에서 나온 것이었다. 이러한 경험은 그의 삶에 '심오하고 분명한 의미'를 던져 주었으며, 그를 '궁극적인 조화와 행복감'에 젖어들게 함으로써 '사랑하는 마음으로' 지낼 수 있게 했다.[31] 하벨은 비록 지나치게 객관화하는 것이 두려워 이 존재를 '하나님'이라고 부르기를 주저했지만 그는 "유신론자가 믿는 온전한 하나님과 일치하는 것으로 보이며, 그의 설명에는 인격을 포함한 모든 성품적 요소들이 나타난다"고 설명하고 있다.[32] 이 인격적 존재는 모든 사람이 서로 하나가 되고 신과도 하나가 되기를 바란다. 하벨에게는 이 말이 아무리 '추상적이고 공허하게' 들릴지라도 이것은 '생생하고, 친밀하며, 독특한' 관계를 의미하는 것이었다.[33] 그는 "나는 모든 것에 대해 불가사의한 방식으로 영원과 접촉할 수 있다"는 생각을 하게 되었다. 그가 감옥에 있는 동안 가톨릭으로 개종했다는 소문도 있었지만 그는 '그리스도가 하나님의 아들임'을 마음으로 온전히 받아들이는 것은 한 번도 없었다고 말했다.[34]

이후 그는 자신에 대해 변화를 위해 싸우는 지도자가 아니라 글과 조직의 은사를 받은 자로 여겼다. 그는 문학가로서의 활동만 계속했다. 다음은 1980년에 하벨이 고백한 내용이다.

> 나는 정치나 정치학 또는 경제학에 대해 체계적인 관심을 가져 본 적이 없다. 나는 명확한 정치적 입장을 가져 본 적도 없으며, 이것을 공개적으로 밝힌 적은 더욱 없다. 나는 작가이며 언제나 나의 사명은 내가 살고 있는 세상에 대한 진실을 말하고 진실의 공포와 재앙에 대해 증거하는 것 — 다시 말해서 변화를 위한 처방을 제시하는 것이 아니라 경고하는 것 — 이라고 생각해 왔다. 좀 더 나은 것을 제시하고 이것을 시행하는 일은 정치가의 몫이며, 나는 한 번도 정치가인 적이 없으며 그러고 싶은 마음도 없다. …… 내가 항상 정치에 관심을 가져 온 것은 사실이지만 이것은 실제로 정치를 하는 사람의 입장에서가 아니라 어디까지나 관찰자와 비평가적 입장에서였다.[35]

그의 관심을 끈 유일한 정치적 문제는 서민들의 일상적인 삶과 직결된 대중적 정치였다. 대중의 삶에 관한 그의 일반적인 관심은 세상은 '역사상 무엇과도 비할 수 없는 하나님으로부터의 일탈을 극복해가고 있는 중'이라는 영적 확신에서 비롯된 것으로서, 이것은 오직 이러한 무신론적 태도를 버리고 새로운 의미 및 가치와 공동체의 세상을 세울 수 있는 '인간 자의식의 변혁'(global revolution in human consciousness)을 포함하는 정신적 갱신을 통해서만 얻을 수 있다는 것이다.[36] 이것이 바로 하벨이 사람을 변화시키는 자의식, 개인적 해방, 사회적 자각, 진리에 대한 갈망, 자유롭게 행동할 수 있는 능력, 위험을 감수하려는 의지에 중요성을 부여한 이유다. 사람들이 이러한 지침을 따르지 않는다면 공적인 형태의 리더십은 불가능하거나 효과를 거둘 수 없을 것이다.

한편으로 그는 자신을 순수한 극작가로 보지 않았다. 그는 한때 "나는 여러 곳에 모습을 드러내지만 어디에도 확실하게 내가 있을 곳으로 정해진 자리는 없다. 이것은 고용이나 전문적인 지식, 교육, 자질, 기술 등 모든 면에서 그렇다"[37]라고 고백했다. 그는 자신이 몸담고 있는 모든 분야에서 언제나 아마추어적인 무엇인가를 느꼈다. 그는 확실히 체코슬로바키아 40년 역사상 최초의 야당 단체인 시민포럼(Civic Forum)의 태동을 비롯한 1989년의 사건에 가장 큰 영향을 미친 존경받는 인물이었다. 그 결과 공산 정부가 붕괴된 후 그는 대통령 지위에 가장 근접한 인물로 주목을 받았다. 그는 이러한 분위기에 당황하지 않을 수 없었다. 그는 자신이 그 지위에 맞는 자질이나 재능을 받았다고 생각하지 않았다. 그는 공식적인 행정 경험이나 정치적 경험이 없었다. 그의 주된 분야는 서민에 관한 이야기 및 문화계와 관련된 것이지 대중의 삶이나 정책 결정이 아니었다. 그는 자신이 대통령 지위에 일시적인 적임자라고 생각하지도 않았다. 그의 삶은 너무나 많은 역설적 긴장(paradoxical tensions)으로 점철되어 있었던 것이다.

예를 들어 그는, 자신의 행동주의에도 불구하고 "나는 평화와 안정을 원할 뿐이다. 나는 편안함과 일치와 화합 및 따뜻한 상호 이해를 특별히 소중히 여긴다. 긴장, 갈등, 오해, 불확실, 혼돈은 언제나 나를 불안케 한다." 많은 사람에게 자신감에 넘친 모습과 사려 깊고 확고부동하며 평온한 모습을 보였지만 "나는 자신에 대해 확신이 없고 신경질적이며 …… 쉽게 공포에 사로잡히며 …… 자신을 믿지 못해 좌불안석인 경우가 많다." 이성적이고 체계적이며 훈련된 행동을 하지만(어느 정도 그런 경향도 있다) "동시에 나는 지나치게 민감하고, 다소 감상적이며, 항상 신비하고 불가사의하며, 허황된 생각이나 질서를 벗어나 문제를 야기할 만한 것들에 대한 생각에 파묻혀 지낸다." 행사를 주관하고 사람들 모으기를 좋아하는 명랑하고 사교적인 사람처럼 보이지만 "동시에 나는 혼자 있기를 좋아하고, 끊임없이 고독과 조용한 사색의 시간을 갖기 원한다." 많은 사람에게 희망에 대한 확신을 심어 주면서도 "나는 언제나 누군가 나를 격려해 주기를 바라며, 낙심과 불확실성과 의심에 빠져든다." 굳세고 용감하게 보이지만 "사실은 언제나 무엇인가를 두려워하고, 나의 용기와 인내력조차도 사실은 실패로 인한 양심의 괴로움에 대한 두려움에 기인한다"[38]고 자신에 대해 말하곤 했다.

그는 처음에는 대통령이 되어야 한다는 생각에 반대했지만 결국 동의했다. 국민이 지식인을 그 지위에 앉힌 것은 처음이 아니었다는 사실은 도움이 됐다. 또 하나의 요인은 당시의 시대적 특수성 때문이었다. 그의 나라는 변환기에 있었으며, 따라서 대중의 인정을 받은 신망 있는 상징적인 인사가 필요했기 때문이었다.

종합적으로 볼 때 지도자로서 하벨의 가장 큰 공헌은 국민에게 의미에 대한 갈급함을 심어 주고, 이것을 정신적 원천으로 거슬러 올라가게 한 능력에 있는 것으로 보인다. 이러한 공헌은 많은 서구 사람에게 깊은 인상을 심어 주었다. 그들은 다른 국가 지도자가 이렇게 말하는 것을 전혀 들어 본 적이 없거나, 들었다 해도 이처럼 명료하고 열정적이며 신뢰성 있는 메시지로 다가오지 않았기 때문이다.

영성과 리더십에 대한 기독교적 접근

많은 이들이 기독교적 관점에서 더욱 분명하게 영성과 일에 대해 저술했다.[39] 지난날 리더십에 있어서 영성의 역할에 관한 논쟁은 지도자 개인에 대한 전기에서나 볼 수 있었다. 이런 논쟁이 일반적인 리더십 "영적 좌소로부터의 리더십"(Learning to Lead from Your Spiritual Center) 연구에 등장한 것은 불과 10~20년 전이며, 그것도 대부분 대형 교회나 교단 행정 또는 기독교 단체의 리더십에만 국한된 것이었다. 그 예가 패트리셔 브라운(Patricia Brown)의 『영적 좌소로부터의 리더십』이다.[40] 비록 기독교적 체계를 갖추었다고는 하지만 그녀는 예수님보다 성부 하나님, 인간의 타락보다 인간의 원래적 선, 성령의 광범위한 임재나 세상에서의 활동보다 개인적 은사에 초점을 맞췄다. 다시 말해서 그녀는 기독교적 신앙의 핵심적 요소들을 선택적으로, 또는 다소 편향적인 입장을 취했다.

브라운은 영혼을 계발하고 가꾸는 것은 리더십에 매우 중요하며, 하나님 및 이웃과의 관계에도 복잡하게 연결된다고 주장한다. 리더십은 근본적으로 '바깥'에 있는 어떤 것이 아니라 영으로 충만한 좌소로부터 나오는 그 무엇이다. 이것을 존중하는 데에는 '내적 여정'이 필요하며, 여기에는 다음과 같은 다섯 가지 확신이 포함된다.

1. 우리는 다른 사람에 대한 지배가 아니라 그들에게 힘을 주고 격려하며, 공적인 지위가 아니라 성령의 능력으로 살아가는 존귀한 자들이다.

2. 우리는 내적 절제와 수고, 상호 협력하는 사랑으로 일한다.

3. 우리는 다른 사람과 권한을 공유하며, 하나님의 뜻을 신실하게 이루며 살아가도록 부르심을 받았다.

4. 우리는 조작이 아니라 신뢰에 의해, 실패에 대한 두려움이 아니라 온전함에 대한 비전에 의해 일한다.

5. 우리는 피조 세계의 모든 영역에서 초월적인 것을 만나며, 인격을 도야함에 있어서 성령의 열매를 경험한다.[41]

이러한 확신은 무슨 일을 하며 무엇을 바라느냐가 아니라 그가 어떠한 사람인가라는 기준으로부터 나오는 리더십의 기초를 형성한다. 이들은 다른 사람으로 하여금 자신의 리더십이 훌륭한지 평가하게 하고, 이들의 가장 깊은 꿈과 직관 및 소원에 접근하게 하며, 하나님께서 이들 안에서 이들을 통해 일하실 수 있는 새로운 길을 보여 줄 수 있다. 이 다섯 가지 확신에 근거해 사람들은 브라운이 말하는 소위 '성령 사역'(Spiritwork)을 경험하게 된다. 여기에는 다음과 같은 것들이 포함된다.

- 현재적 삶에 대한 충실
- 진실한 대화를 통한 친밀한 교제 구축
- 몸과 영혼, 가정과 일터의 연결
- 영적 지침 및 멘토 찾기
- 조직 내의 현안에 대한 파악 및 처리[42]

맥스 드프리는 생명력 있는 조직의 속성에 대해 논의하면서 깊이 뿌리 내린 집약적 리더십을 통해 에너지를 부여할 수 있는 영적 자질에 초점을 맞추었다.[43] 이러한 속성들은 단순한 거래적 조건(commercial terms)에 비해 핵심 가치와 사명에 대한 충성을 촉구하고 조직의 효율성을 제고함으로써 조직의 삶을 더욱 풍성하게 한다. 이것은 언제나 조직을 단순한 목표 달성이 아니라 조직의 숨은 잠재력을 발휘하게 한다. 사실 이것은 사람들에게 자신의 잠재력을 깨닫게 한다. 드프리는 리더십에 관한 다양한 저술을 통해 다음과 같은 핵심적 속성을 제시한다.

진실(truth): 진실은 개인적이며 존재의 질(quality)이다. 즉 진실은 사람과 이들이 하는 일에 있어서 질적인 우수함, 더 나은 가치, 소중함으로 이끈다는 의미다. 진실은 콕 집어 말하기는 어려운 개념이지만 우리는 이것을 보고 느낄 수 있으며, 만날 수 있다. 진실을 부인하는 행위의 가장 큰 비극은 자신의 영적 멸망을 자초한다는 것이다. 결국 이것은 조직의 안녕과 효율성을 저해할 것이다.

다가감(access): 다가감은 모두가 공유해야 할 필요가 있는 은사이다. 사람들은 일, 지도자, 배움의 기회, 의료진에게 다가가야 한다. 또한 사람들은 멘토에게 다가가야 하며, 조직 내의 신실하고 건전한 관계를 위해 다가가야 한다.

훈련(discipline): 중요한 일을 전혀 위임하지 않는 것은 온당치 않다. 중요한 일을 넘기는 것은 훈련과 용기를 위해서이며, 부하 직원은 더욱 큰 책임감을 부여받음으로써 어떤 훈련이나 힘든 일도 마다하지 않게 된다. 지도자는 조직 내의 구성원에게 이러한 훈련을 기대할 수 있는 권리가 있으며, 반대의 경우도 마찬가지다. 사실 지도자 훈련은 지도자를 따르는 자들 사이에서의 훈련의 거울이 된다.

책임감(accountability): 책임감은 책임 추궁이나 비난과 다르다. 책임 추궁은 손가락질하는 것이지만, 책임감은 지시나 업무를 수행하면서 일어난 결과에 대한 책임의 무게를 느끼도록 돕는 것이다. 비영리 조직은 그들이 섬기는 사람에 대해 의도적으로 책임을 질 일을 할 수 있기 때문에 이러한 책임감의 필요성을 보여 주는 중요한 사례가 된다.

양육(nourishing of persons): 사람들은 자신의 다양한 업무, 학습, 성장, 잠재력에 도달함으로써 양육을 받는다. 조직의 구성원에 대한 끊임없는 갱신만이 조직 자체를 계속해서 새롭게 해 나갈 수 있다.

진정성(authenticity): 생명력 있는 조직은 진정성을 양도하지 않는다. 그들은 하나님의 형상대로 창조된 사람을 진정한 존재로 인정한다.

공의(justice): 공의의 핵심은 바른 관행을 통해 세워지는 관계다. 공의는 언제나 조직 내의 모든 사람과 연결된다. 아무도 이 관행에서 예외가 될 수 없다. 분배와 균등한 접근과 관련되며 자원의 공정한 분배, 적법한 절차와 권리 및 책임과 연계된다. 공의는 평안으로 가는 길이다. 평안과 공의는 동행한다.

존중(respect): 존중은 조직 내에서 교양, 예의바른 태도, 적절한 언어를 통해 나타난다. 존중은 모든 사람을 진지하게 대할 때 분명히 나타나며, 특히 행동을 통해 드러난다.

희망(hope): 생명력 있는 조직은 자신의 일에 대해 사명감을 가지고 접근하며, 받아들일 때 희망을 발산한다. 모든 사람으로 하여금 책임감을 갖게 하는 명확하고 매력적인 사명을 지닌 조직은 미래적 꿈을 깨닫는 능력을 통해 희망을 창조한다. 가치 있는 사명에 동참하는 것은 일을 희망으로 가득 차게 만든다. 조직 안팎의 관계, 질이나 성격과 희망 사이에는 밀접한 상관관계가 있다. 강력하고 의미 있으며 풍성한 관계 구축에 성공한 조직은 모든 일에 있어서 희망으로 넘쳐난다.

단합(unity) : 단합은 조직을 공동체로 바꾼다. 공동체는 모든 구성원에게 소속감과 헌신하는 자세를 갖추게 하기 때문에 조직보다 훨씬 높은 차원에서 형성된다.

인내(tolerance) : 인내는 지혜와 분별력과 관용의 기능을 수행한다. 모든 사람이 다 같은 생각과 행동을 할 필요는 없지만, 함께 인내하며 일하는 관계를 위해 동일한 비전과 목표를 나누어야 한다.

단순성(simplicity) : 이것은 개인적 절제의 중요성에 대해 이해하게 해 준다. 생명력 있는 조직은 보존성과 단순성을 실천하게 하는 성령의 원천을 끌어온다. 이러한 속성들은 갱신과 혁신에도 중요하다. 사람들은 어떤 것을 붙들기 위해 다른 것을 버려야 한다.

아름다움과 고상함(beauty and taste) : 이 두 가지 속성은 사람과 조직의 정신을 살찌우며 생명력을 창조하는 핵심 요소다. 아름다움과 고상함은 진부함의 반대되는 개념으로 미학(aesthetics)이나 창의성, 몸가짐, 품격과 관계된다. 사람들은 아름답고 고상한 것을 원한다. 인간의 마음은 다양한 면 ― 신체적인 면, 일의 질, 공동체 내의 관계의 힘, 사람들이 행하는 몸가짐, 조직이 나타내는 품격의 정도 ― 에서 아름다움과 창의성을 통해 힘과 기쁨을 얻는다.

사명에 대한 충실(Fidelity to a mission) : 이것은 사람들의 가치관으로부터 직접 나오는 것으로서 자신이 한 약속을 엄격히 지킴으로써 사명에 대한 충실을 보여 준다. 이러한 충실은 헌신의 구체적 실현이며, 성육신과 같은 언어의 구현이다.

이와 같이 활기차고 생명력 넘치는 조직의 속성들 — 진실, 다가감, 훈련, 책임감, 양육, 진정성, 공의, 존중, 희망, 단합, 인내, 단순성, 아름다움과 고상함, 사명에 대한 충실 — 은 지도자와 따르는 자가 모든 구성원에게 최상의 잠재력을 발휘할 수 있는 조직을 만들 수 있도록 돕는다. 이러한 사상은 다소 낯설고 때에 따라서는 조직의 성공에 대한 항간의 전통적 견해와 상반될 수도 있다. 이러한 속성들은 전략 개발이나 업무 개선 또는 경쟁력 제고와 같은 전형적인 활동보다 정신적인 부분에 초점을 맞춘 듯이 보이기 때문이다. 사실 이러한 속성들은 — 특히 오늘날과 같은 경쟁 사회에서 — 개인과 조직의 성공으로 가는 길이며, 조직을 위해 훌륭한 '성령의 열매'와 같은 역할을 할 것이다.

결론

앞서 언급했듯이 브라운의 접근은 분명히 기독교적이지만 영성에 대한 이해가 제한적이고 부적절하며, 성경이나 신학적 내용을 온전히 제시하지 못했다. 오히려 베일이 정신에 대한 종교적 관점을 드러내지는 않았지만 리더십의 신학적인 영적 영역의 중요성에 초점을 맞췄다는 사실은 무척 흥미로운 일이다. 그리고 드프리는 여러 핵심적인 신학적 요소를 오늘날 일터에 접목하는 방식으로 살아 있는 조직의 속성들을 제시함으로써 영성과 리더십에 대한 기독교적 접근을 구체화했다.

다음 장에서 우리는 구체적인 종교적 권점에 대해 좀 더 자세하고 분명하게 제시한 저서들을 중심으로 리더십의 영적 영역에 관해 더욱 구체적으로 살펴볼 것이다.

제4장
리더십에 대한 신앙적 접근

대부분의 리더십 저자들은 영감에 대한 종교적 원천이나 전통에 대해서는 주의를 기울이지 않는다. 대신에 이들은 기존의 리더십 이론, 개인적 경험이나 관찰적 경험, 리더십에 관한 실험적 연구에 의존한다. 여기에는 특정한 종교적 전통으로부터 나온 윤리적 금언도 포함되지만 대부분의 경우 이러한 금언을 원래의 전통으로부터 구별해내는 방법에 대해서는 모른다. 그러나 최근 들어 리더십에 관한 저자들은 종교적 전통에 관해 좀 더 광범위한 관심을 기울이기 시작했다. 많은 사람이 동방의 영성 또는 뉴에이지 영성으로 눈을 돌렸다.[1] 다른 사람들은 다음과 같이 유대교 및 기독교적 전통에 대해 다루었다.[2]

리더십에 대한 신앙적 접근

데이비드 배런(David Baron)_
자유주의 유대교적 접근(A Liberal-Jewish Approach)

데이비드 배런은 성공한 사업가로 전통/정통주의에 반대해 베벌리힐스에 자유주의 유대 회당을 설립했다. 이 회당은 매스미디어와 금융 세계에 관한 원리를 제시한다. 그의 『모세의 경영전략』 (*Moses on Management*)은 유대 종교의 핵심적 지도자인 모세에게 초점을 맞춰 그의 삶과 업적을 통해 오늘날 지도자가 배워야 할 교훈을 도출한다.[3] 그는 이 책에서 모세 시대와 오늘날의 불확실성과 도전에 대한 다양한 유비에 대해 제시한다. 이 책에는 일련의 성경적 해석과 현대적 비화(anecdotes) 및 리더십의 역동성에 대한 재치 있는 통찰이 담겨 있다.

배런은 서문에서 우리가 일반적으로 알고 있는 것과 달리 성경은 사업(business)에 관한 책이라고 주장하면서, 모세를 역사상 가장 위대한 경영자라고 선언한다. 모세는 소극적이고 말주변이 없으며 모순적이고 충동적이며 때로는 도가 지나쳐 실패를 자초하기도 하는, 오늘날의 관점에서 볼 때 여러 문제점을 안고 있었지만 놀라운 능력과 성취도를 보여 준다. 그는 타고난 지도자가 아니었으며 특별히 카리스마적인 인물도 아니었다. 그는 처음부터 지도자로 시작하지 않았으며, 사람을 인위적으로 조작하거나 지배하는 것을 싫어했다. 그는 비록 완벽한 영적 · 도덕적 역할 모델은 아니었지만 끊임없이 비협조적이며 적대적인 백성들을 솔선수범하면서 훌륭하게 이끌어 간 고무적인 지도자였다. 그는 고된 준비와 착실한 경험을 통해 점차 자신의 역할을 찾아갔으며, 하나님에 대한 신앙과 다른 사람들에 대한 겸손은 지도자를 향한 이러한 그의 행보에 초석이 되었다. 모세는 유연함과 빠른 판단력, 자신감 고취, 다양한 계층을 단합시키는 능력과 같은 중요한 재능을 지니고 있었다. 그는 또한 이러한 재능을 다른 사람에게 훈련시키고 전달하는 능력도 있었다.

다음으로 배런은 동기부여 및 의사전달, 오랜 여정 동안 백성들을 조직화하고 활성화시킨 모세의 방법, 모세가 제시한 핵심적인 윤리적 지침에 대해 다룬다. 그는 모세가 우회적인 방법으로 이스라엘을 약속의 땅으로 인도한 것과 오늘날의 비선형적(nonlinear) 기업경영 전략, 이스라엘의 삶에 있어서 십계명의 역할과 오늘날의 사명 선언 사이의 유비에 대해 다룬다. 그는 지도자로서 모세의 성공에 대해 다음과 같은 열 가지 요인을 제시한다.

> 리더십의 역할을 받아들여라. 상황에 다가서라. 하나님 및 이웃과 관계를 맺어라. 결과를 도출하라. 어려움을 극복하라. 문제를 해결하라. 힘을 주는 사람과 생각을 찾아라. 조직의 규칙을 강화하라. 유산을 넘겨라. 떠날 때를 알아라.[4]

배런은 지도자의 한계와 약점에 대해 알고 있었다. 그는 적절한 책망, 책망을 받아들이는 방법, 가족으로부터의 도움, 자신의 능력을 맹신하지 않음, 다른 사람과 짐을 나누어 짐, 자신의 잘못에 대하여 책임을 짐, 자신과 의견을 달리하는 사람들을 가능한 한 이해하려는 자세 등에 대해 다룬다. 그가 제시한 윤리 법전은 도덕적 원리를 초월하는 것으로서 백성들의 편에 서서 압제자나 악한 사람들에 대한 책망과 공의의 시행, 책임감이 뒤따르는 자비의 시행, 우호적인 환경 조성, 조그만 행위의 중요성에 대한 인식과 같은 중요한 조항들을 나열하고 있다.

기독교적 관점에서 볼 때 이 책에서 한 가지 아쉬운 점은 백성들을 위한 도덕적 기준이나 전략적 계획을 모세가 직접 '만들었거나' '계획하였다'고 주장하는 것이다. 이러한 주장은 비록 배런이 십계명의 수여와 관련해 신적 계시의 존재를 인정하고 있지만 두 가지 영역 모두에서 하나님의 역할을 과소평가한 것으로밖에 볼 수 없다. 그는 모세 및 오늘날의 리더십과 관련해 하나님에 관해 반복해서 언급하지만 출애굽기와 레위기에 제시된 언약이나 거룩한 법전에 관한 논쟁은 이것이 모세 자신의 생각으로부터 나왔음을 시사한다. 결과적으로 배런의 접근은 성경적 내용과 부합하지 않은 인간적 요소를 지니게 되었다.

로라 베스 존스(Laura Beth Jones)와 찰스 맨즈(Charles Manz)_ 초교파적인 기독교적 접근(Para-Denominational Christian Approach)

로라 베스 존스는 '신성한 능력을 인식하고 촉진하며 격려하는' 일을 하는 광고, 마케팅, 사업 개발 회사인 존스 그룹(Jones Group)의 설립자이자 총수다. 그녀는 자신의 종교적 전통에 대해 개신교와 감리교 및 초교파 기독교가 통합된 것이라고 말한다. 20년간 독자들의 사랑을 받고 있는 그녀의 저서 『최고 경영자 예수』(Jesus CEO)는 사람들과의 대화 및 동기부여를 위한 실제적이고 단계적인 지침을 제공한다.[5] 그녀는 주로 예수께서 제자들의 훈련과 반응을 위해 사용하신 자기 극복, 행위 및 관계의 형식이나 방법에 관심을 기울였다. 그녀는 예수님의 방법에 나타난 중요한 윤리적 원리나 일반적 지침을 적절히 조합했다.

존스는 예수님의 방법에 대해 오메가 경영 방식(Omega Management Style)이라는 이름을 붙였다. 이것은 권위적이고 남성적인 알파 경영과 협조적이고 여성적인 베타 경영으로 구별된다. 오메가 방식의 특징은 (1)오직 12명에 대한 훈련만으로 오늘날과 같은 세계적인 영향을 끼친 특별한 성공, (2)예수님의 제자들은 인간적이고 자격을 갖추지 못했으며 연약한 사람들로 구성됐다는 사실, (3)예수님의 리더십 방식은 공동의 과업을 가진 어떤 그룹에도 적용할 수 있다는 점 등이다. 그녀는 예수님의 경영방식이 각자의 영적 에너지를 발휘하게 하는 방식에 있어서 다른 두 가지 경영 방식을 능가

한다고 믿었다.

지도자에 대한 존스의 결론적인 주장은 이 책의 핵심적인 요소로 제시된다.[6] 이러한 요소들은 시사하는 바가 크다. 예를 들어 거의 70개에 이르는 항목이 나('우리'라는 단어도 사용되지 않는다)라는 단어로 시작하며, 하나님에 대한 언급은 일곱 번밖에 등장하지 않는다. 이러한 자기중심적 경향은 예수님에게 초점을 맞춘 책으로는 무엇인가 부족하다는 생각을 지울 수 없게 한다. 그러나 그녀가 예수님의 생애와 사역으로부터 도출한 여러 원리는 매우 귀한 자료로 평가받는다. 여기에는 분명한 사명 의식, 다른 사람의 동의를 요구하거나 바라지 않음, 새로운 시각과 방식으로 상황을 바라봄, 일에 대한 열정, 사람들에게 자신의 행동에 대해 책임을 지게 함, 다른 사람에 대한 사례를 통해 능력을 부여함, 남을 칭찬하는 것을 매우 중요한 덕목으로 여기는 것 등이 포함된다. 또한 그녀는 다른 사람을 하나님의 귀한 피조물로 보는 것과 하나님만이 모든 계획을 아신다는 사실에 대한 인식의 중요성에 대해 구체적으로 언급한다.

그러나 그녀의 언급 가운데 일부는 자기중심적 경향을 보인다. "나는 스스로의 훈련과 강인함을 통해 어려움을 극복했다." "나는 다른 사람들을 풀어 줌으로써 스스로 날 수 있었다." "남을 판단하는 것은 나의 삶에 있어서 중요한 에너지의 손실을 야기하기 때문에 아무도 판단하지 않는다." "나는 …… 나도 섬김을 받을 것이라는 사실을 알기 때문에 다른 사람들을 섬긴다." 또한 존스는 소위 예수님의 자기 극복에 관한 교훈을 자신의 자기 극복에 관한 지침으로 제시하며 복음서에 제시되지 않은 인간적 주장을 소개한다. 그러나 예수님은 "나를 보내신 이의 뜻을 행하려 함"(행 6:39)이라는 언급에서도 분명히 나타나듯이 자신이 아니라 전적으로 하나님께만 향했다.[7]

더욱이 존스는 투명성(transparency)과 관련해 약점에 대한 한마디 말도 하지 않고 오직 장점에 대해서만 언급한다. 사실 그녀는 부적합하거나 갈등이 있는 것은 완전히 부인하며, 오직 실패하지 않고 성공한 것들에 대해서만 다룬다. 이것은 예수께서 궁극적 승리에도 불구하고 십자가에서 고난당하셨다는 사실을 생각하면 쉽게 수긍하기 어렵다. 또한 예수께서 겟세마네 동산에서 "이 잔을 지나가게 하옵소서"라고 기도하신 것(마 26:39)을 생각하면 지도자에 대해 "예수님은 자신이 원하시는 것에 대해 결코 주저하는 모습을 보이지 않으신다"[8]라고 말하는 것은 편향적인 주장이라고 할 수 있다. 또한 지도자에게 "자신을 전적으로 믿어야 한다"[9]라고 주장하는 것도 지도자에게는 아무런 유익이 되지 않는다. "나는 나의 운명을 스스로 개척한다. 나는 믿는 대로 될 수 있다. 나는 반드시 그런 사람이 될 수 있다"[10]라는 네 번째 주장 역시 미국인만이 할 수 있는 것이다.

리더십에 대한 초교 파적인 기독교적 접근에 관한 또 하나의 책은 찰스 맨즈의 『예수의 비지니스 리더십』(The Leadership Wisdom of Jesus)이다.[11] 서문에서 밝힌 대로 맨즈는 예수님에게 초점을 맞추면서 한편으로 인류와 종교를 초월하는 다중 신앙적 접근을 제시한다. 예수님의 가르침 가운데 리더십에 대한 직접적인 언급은 많이 없지만 맨즈는 이러한 가르침을 통해 리더십의 실제에 관한 심오한 윤리적·실제적 지침을 제공한다고 믿었다. 그는 지도자는 비유와 같은 예수님의 가르침에 대하여 내용은 물론 형식에 대해서도 고려해야 한다고 주장한다. 맨즈는 예수님의 모든 기본적 구조는 궁극적으로 죽음 이후에 맞춰져 있기 때문에 예수님의 가르침이 반드시 이 땅에서 성취되어야 하는 것은 아니라고 생각했다. 그러나 그는 모든 사람은 어느 정도 다른 것들과의 긍정적인 영적 관계를 유지하기를 바란다고 믿었다. 이러한 구조 아래에서 그는 다른 사람을 자비로 인도하는 것, 그들로 하여금 최상의 자아를 실현할 수 있게 하는 것, 작은 것에 대한 능력 속에 얼마나 위대한 씨앗이 들어 있는지, 환상에 사로잡혀 있기보다 그들에게 힘을 불어넣는 것이 얼마나 중요한지를 보았다.

예수님의 인격과 사역을 리더십을 위한 하나의 지침으로 보는 것은 잘못된 것이 아니지만 제대로 접근하기 위해서는 예수님 방식의 전체적 구조와 본질에 대해 알아야 한다. 맨즈는 예수님의 내세적 경향과 함께 예수님의 일부 가르침에 담긴 리더십에 관한 간접적인 본질을 인식했다. 그는 지도자의 인격에는 초점을 많이 맞추지 못했지만 지도자와 따르는 자들의 영적 심리(orientation)에 대해서는 분명히 확인했다. 따라서 그는 인간 본질의 어두운 면에 대한 파악에 실패했다. 또한 그는 1세기 유대인과 20세기 미국인 사이의 문화적 상황이나 언어적 스타일의 차이조차 간과했다. 이것이 그로 하여금 예수님의 일부 가르침을 오늘날의 서구적 상황에서 해석하게 만든 것이다.

맥스 드프리_ 개혁주의 기독교적 관점

허먼 밀러 가구회사의 전임 CEO이자 총수를 지낸 맥스 드프리는 개혁주의 개신교의 종교적 유산을 매우 사려 깊고 확실하게 제시했다. 그 외 리더십에 대한 그의 관점에 영향을 끼친 것으로는 제2차 세계대전 참전 경험과 허먼 밀러사 재직 경험, 기업가 로버트 그린리프와 예술가 찰스 임스(Charles Eames)와 같은 사람들이다.

궁극적으로 드프리의 영적 여정은 자신의 핵심적 관점, 가치관, 사명을 깊게 형성했다. 이것은 그가 사용하는 언어나 그가 제시하는 정책 및 절차에 잘 나타난다. 그의 방식은 (1)다른 사람의 관점이나 비판을 겸허하게 수용하는 섬김의 자세, (2)이기적인 자아를 버리고 다른 사람의 전문적 의견이나 지식에 의존함, (3)모든 사람이 성장하고 발전하는 환경 조성, (4)이견이나 갈등을 허용하는 의사소통 등을 강조한다.

드프리는 리더십에 관한 대표적 저서를 통해 훌륭한 리더십이 가지고 있는 일련의 속성에 대해 제시한다.[12] 이들 가운데 일부는 지혜를 얻는 것(지적 호기심, 열정, 통찰력, 판단력을 동반한 분별력)과 관련된다. 어떤 것들은 관계 개선(다른 사람의 관심이나 열망, 갈등에 대한 인식, 그들에게 다가감, 그들의 능력에 대한 신뢰, 기꺼이 자신을 낮추려는 의지)에 초점을 맞춘다. 어떤 것들은 성품(고결성, 용기, 의존성, 정직성 등)과 관련된다. 몇 가지 속성은 세계관과 관련된다(다의성[ambiguity]에 대한 익숙함, 미래와 과거 및 현재를 자유롭게 넘나듦, 유머 감각 소유 등). 그의 책은 많은 것을 함축하고 있지만 그는 분명히 이러한 속성들이 근본적인 신앙 체계를 통해 작동한다고 믿는다.

그의 모든 신학적 구조는 기본적으로 사람은 "하나님의 형상대로"(창 1:26) 지으심을 받았다는 창세기 말씀에 대한 확신에서 비롯되었다. 이것은 모든 사람은 독특한 방식으로 창조주를 반영하며 따라서 존경과 위엄을 가진 자로 대해야 한다는 것을 의미한다. 지도자는 사람들이 각자에게 허락된 최선의 모습을 찾도록 돕고, 그들에게 귀를 기울일 수 있도록 자신을 열어야 할 책임이 있다. 하나님은 사람에게 다양성을 주셨으므로 지도자는 이러한 사실을 인식하고 모든 사람이 나름대로의 기여를 할 수 있도록 최선을 다해야 한다. 여기에는 모든 사람을 단순한 노동자가 아니라 온전한 인격으로 보며, 프로그램이나 조직 또는 관료주의보다 사람을 우선하는 것도 해당된다. 하나님께서 자신의 형상대로 사람을 창조하실 때 독창성과 기술혁신을 핵심적인 요소로 작용했기 때문에 이러한 속성은 모든 사람에게 존재하며, 따라서 지도자는 이것들을 더욱 강화해야 한다.

또한 드프리는 하나님께서 언약적 관계를 통해 일하신다는 강한 확신을 가지고 있다. 언약은 이스라엘과 하나님을 결속하는 핵심적 요소다. 언약은 쌍방이 서로에게 무엇을 할 것인지에 대한 범위와 조건을 정하는 계약 이상의 것이다. 계약의 경우 약속이 깨어지면 상호에 대한 관계는 끝나게 된다. 그러나 하나님은 이스라엘과 무조건적 언약을 하셨으며, 나중에는 예수님을 따르는 자들과 그렇게 하셨다. 유대인이나 예수님의 제자들은 지켜야 할 의무가 있지만 이것은 율법이 아니라 사랑으로부터 나온 것이며, 이것을 지키지 못할지라도 양자의 관계가 끝나는 것이 아니다. 드프리는 자신과 직원들의 관계를 잠재적인 평생관계로 보았으며, 직원들을 다양한 상황 속에서 양육하고 강화하며 지원하는 것을 자신의 책임으로 여겼다. 이것은 직원들에 대한 소속감을 고취하고, 진정한 자아를 찾게 했으며, 회사의 미래에 대한 비전을 품고 이것을 설계하며 성취하는 일에 동참하도록 촉구하며, 맡은 일에 대해서는 책임을 지는 조직을 만들었다.[13]

드프리에게 있어서 공의와 평등 역시 강력한 가치를 지닌다. 이러한 모티브는 성경, 특히 예언서와 지혜 문학 및 복음서에 자주 등장한다. 이러한 요소를 직장에서 구현하기 위해서는 (1)직장 안팎의 현실을 분별하고 모든 것을 진실에 입각해야 한다. (2)모든 사람에게 유익한 결정과 정책을 만드는 데 최선을 다한다. (3)조직 내 약하고 결점이 있는 구성원에 대해 관심을 가져야 한다. (4)균등한 방식으로 보상해야 한다. 고용인은 좀 더 넓은 사회로부터의 요구나 도전에 대해 극복하도록 격려를 받아야 한다. 환경에 관한 문제도 책임 있게 다뤄야 하기 때문에 조직은 시설이 설립된 방식이나 여타 환경 조건에 특별한 관심을 기울이고 직원들에게 쾌적

한 근무 분위기를 제공해야 한다.[14]

끝으로 드프리의 리더십관은 기독교 신앙의 핵심 가치를 중심으로 형성된다. 첫째 다른 사람에 대한 신뢰는 가장 중요하다. 신뢰 없이는 어떤 조직도 효율적인 기능을 하지 못한다. 고용인으로서는 회사의 조치가 신뢰를 바탕으로 할 경우 충성심을 발휘하게 될 것이다. 또한 고용주로서는 직원에 대한 신뢰 여하에 따라 회사의 중심 가치가 드러나게 됨을 의미한다. 둘째 지도자는 근로자로서 직원들의 복지에 관심을 가져야 하지만 더 근본적으로는 모든 사람에 대해 각자 다른 역할과 책임감을 가진 자로 대해야 한다. 여기에는 장기적 질환이나 인원 감축 등과 같은 예기치 못한 어려움이 찾아왔을 때 직원들의 편에 서서 적극 돕고 지원하는 일도 포함된다. 셋째 지도자는 희망을 명확히 표현하고 구체화해야 하며, 비전 제시와 시너지 창출로써 비전을 더욱 촉진하고 예증해야 한다.

이러한 핵심 가치의 중심에는 고결성(integrity)이 존재한다. 고결성은 모든 것을 주관한다. 고결성은 조직의 사명에 대한 충성과 자신의 말 및 약속에 대한 이행을 포함하며, 기회주의적이거나 자기중심적이 아니라 다른 사람의 유익을 위해 양보하고 화해하는 것이다. 중요한 일을 우선하라는 원리 다음으로 중요한 것은 조직의 핵심 사업이나 생산의 효율성 등 모든 면에서의 능률이다.[15]

리더십에 대한 실천 신학적 접근

그리스도 중심적 접근

교회의 리더십에 관해 다룬 많은 책은 대표적인 역할 모델로서 예수님에게 초점을 맞춘다. 예를 들어 앤드류 르 포(Andrew Le Peau)의 『리더십의 길』(*Paths of Leadership*)은 제임스 맥그리거 번스의 변혁적 리더십을 인용해 섬김·제자도·봉사·가르침·비전 제시의 모델로 예수님을 제시한다.[16) 그리스도인이 쓴 대부분의 책은 일이나 직장에 관해 언급하지 않는다. 이러한 것들을 가장 많이 다룬 책은 간접적이긴 하지만 레이턴 포드(Leighton Ford)의 『지도자 예수』(*Jesus*)라는 책이다.[17)

포드의 책은 복음서에 나타난 예수님의 모습과 앞서 언급한 워런 베니스와 버트 네이너스가 주장한 변혁적 리더십 모델 간의 대화를 제공한다. 포드는 예수님만이 가지는 특이성, 즉 하나님의 독생자요 구주이시며 절대자이심을 지적하는 것으로써 예수님에 관한 설명을 뒷받침한다. 그는 책 중간중간에 예수님의 리더십 가운데 변혁적 리더십에 꼭 필요한 아홉 가지 역할을 제시한다. 그가 제시한 예수님의 아홉 가지 역할은 다음과 같다.

1. **전략가**(strategist)ː 예수님은 이 역할을 통해 자신의 본분을 인식하셨으며, 이전 시대의 약속과 소망을 성취하고 하늘나라에 관한 영원한 전략과 우주적인 목적을 품으셨으며, 소수의 사람들은 통해 수많은 사람에게 복음을 확산시키셨다.

2. **구도자**(seeker)：구원자로서 인성을 입으신 예수님은 하늘나라의 가치를 중시하시고 또 하나의 일을 위해 섬기셨으며, 또 하나의 결과를 받아들이고 또 하나의 진리를 가르치셨으며, 또 하나의 시간을 기다리며 또 다른 영광을 꿈꾸셨다.

3. **선견자**(seer)：선견자로서 예수님은 가장 중요한 비전을 경험하셨다. 이러한 비전은 신적 근원을 가진 것으로 실제적, 강권적, 인격적, 근본적, 현실적이지만 소망으로 가득한 것이었다.

4. **강한 자**(strong one)：예수님은 이 역할을 통해 강인한 성품, 외적인 능력과 내적인 권위, 확실한 목적의식, 권세 있는 말, 부드러움과 감수성, 인내와 결단력을 보여 주셨다. 또한 그는 때로는 다가가시며 때로는 물러나셨다.

5. **종**(the servant)：예수님은 하나님의 임무를 받은 자로서 세상적 권력 논리와 반대로 섬김과 모범적인 삶, 고난에 대한 사명과 십자가의 능력이 얼마나 위대한지를 보여 주셨다.

6. **목자 양성자**(shepherd-maker)：예수님은 제자를 불러모아 그들에게 능력을 주셨다. 그는 그들과 함께 삶을 나누고 공동의 삶과 목표를 가진 팀을 형성하셨으며, 그들에게 의미를 발견하게 하고 평등과 열정과 성장을 도모하셨다.

7. **대변인**(spokesperson)：예수님은 대변인으로서 훌륭한 의사전달자셨다. 그는 분명한 목적과 자신감을 가진 의사소통의 모델이 되셨으며, 언어에 민감하고 수단과 방법을 존중하셨으며, 말과 적절한 타이밍 포착 및 주변 의식(sense of boundaries)을 중시하셨다.

8. **투쟁가**(struggler)：예수님은 갈등을 파악하고 치유하셨으며, 근본적이고 회피할 수 없으며 본질적이며 우발적인 갈등에 대한 전략을 드러내셨으며, 자신에 대한 거부감을 해소하셨으며, 신중함과 분별력을 보여 주셨다.

9. **유지자**(sustainer)：예수님은 방법을 보여 주는 핵심적인 전략을 사용하셨으며, 사람들을 형성하고 가치를 상징화하며 활동 무대를 제공하고, 궁극적으로는 그들과 영으로 함께하셨다.

이 목록을 살펴보면 기독교적 원리에 기초하고 있느냐의 여부와 관계 없이 예수님의 리더십은 오늘날 대부분의 조직에 그대로 적용하기가 어렵다는 사실을 알 수 있다.

- 하늘나라에 대한 추구 및 전략: 오늘날 일부 조직에서는 이러한 전략과 방향이 한 요소가 될 수 있겠지만 더욱 중요한 것은 일이나 일터가 공동체의 구축, 공의의 추구 및 섬김을 통해 일상에서 하나님을 반영할 수 있는 방안을 모색해야 한다는 것이다.
- 고난에 대한 사명: 고난이 영적 리더십의 잠재적인 부산물은 될 수 있겠지만 전반적인 목적에 해당하는 것은 아니며, 이것이 반드시 '구속적인' 영향을 가지는 것도 아니다.
- 또 하나의 시간과 영광에 대한 기대: 타이밍에 대한

감각과 어느 정도의 사양(modesty)은 효과적인 리더십에 꼭 필요하지만 지도자의 일정이 무작정 기회만 기다리고 있을 만큼 여유 있는 것은 아니다. 재정 담당이나 때로는 주주의 입장도 고려해야 한다.

- 신성한 비전에 대한 경험: 일반적으로 지도자에게 비전은 순수하게 개인적인 것이 아니지만 분명한 신적 원천으로부터 오는 것도 아니다. 이것은 다른 사람들과 함께 추구하고 검토하며 계획을 세워 나갈 때 찾아오는 경향이 있다.

- 근본적이고 회피할 수 없는 갈등에 대한 치유: 조직의 지도자는 기독교에 대한 예수님의 역할과 같이 조직의 삶에 중심적인 역할을 하거나 절대적이지 않다. 지도자(또는 조직)의 고결성이 와해될 위기에 처하면 언제든지 사임할 수도 있다.

- 훌륭한 성품 및 권위 있는 말: 둘 다 훌륭한 요소지만 지도자는 예수님과 달리 성령을 "한량없이"(요 3:34) 받지 못했다. 성경에 나오는 지도자들 가운데에도 말의 은사를 받은 자의 도움을 필요로 하거나(모세) 언변에 능하지 못한 사람(바울)이 있었다.

- 세상적 권력 논리에 대한 역행: 신자들은 세상 방식으로 행사되는 권력과 긴장을 유지하며 살기를 바라지만 지도자는 — 심지어 기독교 지도자도 — 어느

정도 주변의 관습이나 관례와 상호적 관계를 가져야 한다.

- 함께 삶을 나눔: 신학생이 함께 거주하며 훈련을 받는 경우는 있지만[18] 대부분의 근로자들은 함께 일하며 공동생활을 한다는 것은 비현실적이다.
- 다른 사람을 돌보아 주고 세워줌: 예수님과 달리 오늘날 지도자는 다른 사람에게 통찰력을 심어 주고 이들을 치유하는 일이 쉽지 않다. 성령의 내주에 의한 삶의 모델이나 사람들에게 조직의 정신을 고취하게 하는 능력을 감안하면 성령을 공유하는 일도 마찬가지다.

이러한 예수님의 리더십과 오늘날 지도자들의 리더십 차이는 일이나 특정 개인 상황이 예수님께서 행하시고 경험하신 것과 정도의 차이에 있어서 필적하지 못한다는 의미가 아니다. 지도자가 예수님의 삶이나 방법으로부터 아무것도 배우지 못한다는 의미도 아니다. 그러나 예수님의 특별한 지위와 소명을 생각하면 예수님의 사역과 오늘날 우리의 일은 일부 저자들이 주장하는 것보다 훨씬 상호관련성이 적은 것이 사실이다.

이러한 한계는 앞서 언급한 로라 베스 존스와 찰스 맨즈, 밥 브루너(Bob Bruner)의 저서에도 나타난다. 이들은 예수님을 오늘날의 서구적 잣대 — 특히 예수님 방식의 내용과 적용을 자기에게 끼워 맞춘 렌즈 — 를 통해 훨씬 무비판적으로 접근한다. 레이턴 포드조차 예수님의 치유 사역 및 기적적인 능력에 관한 그의 주장에서 볼 수 있듯이 이런 부분에서 취약점을 드러내고 있다. 존스와 맨즈는 예수님의 교훈과 실천적 내용을 사역의 실제적인 구조나 절차에 대한 충분한 설명 없이 그대로 적용한다.

이러한 접근방식에 현대적 가정들(assumptions)이 얼마나 반영되었는지를 면밀하게 살피기 위한 한 가지 방법은 예수님의 사역 방식 가운데 분명히 드러난 비현대적 특징에 초점을 맞추는 것이다. 퀘이커 신약 학자인 헨리 캐드베리(Henry Cadbury)의 고전 『예수에 대한 현대화 작업의 위험성』(*The Peril of Modernizing Jesus*)은 좋은 예가 된다. 캐드베리에 따르면 우리 시대는 기능(사역)적 측면보다 사고방식에 있어서 예수님 시대와 더 많은 차이를 보인다. "우리는 상품 제조나 수송, 의사소통에서 큰 차이가 있을 것으로 생각하지만 실제로는 정신적 과정(mental processes)이나 지적인 전제들(intellectual assumptions), 자의식(self-consciousness) 형태가 훨씬 큰 차이가 있다는 사실을 알고 있는가?"[19] 그는 "예수께서 사용하신 언어만 해도 오늘날의 언어적 관점으로는 그를 온전히 파악하는 것이 어려울 정도이다. 우리가 당시의 언어를 현대적 차원에서 그대로 적용하는 것은 자신과 타인으로 하여금 그를 정확하게 표현하고 있는 것으로 생각하도록 속이는 것에 불과하다"[20]라고 덧붙인다. 브루스 바턴(Bruce Barton)의 『예수의 인간경영과 마케팅 전략』(*The Man Nobody Knows*)이 대표적인 예다. 이 책에 따르면 예수님은 오늘날의 상술(salesmanship)에 관한 모든 원리를 제공한다.

"그는 매우 사교적이다. 그는 계약을 손쉽게 성사시키며, 상대에게 자신의 '생각'을 즉시 주입시킨다. 그는 뉴스에 대한 광고 가치를 높이 평가하며, 따라서 자신의 메시지에 '복음'이라는 이름을 붙였다. 그의 일찍 일어나는 습관은 성공적인 직장인에게 필수적인 진취적 기상(go-getter)을 향한 열정을 보여 준다."[21]

캐드베리는 계속해서 사역의 방식에 있어서도 예수님의 일반적인 관점이나 방법은 오늘날의 그것과 다르다는 사실에 대해 다소 이해할 수 없는 주장을 전개한다. 그의 염두에는 오늘날 사회에 만연되어 있는 경영 마인드와 조직 문화, 결과와 성공에 대한 선입견, 구조적 변화와 개혁에 대한 선입견이 자리하고 있다.

첫째, 예수님의 삶은 사람들이 생각하는 것처럼 전략적이거나 조직적이지 않다. 오늘날의 문화에서 강조되는 생계를 위한 소득이나 시간의 효율적 배분, 미래에 대한 계획은 예수님의 세계에서 거의 찾아볼 수 없다. "예수님이나 동시대 사람들의 삶의 모습을 상상한다는 것은 사실을 왜곡할 수도 있는 것이기에 결코 쉬운 일이 아니다. …… 예수님은 누구보다 훨씬 방랑자나 집시에 가까운 삶을 살았다."[22] 사실 "그는 상황이 발생하면 반응은 했지만 어떤 프로그램이나 계획을 가지고 그렇게 한 것은 결코 아니다. …… 특히 경건한 사람은 하나님께 모든 계획을 맡기고 주어진 삶을 받아들였다. 아마도 그는 미리 앞을 내다보았겠지만 이것을 계획적인 삶과 동일시하는 것은 옳지 않다."[23] 하나님과의 관계나 그에 대한 복종이 예수님에게 삶의 궤도와 통일성을 형성한 것은 분명한 사실이지만 그의 삶이 창조적 계획이나 계산된 우선순위에 따라 진행될 정도는 아니었다는 것이다.

둘째, 우리는 '인물의 성품적 특성이나 상황이 어느 정도까지 특정 결과 — 예를 들어 축복이나 성공 — 를 가져다 줄 수 있는가'를 고려하지 않고서는 예수님의 가르침을 이해할 수 없다. "우리는 그가 성품에 관한 법을 능히 준수할 수 있는 숙련된 자이며, 이것의 필연적 결과에 대한 통찰력과 이해를 가지고 말씀하신 것으로 보아야 한다. 나는 이러한 법은 존재하지 않는다거나 예수님의 기준에는 맞지 않는다는 주장을 하고 싶은 것이 아니라 …… 적어도 예수님에게 있어서 …… 축복은 개인적인 것이었다는 사실, 즉 신적 개입을 통해 임한다는 사실을 말하고 싶은 것이다."[24]

셋째, 예수님은 일이나 사유재산 및 부와 관련된 제도나 사회적 지위나 계급 및 계층에 대해서는 거의 언급하지 않으셨다. 사회적 상호 관계에 관한 한 "현대인의 마음은 쌍방을 동시에 다루려고 하며 쌍방의 이익이나 특권, 권리 또는 의무까지 고려한 수준이나 원리로 들어가려고 한다. 반대로 예수님은 한 번에 한 사람만 생각하신 듯하다. …… 황금률까지도 한 사람 한 사람에 대한 단순한 충고"였다.[25] 예수님은 이것을 일반화하지 않음으로써 조직의 상호작용 원리가 되는 것을 막으신 것이다.

넷째, 가장 놀라운 주장으로서 예수님의 가르침 속에 가장 현저히 부족한 것은 사회적 동기에 대한 호소다. "때때로 그는 어떠한 동기에도 호소하지 않으며, 보상이 없는 자기희생만 요구하신다.

…… 때로는 옳고 그름에 대한 각자의 판단력에 호소한다. …… 몇 본문에서 그는 종교적 농기를 촉구하거나…… 자신의 인격이나 사역에 대한 헌신을 촉구한다. 종종 유일한 동기는 오늘날 우리가 소위 자기 존중(self-regarding) 동기라고 부르는 것이지만 어디에도 — 이것은 나의 요지다 — 상대의 권리나 필요에 대한 촉구는 발견할 수 없다."[26]

존 요더(John H. Yoder)의 영향을 받은 기독교 윤리학자들은 예수님의 가치관과 목적의 본질에 대해 훨씬 급진적인 결론을 내린다. 이들 가운데 가장 잘 알려진 인물은 스탠리 하우어워스(Stanley Hauerwas)다.[27] 이러한 저자들은 예수님의 행동과 가르침에 나타난 다소 선동적인 예언자적 특징에 대해 지적하지만 이것은 어디까지나 예수님을 실천적 리더십의 모범으로 볼 수 없다는 사실을 강조하기 위한 것이다. 또한 이들은 오늘날 그리스도인의 본보기로서 기독교 공동체가 가지고 있는 중요한 원초적 역할에 초점을 맞춘다.[28] 그러나 예수님의 방법을 리더십 논쟁에 끌어온 것에 대한 이들의 비판은 잘못된 것이 아니지만 예수님의 사명과 오늘날 그리스도인의 사명의 차이를 과도하게 강조하는 것은 결코 바람직하지 않다.

삼위일체론적 접근

E. F. 슈마허(Schumacher)의 아들 크리스티안 슈마허(Christian Schumacher)는 신격을 신앙과 행위를 통합하는 모델로 보는 사고를

발전시켰다. 크리스티안 슈마허에게 있어서 성부, 성자, 성령의 삼위일체는 훌륭한 직장 구조에서 볼 수 있는 시행되는 계획과 이행 및 평가(검토) 활동의 모델이 된다.[29] 어느 면에서 그의 접근방식은 도로시 세이어즈(Dorothy Sayers)의 『창조자의 정신』(Mind of the Maker)[30]과 유사하다. 세이어스는 도전적인 이 책에서 생각, 행동, 에너지라는 세 가지 요소의 상호 관계 속에 나타난 창조적 행위와 삼위일체 사이의 유비에 대한 자신의 주장을 전개한다.

호주의 기독교 윤리학자인 고든 프리스(Gordon Preece)는 좀 더 복잡한 신학적 차원에서 인간의 일을 성부나 성자나 성령의 사역과 연결된 것으로 보는 사람들에 관해 다룬다.[31] 그는 인간의 일을 세 가지 사역 — 성부의 창조적이고 섭리적인 활동과 성자의 섬김과 구속적인 활동, 성령의 은사적인 변화 사역 — 의 표현이라고 주장한다. 다소 추상적인 프리스의 사고는 부분적으로 미로슬라브 볼프(Miroslav Volf)의 『노동의 미래, 미래의 노동』(Work in the Spirit)으로부터 기인한 것이다. 볼프는 자신의 멘토이자 통치에 대한 이해를 위해 삼위일체 관계로 눈을 돌린 개신교 신학자 위르겐 몰트만(Jürgen Moltmann)의 영향을 받았다. 그의 견해를 간단히 말하면 삼위일체는 소위 계급적 접근이나 상명하달식 접근보다 상호내주적(perichoretic)이며 협동적인 접근을 지지한다는 것이다.[32]

캐서린 모우리 라쿠나(Catherine Mowry LaCugna)는 『삼위일체와 그리스도인의 삶』(The Trinity and Christian Life)에서 삼위일체를 조직에 있어서 인격의 본질 및 관계의 윤리와 관련해 다룬다.[33] 라쿠냐에게 있어서 포괄성(inclusiveness)과 공동체 및 자유는 삼위일체의 상호관계성(interrelationality)에서 기원을 찾을 수 있는 윤리적 가치에 해당한다. 이러한 세 가지 방식의 관계는 조직 내 인간관계의 특징이 되어야 하며, 특히 그들 안에서 일하는 자가 누구인지 확인하는 데 중요하다.

포괄성은 사람들을 단체나 조직으로 기꺼이 받아들일 수 있는 수용성과 관련된다. 포괄성을 실천하는 지도자는 사람들을 있는 대로 받아들이며, 관심을 가지고 이들이 가진 특정 성품이나 은사를 발견함으로써 소속감을 심어 준다. 지도자는 사람들이 적극적으로 동참할 수 있도록 편안한 공간을 제공함으로써 이들이 조직 내에서 자신의 재능과 가능성을 마음껏 발휘하게 한다.

공동체는 모든 면에서 상호관련성을 인정해야 하며 진정한 공동체를 파괴하는 세력, 특히 잘못된 분별력이나 권력의 남용과 맞서야 한다. 최근에는 피터 셍지(Peter Senge)의 학습 조직(learning organization)에 관한 사상이 논란이 되고 있다.[34] 루스 목슬리에 따르면 창의적 리더십 센터(Center for Creative Leadership)에서는 학습 조직과 공동체 구축을 병행한다.[35] 학습 조직을 양산하는 것과 동일한 원리 — 의사결정 및 문제 해결에 있어서의 상호의존성, 대화 및 견해차에 대한 수용 — 역시 구성원에게 공동체 의식을 심어 준다. 지도자는 모든 사람이 기여하고 배우며 개인적으로나 직업적으로 발전할 수 있는 조직 건설에 핵심적 역할을 한다. 이것은 사람들에게 단순히 회사 일에 참여하는 것이 아니라 공동체에 동참할 수 있는 여건을 제공한다.

자유는 공동체 내에서의 개인성(personhood)에 대한 언급이다. 이것은 사람들로 하여금 저마다의 독특한 방식과 진실한 마음으로 기여하며, 각자의 창의성을 드러내며, 신뢰와 희망이 가득한 안전한 환경 가운데 일하게 한다. 맥스 드프리는 "지도자는 사람들에게 자유라는 의미에 있어서의 공간을 빚고 있다. 권능이라는 의미에서의 자유는 자신의 재능을 발휘하고, 서로에게 성장할 공간을 주며, 진정한 자아를 찾으며, 다양성을 발휘하게 한다는 의미에서의 자유다"라고 말한다.[36]

피터 블록과 페터 쾨스텐바움(Peter Koestenbaum)의 공저 『사역의 자유와 책임』(*Freedom and Accountability at Work*)에 따르면 자유를 받아들이는 것은 책임 의식을 받아들이는 것이며 이러한 책임 의식에는 죄의식이 따르고 죄의식과 함께 불안감이 따른다. 따라서 우리는 에리히 프롬(Erich Fromm)의 말처럼 자유와 함께 오는 불안감으로부터 벗어나기 위해 '자유로부터 탈출' 해야 한다.[37] 우리는 획일화, 개인적 차이에 대한 무시, 지배적인 체제로부터 벗어난다.

자유를 위한 공간을 창출하기 위해서는 때때로 변화를 주도하고 이끌어 가는 것이 필요하다. 많은 사람은 이러한 변화가 개인이나 조직에 자유를 주는 것으로 보지 않고 간섭이나 파괴적 행동으로 여긴다. 그러나 사실 변화는 조직의 구성원이나 업무 방식을 삼위하나님의 내적 삶의 본질에 다가서게 하는 것이기 때문에 사랑의 행위라고 할 수 있다. 자유를 창출하는 리더십은 대부분의 조직이 가지고 있는 엄격한 한계를 넘어서는 움직임을 요구한다. 이러한 움직임은 — 사랑이 동인이 되어 — 지도자와 따르는 자 모두에게 일터에서 자유를 경험하고 실천하게 한다. 삼위일체 안에 존재하는 상호관계성의 포괄적이고 공동체적인 특징이 조직 내에서 현실화된다면, 이것은 영적으로나 실제적인 방식으로 사람들을 섬기게 될 것이다.

스테이시 라인하트(Stacy Rinehart)의 『당신의 리더십을 전복시켜라』(*Upside Down*)[38]는 주로 기독교 사회단체나 기독교 조직의 리더십에 초점을 맞추며 관계를 신격의 핵심으로 강조한다. 리더십의 기본적인 영적 원리들은 이러한 신적 관계 안에 간직되어 있다. 삼위의 각 위격은 구원 사역을 함께 진행하며, 상호의존성과 통일성 및 다양성을 나타낸다. 삼위 간에는 역할의 차이가 있지만 각 위격은 권위를 공유한다. 이것을 통해 지도자가 배워야 할 교훈은 다음과 같다.

- 지도사에세는 통일성과 다양성이 있어야 한다. 리더십은 권위에 대한 공유를 통해 배가되어야 한다.
- 리더십은 계급적이거나 조직적이 아니라 관계적이어야 한다. 이러한 관계는 조직의 과업이 아니라 지도자와 따르는 자를 묶는 역할을 한다. 권력 투쟁이나 질투나 경쟁은 설 자리가 없다. 각자는 독특하면서

보충적인 역할과 기여를 한다.

▪ 리더십에 있어서 상호 존중과 의존은 영적인 필수품
이다. 사람들이 서로에 대해 더욱 주의 깊게 귀를 기
울이며 상대의 공헌에 대한 가치를 분명히 분별할 때
리더십은 한 사람 이상을 통해 일어나기 시작할 것이
다. 리더십은 특정 시점에 누가 가장 좋은 길을 제시
하느냐에 따라 돌아가면서 맡게 될 것이다.[39]

라인하트는 이러한 리더십 모델 역시 그 핵심에는 다른 사람에
대한 지배보다 섬김이 자리한다고 주장한다.

벤저민 윌리엄스(Benjamin Williams)와 마이클 매키븐(Michael
McKibben)의 교회와 세상의 리더십에 관한 책에는 리더십에 대한
삼위일체적 관점의 좀 더 발전된 형태가 제시된다.[40] 이들 공동 저
자는 경영 및 컨설팅 경험에 관한 책을 썼으며, 공식적인 종교적
사역과 함께 날마다의 일상을 염두에 두었다. 흥미로운 사실은 이
책이 개신교나 가톨릭적 전통보다 동방정교(Orthodox)에 가깝다는
것이다.

윌리엄스와 매키븐의 기본적 관심은 신자들이 '수많은 리더십
이론과 실험, 기껏해야 부분적인 기독교에 지나지 않는 철학의 먹
이가 되었다'는 사실에 초점이 맞춰져 있다. 로버트 그린리프와 같
이 이들도 리더십을 어느 정도 '모두의 책임이자 일부의 책임'으로
여겼다. 이들은 리더십을 하나님 나라에 대한 비전을 인식하고 명

확히 표명하면서 이것의 구현(incarnation)에 대해 효과적으로 정의하고 전하며, 그리스도의 섬김의 모범을 따르는 것으로 설명했다. 이들은 그리스도의 공동체와 교회 및 그리스도의 몸 안에서 이것이 반영된 것으로 보았다.[41)

하나님과의 친밀한 교제를 통해 자신이 누구인가에 대한 분명한 인식을 가지는 것은 리더십의 출발점이다. 자신을 아는 것은 지도자에게 매우 중요하다. 우리는 하나님의 형상대로 지으심을 받았기 때문에 우리는 삼위일체의 삶을 어느 정도 반영한다. 리더십은 삼위일체 안에서 발생하기 때문에 존재의 중심에 있는 '신적 속성'(divine attribute)이 무엇보다 중요하다. 이것은 하나님께서 인간의 본성 가운데 넣어주신 역학(dynamic)이며, 따라서 인간 존재의 기본적 영역이라고 할 수 있다. 이것이 리더십에 대한 민주적인 이해다. 이것은 "리더십에 대한 우리의 입장은 바뀔 수 있으며, 서로의 입장이 다를 수도 있지만 이것이 우리가 모두 지도자로 부르심을 받았다는 사실을 바꿀 수는 없다"는 저자들의 말과 같다. 리더십의 목적은 '사람들로 하여금 창조함을 받은 원래의 모습을 회복하게 하는 것'이다.[42)

이러한 이해를 분별하고 성취하는 뿌리에 비전이 존재한다. 올바른 비전은 모든 일이 ― 지금의 상태와 상관없이 ― 앞으로 어떻게 되어야 할 것인가에 대한 분명한 정신적 밑그림을 가지는 것이다. 이것은 하나님과 피조물을 사랑하고, 하나님의 성품 및 하나님이 행하신 모든 것에 감사하는 마음으로 살기를 바라는 것이다. 그 결과 이러한 비전을 가진 사람들은 하나님의 세상을 맡은 청지기로서의 책임감을 받아들인다. 이러한 비전은 매일의 삶에 목적을 제시하고 사명에 대한 지침을 제공하며, 동기를 부여하고 말과 행동을 지도하며, 소망을 분명히 하고 통일성을 갖추게 한다.

성부는 비전의 원천이며, 예수님은 비전의 성취에 대한 모델이며, 성령은 비전에 대한 열정과 힘을 준다. 삼위일체로 존재하는 세 위격 사이의 통일성과 사랑과 조화는 비전에 포함된 모든 절차와 구조의 본보기로서 촉매반응을 일으킨다. 사람들은 함께 일하며 비전을 인식하고 비전을 성취해 나갈 때 — 사명, 목적, 목표, 계획, 활동, 관련 절차를 통해 — 삼위일체적 활동에 들어갈 것이며, 이러한 활동은 교회와 세상에 구체화된 행동으로 나타나게 될 것이다. 삼위일체의 위격은 독특하면서도 분리되지 않는 방식으로 함께 행동하며, 상호관련이 없는 어떤 일도 하지 않는다. 지도자는 조직 내에서 이와 유사한 형태로 동참할 수 있는 길을 찾아야 한다. 모든 결정은 만장일치를 목표로 하되 단순한 동의가 아니라 모든 계층의 사람들이 대화를 통해 도출한 공통의 입장을 반영하는 것이어야 한다.

이들 저자에게 있어서 삼위일체는 교리적 추상이 아니라 리더십과 연관된 신적 패러다임에 해당한다. 그러므로 삼위일체적 역동성은 리더십의 기능에 관한 실제적인 함축을 지니고 있다. 무엇보다 삼위일체적 역동성은 권위적이거나 억압적이거나 명령적이어서는 안 된다. 사랑과 섬김은 명령과 통제가 아니라 신격적 삶 안에서의 관계로 나타난다. 삼위일체적 관점은 계급식(상명하달식) 리더십과 아예 지도자가 필요 없는 평등적(egalitarian) 리더십 사이에 위치한다. 삼위일체 안에서 성부는 삶의 원천이지만 세 위격 모두 통일성과 사랑 안에서 조화로운 방식으로 행동한다. 지도자는 이처럼 분명한 대립관계를 녹일 수 있어야 한다. 윌리엄스와 매키븐에 따르면 첫째 내용은 의사결정 구조, 둘째 내용은 의사소통과 각각 관련되며 둘 다 효과적인 리더십과 상호 책임 의식에 필요하다.

두 저자는 다른 신학적 동기들을 리더십에 대한 이해와 실천을 위한 뼈대로 본다. 첫째, 지도자는 모든 삶을 거룩하게 여김으로써 모든 활동이 일을 통해 신적 삶에 동참하고 이것을 반영할 수 있어야 한다. 리더십은 '교제와 사랑과 자비를 위한 통로가 될 수 있을 뿐 아니라 섬길 수 있는 기회와 책임을 포함하기 때문'에 거룩한 활동으로 볼 수 있다.[43] 둘째, 지도자는 그리스도께서 제자들의 발을 씻기신 모습과 고난의 종으로서의 역할, 십자가에서 자기를 비우신 희생에서 볼 수 있듯이 그를 탁월한 섬김의 지도자로 봐야 한다. 그러나 예수님께서 제공하신 섬김의 리더십 모델은 성부의 뜻을 따름(following)에 기초한다. 그러므로 지도자로서 이끄는 것과 그를 따르는 것은 동전의 양면에 해당한다. 지도자는 먼저 불평등한 관계의 지배적 입장에 서 있는 것이 아니라 다른 사람과 평등한 관계에 위치한다. 이러한 리더십에는 권위가 있지만 이것은 사랑에서 나오는 권위이며, 지위나 권력보다 섬김을 통해 얻을 수 있는 것이다.

라인하트도 관계를 삼위일체의 핵심에 놓고 리더십과 관련해 적절한 함축을 제시한다. 지도자는 상호의존성과 함께 다양성 속의 통일성을 나타내야 하며, 모든 사람이 독특한 방식으로 공헌하고 있다는 사실을 인식할 뿐 아니라 공동의 권위(shared authority)를 나타내야 한다. 그러나 그는 지도자의 동질성에 대한 강조를 통해 계급적 요소를 아예 배제함으로써 삼위일체를 지나치게 평등화했다. 또한 그는 궁극적인 신격(Godhead) 리더십을 강조함으로써 인간의 권위를 무시했으며, 이로 인해 리더십이 인간이라는 대표자를 통해 실제적이지는 않더라도 적어도 상징적으로는 나타나야 할 필요성을 간과했다.

윌리엄스와 매키븐의 책은 한 걸음 더 나아가 이러한 문제점에 대해 지적하고 한층 더 삼위일체론적 뉘앙스를 지닌 관점을 제시했지만 여기에도 몇 가지 문제점이 있다.

- 이들의 언어는 종종 우리에게 친숙하지 않다. 이러한 이유 가운데 한 가지는 이 책이 동방정교적 배경을 가지고 동방정교에 가까운 판단을 제시하려 한다는 것이다. 더욱이 동방정교적 세계관은 일상적인 삶의 여러 국면과 직면할 때, 오늘날 직장에서 일어나는 수많은 현실적 문제에 적절히 대처하지 못하는 경향이 있다.
- 직장에서의 리더십에 관한 현대적 논쟁과 아무런 상

호작용을 할 수 없다는 것은 이들의 주장으로, 이 책
의 가치를 제한한다.

▪ 이들은 직장생활의 온갖 압박과 냉엄한 현실에 대한
인식이 부족하며 이런 문제에 관해서는 거의 언급하
지 않는다. 이런 점에서 이들의 주장은 설득력이 없다.

리더십에 대한 삼위일체론적 접근의 부적합성에도 불구하고 이
들은 역할(roles)과 일(work) 및 리더십에 대한 이해에 도움이 되는
매우 뛰어난 대안을 제시한다. 이들은 삼위일체 안에서의 다면적
관계에 대한 연구를 통해 공유된 권력(shared power), 다른 사람과의
관계, 리더십에 대한 새로운 모델과 통찰력을 제공했다. 삼위일체
에 나타난 하나님의 본질은 다양성 속의 통일성, 공동체, 자유, 비
계급적인 단체적 접근 등에 관한 놀라운 전형이 된다. 우리는 하나
님의 형상대로 창조되었기 때문에 삼위일체 안에 나타난 하나님의
본질을 존중하는 리더십을 추구해야 한다. 리더십이 하나님의 본질
을 취할 때 우리는 리더십의 거룩한 본질을 경험하기 시작한다.

리더십에 대한 라이프 스토리(life-story)적 접근

예수님과 삼위일체에 초점을 맞춘 접근과 함께 다른 저자들은
신학적 관점에서의 리더십에 대한 이해에 도움이 되는 성경적 인
물들에게 관심을 기울였다. 성경의 많은 이야기는 하나님 백성의
지도자들에 대해 다루며, 이들 지도자의 삶이나 맡은 사역의 중요

한 순간에 초점을 맞추거나 지도자로서의 성장 과정에 대해 광범위한 기사를 제공한다. 종교적 책임과 함께 민족적 지도자로서의 역할을 수행한 인물은 다윗과 솔로몬과 히스기야다. 존 골딩게이(John Goldingay)는 『나쁜 행동을 하는 사람들』(*Men Behaving Badly*)[44]에서 다윗의 통치에 대한 현실적(down-to-earth) 묘사를 통해 한 인간으로서 가장으로서 통치자로서 다윗의 장점과 약점, 지각력(awareness)과 맹점(盲點), 비굴성과 고결성, 실패와 성공에 대해 일체의 변명 없이 생생하게 전한다. 월터 라이트(Walter Wright Jr.)는 자신의 책 『관계를 통한 리더십』(*Relational Leadership*)에서 빌레몬, 두기고, 오네시모 같은 비교적 덜 알려진 성경적 인물들의 성격과 활동에 초점을 맞춘다.[45]

리더십과 관련해 성경적 인물들에게 주의를 가장 많이 기울인 사람은 로버트 클린턴(Robert Clinton)이다. 그는 리더십의 철학에 관한 자신의 책에서 유능한 지도자가 자신의 역할을 수행하기 위해 통과해야 하는 여러 전형적 단계와 시험에 대해 제시한다.[46] 모든 지도자가 동일한 순서로 단계를 밟아 나가거나 모든 단계를 전부 거치는 것은 아니다. 사실 클린턴이 제시하는 모형은 지나친 체계화의 위험을 안고 있다. 그럼에도 불구하고 그의 연구는 리더십의 발전 과정에 대한 흥미로운 통찰력을 제공한다.

클린턴의 접근 방법 중심에는 성경이 있지만 이것이 유일한 자료는 아니다. 그에 따르면 성경은 리더십의 닻(anchor)이지만 "리더십에 관한 모든 이슈에 대해 직접 언급하지는 않으며, 언급된 부분도 절대적인 것은 아니며, 다만 지도자가 성령의 인도하심을 받아야 한다는 일반적 사상이나 구체적 사례를 제시할 뿐이다"[47]라고 주장한다. 클린턴은 모세, 여호수아, 다윗, 예레미야, 바나바를 비롯한 광범위한 성경적 사례를 제시한다. 뿐만 아니라 그는 주로 목회나 선교 및 전문적 기독교 사역에 종사한 수많은 역사적 인물과 함께 일부 현존하는 인물에 대해서도 연구했다. 그의 책은 우선적으로 목회 및 선교 사역에 종사하는 사람들을 위한 것이며, 그의 목적은 오늘날의 잠재적 지도자들로 하여금 자신의 삶에서 일어나고 있는 일을 통찰력 있게 살피고 앞으로의 상황 전개에 대한 미래적 안목을 가지는 한편 과거의 사건을 통해 새로운 가능성과 더 나은 삶의 질서를 추구하도록 돕는 것이다.

이와 관련해 클린턴은 『리더십 창출 구조』(*Leadership emergence framework*)라는 자신의 책에서 세 가지 요소를 제시한다. 세 가지 요소는 시간 분석, 절차적 과제, 반응의 패턴이다.

시간 분석(time analysis)은 지도자의 발전 과정에 대한 일반적인 궤도와 관련되며, 리더십 형성을 위한 중요한 경험이 일어나는 광범위한 구조를 제공한다. 시간 분석은 지도자의 연령적 발전 과정에 대한 언급으로, 지도자가 전체적 관점에서 발전의 단계를 바라보게 하고 자신의 경험을 일관성 있는 하나의 그림으로 통합시키는 한편 미래에 대한 기대를 가지도록 돕는다. 시간 일정(time line)은 사람마다 다르지만 두드러진 패턴이나 전체적인 흐름은 성직자의 일반적 여정과 유사한 맥락에서 볼 수 있으며, 지도자의 발전에 대한 광범위한 지침과 평가를 제공한다. 시간 일정은 세 단계로 이루어진다.

1. 사역의 기초는 10대 중반에서 청년기에 걸쳐 완성된다.

2. 이후에는 사역의 성장이 이어진다. 약 10~25년간 지속되며, 사역의 결실보다 주로 지도자의 성장에 초점이 맞춰진다.

3. 끝으로 각자의 독특한 사역을 경험한다. 주로 중년의 때에 찾아오는 영향력 있는 사역의 시기다. 이에 앞서 주로 하나님과의 깊은 관계의 기회를 열고 더욱 성숙된 성품으로 변화하기 위한 진통의 시기가 선행된다.

절차적 과제(Process items)는 지도자의 삶에서 일어나는 사건에 관한 것으로, 하나님께서는 이러한 사건들을 통해 그를 형성해 가신다. 모든 사람은 나름대로의 개성이 있으며, 각자가 처한 구체적인 상황도 모두 다르지만 리더십을 향한 여정에는 몇 가지 공통적인 요소가 나타난다.

어떤 사건은 성품을 형성하며, 여기에는 '고결성 검증'이라는 중요한 역할이 포함된다. 다니엘과 그의 친구들이 음식 규례와 관련해 도전받는 이야기(단 1장)는 성공적인 사례에 속하며, 사울이 전쟁에서 하나님의 지시를 어긴 것(삼상 15장)은 실패한 사례에 해당한다. 다소 변형된 검증의 형태로서 아브라함이 이삭을 번제로 드린 이야기(창 22장)는 '순종에 대한 검증'을 위한 사건이며, 잠재적인 지도자가 얼마나 하나님을 이해하느냐를 평가하기 위한 '말씀 검증'도 있다. 고전적인 예로는 사무엘이 하나님으로부터 메시지를 받는 사건(삼상 3장)을 들 수 있다.

하나님을 위한 사역의 초기 단계에서는 일반적으로 두 가지 '사역 절차'(ministry processes)와 만나게 된다. 한 가지는 바울과 바나바가 주된 사역의 소명을 받기 전에 안디옥에서 경험한 것과 같은 사역 과제다. 사역 과제란 이들이 수행해야 할 일과 이것이 지도자 및 지도자와 함께하는 자들에게 미칠 영향에 초점을 맞춘 간단한 과업이다. 어느 정도 성장이 진행 중인 단계에서는 사역 훈련을 포함한 두 번째 사역 절차를 만나게 된다. 디모데가 바울에 의해 그를 수행하게 된 사건(행 16장)이 좋은 예다. 이 시기에는 종종 그 사람의 핵심적인 재능이나 은사가 발견되기도 한다. 바나바가 바울이 받은 특별한 사명을 발견한 것은 이러한 예가 될 수 있으며(행 9:27), 이 사건은 바나바가 바울과 함께하게 될 앞으로의 선교 사역의 전환점이 된다.

다른 절차적 과정은 클린턴이 주장하는 '관계 학습'(relationship learning)과 관련된다. 지도자의 삶에서 일어나는 이러한 사건들은 다른 사람과 합력하는 사역에 관한 귀중한 교훈에 대해 가르치며, 영적 권위가 어떻게 기능하는가에 대한 긍정적인 통찰력과 부정적인 통찰력을 제공한다. 야고보와 요한이 예수님에게 지위를 요구한 것은 이러한 유형에 해당하는 사건이라고 할 수 있다(마 20:20-28). 바나바로부터 바울로 초점이 옮겨 가는 것(행 13:13)과 같은 리더십의 변혁적 역동성과의 만남이나 동료들과의 효율적인 관계 형성도 이러한 범주에 해당한다. 또한 여기에는 헬라파 및 히브리파와 같은 하위집단 간의 사역에서의 갈등에 대처하는 방법(행 6:1), 바울이 경험한 것과 같은 리더십에 반발(고후 10장)도 포함된다.

이 밖에 일련의 절차적 과정으로 신앙, 영향력, 기도와 관련된 구체적인 과제에 대해서는 조심스러운 접근이 필요하다. 클린턴에 따르면 이러한 절차적 과정들은 개별적으로 분석할 수도 있지만 먼저 성경적 리더십의 기초가 되는 요소, 즉 리더십 능력이나 책임감의 증진, 효율성의 확대 및 추종성(followership)과 같이 좀 더 폭넓은 이슈와의 상호관련성이 전제되어야 할 것이다.

사역의 마지막 단계에 이르면 지도자는 종종 쉬운 일이 아니지만 하나님에 대한 더욱 심오한 경험의 문을 여는 일련의 경험들에 직면한다. 여기에는 질병, 수감, 조직의 압력 또는 심지어 자기 평가를 통해서 고립되지 않을 수 없는 상황을 맞는 경우도 포함된다. 수감의 경우 안디옥에서 수감된 바울의 경우를 들 수 있다. 이와 같이 지도자는 중요한 위기를 맞을 수 있으며 때로는 생명을 위협하는 상황에까지 이르기도 하지만, 이러한 경험은 모두 성숙된 인격을 형성하도록 돕는다. 여기에서 얻을 수 있는 교훈은 바울이 고린도후서 1장 8-11절 및 4장 7-12절에서 언급한 바와 같다.

인도하심은 지도자의 삶 전체와 관련되기 때문에 이것과 연결된 절차적 과정들은 시간 일정상의 여러 영역으로 나뉘어진다. 여기에는 아굴라, 브리스길라 부부와 바울의 만남이나(행 18장) 바나바와 바울처럼 한 사람의 삶에 근본적인 영향을 준 멘토와의 만남(행 11장)과 같이 하나님께서 섭리하신 신적 만남이 있다. 신적 확증

(divine affirmation)은 사무엘의 기도에 대한 기적적인 응답(삼상 12:13-19)에서 보듯이 하나님께서 권능으로 나타나셔서 특별한 지시를 하는 경우에 해당한다. 또한 클린턴이 말하는 '이중적 확인'(dual confirmation)이나 다메섹으로 가는 도상에서(행 9:1-9)와 이후 아나니아의 집에서(행 9:10-16) 바울이 경험한 것과 같이 특별한 지시와 관련해 두 가지 방식으로 확인을 받는 경우도 있다.

반응의 형태들은 개인의 시간 일정에 관한 비교 연구를 통해 나온 것이다. 클린턴에 따르면 적어도 이들 가운데 25가지는 규명할 수 있다고 한다.

이 가운데 네 가지 패턴은 지도자가 출현하는 배경을 형성하기 때문에 근본적인 요소로 분류할 수 있다. 세 가지는 전환적 훈련 패턴(transitional training patterns)이다. 이것은 한 가지 사역의 국면으로부터 지도자의 삶의 한 과정을 통해 다음 단계로 넘어가는 움직임과 관련된다. 시험 패턴(testing patterns)은 두 가지이며, 신실성과 성품에 초점을 맞춘다. 두 가지는 재능의 발견과 사용에 초점을 맞춘다. 클린턴에 따르면 "지도자의 발전 속도는 이러한 과정에 대한 반응 여하에 달려 있다. 하나님이 제시하는 절차에 대한 신속한 인식과 적극적인 반응은 발전의 속도를 높이지만 둔하고 느린 인식과 부정적 반응은 발전 속도를 지연시킨다."[48] 이 밖에도 다양한 수준의 성장이나 효율성과 관련된 패턴이 존재한다. 목적 패턴은 지도자의 평생에 걸쳐 진행되며, 자신의 핵심적 사명에 대해 온전한 관점에서 바라보게 한다.

앞에서 언급했듯이 클린턴은 이 모든 요소가 모든 지도자에게 나타난다거나 동일한 순서로 나타난다고 주장하지 않는다. 그러나 그의 접근은 많은 사람이 지도자로서 형성되는 과정에서 만나는 광범위한 경험에 대해 규명하며, 이것과 상호관련성을 가진다. 또한 성경 이야기나 역사적 인물에 관한 이야기를 통해 리더십의 구조나 과정 및 반응에 관한 자료를 제공한다.

그러나 그의 접근에는 몇 가지 문제점이 있다. 우선 사람들은 종종 과거적 시각에서 무엇인가를 찾으려는 유혹을 떨쳐내지 못할 것이라는 점이다. 또한 경험이나 패턴을 지나치게 획일화하는 방식으로 이러한 요소들의 상호연관성을 찾으려 할 수도 있다. 이러한 요소들을 구체적인 삶의 정황이나 성격적 유형으로부터 너무 많이 추출하려는 경향도 마찬가지다. 또한 이러한 것들을 지나치게 고정화된 순서로 구조화할 수도 있다. 클린턴의 책을 읽으면 그가 제시하는 수많은 절차적 과정이나 그가 사용하는 용어들의 추상적 본질, 리더십 자료에 대한 체계화는 리더십을 형성하는 유기적이고 다양한 특성이 지나치게 분류화(classified)되었다는 느낌을 지울 수 없다.

성경 이야기는 하나님께서 매우 개인적인 ─ 때로는 특이한 ─ 방식으로 자신의 목적을 위해 사람을 준비시키고 성취하신다는 것을 보여 준다. 하나님의 유연성과 다양성은 계속되는 이야기를 통해 끊임없이 이어진다. 성령도 ─ 특히 신약성경에서 ─ 분명한 역할을 한다. 클린턴도 실제적인 차원에서 성령의 역할에 대해 확인했지만 그의 견해는 성령의 창조적이고 다양한 사역을 위한 충분한 여지를 남기지 못했다. 클린턴의 접근은 종종 관료적 분위기를 드러낼 때가 있다. 이것은 모든 경험과 훈련을 분석하고 분류하며 조직화하기를 좋아하는 현대적 경향과 무관치 않다.

또한 성경에 나오는 많은 인물은 클린턴이 검토한 소위 종교적 영역의 삶보다 주로 '세속적'인 일을 했다. 이들 가운데 정치 지도자나 행정적 참모들은 백성이나 공동체의 역할과 제도 안에서 자신의 일을 수행했다. 다른 사람들은 다양한 직업이나 업종에 종사한다. 예를 들어 요셉은 총리, 보아스는 마을 유지, 브살렐과 오홀리압은 건축가, 다니엘은 포로로 잡혀온 관리, 느헤미야는 총독, 에스더는 왕후, 브리스길라와 아굴라는 천막제조업자로서 선교 사역에 종사했다. 여기에서 주목할 것은 이들이 다양한 방식으로 하나님이 원하시는 사역의 현장으로 부름을 받았다는 것이다. 그러나 이들은 클린턴이 조사한 성경적 인물들, 예를 들어 이사야(사 6장)나 예레미야(렘 1장)와 같은 선지자와 베드로(요 21장)나 바울(행 9장)과 같은 신약의 사도들과 달리 특별한 사역이나 지위로 직접적인 부르심을 받지 않았다. 이들은 뚜렷한 개인적 비전이나 소명을 경험하지 않았다. 대신에 이들은 하나님의 인도하심에 따라 하나님의 목적을 성취하기 위한 자리로 이끌려갔다. 로버트 뱅크스의 『하나님이 일하러 가실 때』(*Faith Goes to Work*)에 제시된 몇 가지 사례에 대해 살펴보자.

- 요셉은 형제들 위에 군림하는 꿈과 관계 없이 연속되

는 개인적 배반, 운명의 반전, 사회로부터의 격리, 도
덕적 위기, 오랫동안 인정받지 아니함, 예기치 않은
부름 등을 경험한다. 이러한 일들을 통해 하나님은
점차 섭리적으로 그를 이스라엘의 미래를 위해 가장
잘 섬길 수 있는 높은 지위로 인도하신다(창 37-41장).

- 브살렐과 오홀리압은 뛰어난 건축술로 인해 모세에
게 발탁되어 성막을 건축하게 된다. 그렇게 함으로써
이들은 다양한 기술과 업종을 가진 수많은 자원자를
관리하는 일을 맡는다(출 35-38장).

- 보아스는 특이한 방식으로 그리스도의 조상이 된다.
과부 룻의 친족인 그는 룻과 결혼할 의무를 받아들임
으로 친척의 혈통을 잇는다(룻 1-4장).

- 다니엘은 자신의 외모와 재능으로 인해 왕의 신하가
되기 위한 공부와 훈련을 받게 된다. 하나님이 주신
학문적 · 은사적 능력으로 인해 그는 잘못된 도덕적
행위의 길을 밟지 아니하고 그 나라의 가장 높은 신
하가 된다(단 1-6장).

- 에스더는 포로로 잡혀와 다른 여자들과 함께 왕비를
선택하는 경연에 나간다. 그녀는 자신의 아름다움과
태도로 인해 왕비가 되고, 일련의 위험스러운 줄타기
를 거쳐 자기 백성들을 대학살의 위기에서 구한다(에
1-9장).

- 느헤미야는 고국에 있는 백성과 나라에 대해 오랫동안 염려하던 중 하나님께 그들에게 돌아갈 수 있는 지혜를 달라고 기도했다. 그가 섬기는 이방 나라의 왕은 그의 충성과 훌륭한 평판에 대한 보답으로 그에게 고국으로 돌아가 성읍을 건설하게 했다(느 1-6장).
- 브리스길라와 아굴라는 매우 기동력이 좋으며, 민족적으로는 변방 출신 부부로서 자신의 집을 개방하고 방문한 사도에게 일감을 제공했다. 이것을 계기로 그들은 바울과 함께 선교 여행을 떠나 천막 치는 일을 하며 교회를 세우는 일에 동참했다(행 18-19장).[49]

하나님은 다양한 방식으로 이들을 원하시는 장소로 보내어 더 큰 목적을 위해 최선의 공헌을 하게 하셨다. 소명이란 단어는 종종 이러한 인도하심과 관련해 사용된다.

윌리엄 딜(William Diehl)이 200여 명의 루터교 CEO를 대상으로 실시한 조사 결과나 그의 저서 『신실함을 찾아서』(In Search of Faithfulness)[50]에 나타난 자료는 모두 이러한 라이프 스토리적 접근과 관련된다. 딜은 그리스도인의 목적으로서 탁월함보다 신실함에 초점을 맞춘 자신의 책이 톰 피터스(Tom Peters)와 로버트 워터먼(Robert Waterman)의 『초우량 기업의 조건』(In Search of Excellence)과 상반된다고 생각한다.[51] 딜은 영적 성장과 통찰력, 적극적인 기도 생활, 공동체에 대한 헌신, 물질에 대한 청지기직, 윤리와 정의에 대한 관심, 소박한 라이프스타일 등과 같은 신실성에 관한 다양한 지표를 통해 약 30%에 해당하는 중역들이 1~3가지 항목에서 꾸준히 높은 점수를 받는다는 사실을 발견했다. 그는 이러한 차이가 어디에서 기인하는지 알아내기 위해 컴퓨터를 통해 자료를 추적하는 가운데 한 가지 공통적인 요소를 발견하게 되었다. 이들은 모두 소명 의식이 있었다. 즉 이들은 자신이 하나님께서 원하시는 곳에 있다고 여긴다는 것이다.

이와 같이 리더십에 대한 전기적 접근은 몇 가지 부적합한 요소에도 불구하고 리더십에 대한 성경적·신학적 이해의 폭을 넓혔다. 삼위일체적 접근은 신격에 기초한 통합된 사상에 대한 추구를 통해 리더십에 대한 이해를 '상향적으로'(upward) 만들었다. 전기적 접근은 하나님의 백성들 가운데 지금까지 자신의 삶 가운데 성령의 임재를 통해 리더십을 발휘한 핵심적인 인물들의 경험을 통해 리더십에 대한 이해를 '외향적으로'(outward) 확장했다. 이것은 리더십에 대한 전반적인 논쟁에 큰 공헌을 했다.

결론

리더십에 관한 효과적이고 포괄적인 성경적 이론은 그리스도의 인격과 사역, 삼위일체의 본질과 활동, 성경적 인물이 하나님의 인도하심으로 효과적인 동역자로 만들어져 가는 방식에 초점을 맞춰야 한다. 앞에서 언급했듯이 여기에 리더십에 대한 바울의 이해와 실제도 고려해야 한다. 또한 우리가 성경을 통해 배울 수 있는 교훈과 함께 광범위한 신학적 전통으로부터 나온 접근을 비롯해 리더십 영역에서 발견되는 여러 지혜로운 사색이나 실제에 관한 내용을 보충하고 확장하는 것도 중요하다. 우리는 진실과 거짓, 적당한 것과 부적당한 것, 추상적인 것과 실제적인 것, 시의적절한 것과 시대에 뒤떨어진 것을 분별할 필요가 있다. 인간에게 있는 하나님의 형상과 세상에 나타난 하나님의 진리에 관한 일반 계시 — 때로는 제한되고 왜곡된 상태일지라도 — 및 성령의 일반적인 활동은 우리에게 이 일을 하도록 격려한다. 다음 장에서는 이에 관해 살펴볼 것이다.

제5장
고결성, 신실성, 섬김을 통한 리더십 실천

리더십에 대한 기독교적 사고의 출발점을 찾는다는 것이 쉬운 일이 아니지만 이러한 사고를 일상생활에서 실천하는 것은 더 어려운 일이다. 이를 위해서는 전인적 리더십에 대한 포괄적인 접근과 이것을 실행에 옮기는 실천이 필요하다. 전인적 리더십을 추구하기 위해서는 지도자의 인격 · 상상력 · 감성 · 지성의 역할에 초점을 맞춰야 한다.

전인적 리더십

데이비드 클러터벅(David Clutterbuck)은 『잘나가는 기업 남다른 경영』(*Doing It Different*)에서 경영(management)과 관련해 상상력이 가지고 있는 촉매 역할에 더 많은 관심을 가져야 한다고 주장한다.[1] 상상력은 사람들이 문제를 바라보고 이것을 다루는 관점을 새롭게 한다. 또한 그의 주장에 의하면 상상력에는 창의적인 행동 (walking around corners backwards)이 따른다. 그는 어떻게 효과적인 상상력의 발휘가 조직의 부적절한 부분을 제거하거나 즐거움을 줄 만큼 다양한 국면을 가진 조직의 삶에 기여할 수 있는지에 대해 제시한다. 또한 그는 무수한 조직의 형태로부터 선택, 모험 정신 발휘, '규격화'(normalization)에 맞서 싸울 필요의 중요성에 대해 밝힌다.[2]

대니얼 골먼(Daniel Goleman)은 그의 유명한 저서 『감성지능』 (*Emotional Intelligence*), 『감성지능 연구』(*Working with Emotional Intelligence*), 『감성의 리더십』(*Primal Leadership*)[3]에서 지능 지수(IQ) 와 함께 감성 지수(EQ)는 일반적인 업무나 특히 리더십에서 중요한 역할을 한다고 주장한다. 실제로 인식적 지능 또는 학문적 성취도 는 지도자가 될 수 있는 가능성에 미치는 영향력이 약 20%에 불과 하다고 한다. 리더십은 근본적으로 사람을 대상으로 하는 것이기 때문에 사람을 이해하고, 이들과 관계를 가지며, 이들에게 있는 최 상의 것을 끄집어낼 수 있어야 한다. 따라서 감성적 지능 없이는 아무리 다른 능력을 개발해도 단명할 수밖에 없다.

골먼은 계속해서 감성적 지능의 다섯 가지 핵심적 요소에 대해 설명한다. 자의식, 자기 규제, 동기 부여, 공감대 형성, 사교술은 모두 효과적인 리더십에 필요한 요소다. 이러한 요소들은 골먼이 주장하는 역할 매핑(mapping)에 대한 철저한 인식, 즉 동료에 대한 책임감을 받아들이는 방식에 대한 인식적 이해와 함께 카를로스 라이문도(Carlos Raimundo)가 주장하는 소위 '관계적 자본'(relational capital)을 형성한다.[4] 관계적 자본은 조직 내 구성원간 상호관계의 질을 통해 나오는 다양한 자원을 일컫는 말이다. 관계적 자원은 재정적 자원과 마찬가지로 조직의 성장이나 능률에 지대한 영향을 미친다.

그러나 동시에 우리는 실천적 지능(practical intelligence)의 중요성을 간과해서는 안 된다. 앨리스테어 먼트(Alistair Mant)는 다수의 모범적 지도자에 대한 조사를 통해 이들 모두가 단순한 지식 이상의 지혜를 보여 주었으며, 그럼에도 불구하고 지혜를 효과적으로 수행하기 위해서는 관련 지식이 필요하다는 사실을 발견했다.[5] 이러한 실천적 지식은 생각보다 광범위하며, 이 핵심에는 조직적 사고력과 인과관계의 사슬에 대한 분별력 및 조직 내 하위조직의 역할에 대한 이해력이 자리한다. 이러한 지능은 시의적절한 판단력, 즉 신속한 상황 판단과 결단력 있는 행동으로 나타난다.

먼트의 주장 핵심에는 그가 말하는 소위 '삼중적 리더십'(ternary leadership)이 존재한다. 먼트에 따르면 이중적 리더십은 인간 상호간의 영향력과 설득력을 관계의 중심에 두는 변혁적 방식의 직접적 리더십에 초점을 맞춘다. 따라서 이중적 리더십은 맞서 싸울 것인가/도망할 것인가, 성공이냐/실패냐, 업무수행 능력이냐/생존을 위한 전략이냐의 이중적 특징으로 나타난다. 삼중적 리더십은 좀 더 변혁적이며 직접적일 수도 간접적일 수도 있다. 이 모델에서 모든 관계는 이들이 몸담고 있는 조직의 목적과 목표에 의해 지배되며, 이것은 관계적이고 합의적일 뿐 아니라 더욱 사색적인 리더십을 요구한다. 리더십의 실패는 종종 실제적인 지적 화력(firepower)의 부족에서 기인한다.[6]

이러한 리더십의 국면들은 각각 희망과 실제 사이의 간격을 메우는 역할을 하지만, 이것 없이는 어떤 영역에서의 노력도 부족할 수밖에 없는 한 가지 영역에 대해서 간과하는 경향이 있다. 그것은 바로 성품과 관계된 영역이다. 지난 20년간의 철학적 논쟁에서 몇몇 주도적 사상가들은 윤리적 요소를 중시한 접근에는 한 가지 숨은 가정이 전제되어 있다고 주장했다. 즉 우리가 어떤 일을 할 수 있다는 것은 자동적으로 필요하면 언제든지 실제로 그렇게 할 것이라고 여긴다는 것이다. 그러나 이것은 그렇게 당연한 것이 아니다. 그리스도인은 타락으로 말미암아 지식이 반드시 행동으로 나타나지 않는다는 사실을 잘 알고 있다. 이것은 "내 속 곧 내 육신에 선한 것이 거하지 아니하는 줄을 아노니 원함은 내게 있으나 선을 행하는 것은 없노라"(롬7:18)고 한 바울의 말과 같다.

최근에는 몇몇 작가들이 리더십을 수행하는 과정에 있어서 성품의 중요성에 초점을 두었다. 파트리시아 라 바르(Patricia La Barre)는 페터 쾨스텐바움(Peter Koestenbaum)의 『리더십』(Leadership)[7]에 대해 오늘날의 리더십에 기본적으로 결핍되어 있는 것은 진정한 변화의 가능성을 여는 성품을 함양하는 대화의 부족이라고 주장한다.

> 대개의 사람들은 객관적인 영역에 붙들려 이것에 몰두해 모든 마음을 빼앗기고 있다. 이것이 우리의 현주소이며, 우리가 해결책을 바라고 있는 곳이다. 이것은 컨설팅 업종 및 이외 모든 책이나 잡지 및 훈련 프로그램들이 유혹하는 대상이다. 이것은 또한 그런 제목을 붙인 책이나 잡지가 날개 돋친 듯 팔려 나가는 이유이기도 하다. 우리는 다음과 같이 기본적이고 근본적인 질문에 직면하지 않기 위해 무엇이든 할 것이다. 우리는 어떻게 참으로 어려운 결정을 내릴 것인가? 우리는 저항할 수 없는 위기에 봉착했을 때 어떻게 행동할 것인가? 우리는 어떻게 배수의 진을 칠 용기를 가지고 아무런 대가도 없는 조건을 만들 것인가?[8]

지도자는 어떻게 생각하고, 무엇에 가치를 두며, 어떻게 분노를 다스리고, 어떻게 행동할 것인가와 관련해 몸에 깊이 밴 습관을 바꾸는데 필요한 것들을 얻기 위해 최선을 다해야 한다. 여기에 근본적인 변화와 능력의 영역이 있다. 제임스 쿠제스와 배리 포스너는 "중요한 것은 성품이다!"[9]라고 했다.

아리스토텔레스의 철학적 접근은 수세기 동안 윤리적 사색에 가장 중요한 영향을 미쳐 왔다. 그의 접근은 사람이 어떻게 자신의 열망과 결심과 책임을 수행할 능력을 얻을 수 있는가에 관심을 집중한다. 이것은 덕의 윤리(virtue ethics), 즉 어떻게 하면 가장 최선의 선택을 할 수 있는 사람이 될 것인가에 초점을 맞춘다. 이것은 최선의 선택을 가져올 수 있는 가장 중요한 요소를 어떻게 결정할 것인가에 초점을 맞춘 판단 윤리(decision ethics)와 상반되는 것이다. 최근에 앨리스테어 매킨타이어(Alistair McIntyre)는 철학자들 가운데 윤리학에 대한 이러한 접근의 선두 주자가 되었으며, 신학계에서는 스탠리 하우어워스 같은 개신교 윤리학자가 유사한 접근을 하고 있고, 이 밖에 몇몇 가톨릭 저자들도 이러한 경향을 보이고 있다.[10] 도덕 지향적 접근과 유사한 것으로서 구약성경 지혜서는 성품(인격) 중심의 접근(character-centered approach)을 한다. 이러한 종교적 전통은 최근의 논쟁에서 큰 역할을 하지 않지만 행위에 관한 신학적 논쟁에서는 이것의 중요성이 이미 충분히 인식되어 왔다. 성품에 대한 초점은 철학적 의미에서든지 종교적 의미에서든지 인격 형성이야말로 올바른 선택을 하는 것과 함께 가장 우선적인 요소라고 인식한다. 성품은 결정한 것을 이행할 수 있는 좀 더 큰 능력과 함께 결정을 내릴 방향을 정해 준다. 그러므로 성품은 공식적 기여와 함께 비공식적 기여를 한다.

인격 성장은 의지적이고 인식적인 성장과 함께 정서적 성장을 가져오기 때문에 개인의 감성적 지능과 관계적 능력에도 영향을 미친다. 이것은 실제로 지도자가 이러한 단계에서 어떻게 행할 것인가에 대한 좀 더 큰 통찰력을 가짐으로써 이루어진다. 인격 성장은 지도자로 하여금 다른 사람이 왜 그리고 어떻게 그러한 반응을 보이며, 이렇게 하면 그들과 함께 또한 그들을 위해 일할 수 있는 가를 이해할 수 있는 준거의 틀을 확장하도록 돕는다. 인격은 개인의 기술 발전에 직접적인 영향을 주지 않지만 지도자로 하여금 이러한 기술을 적절하고 일관성 있게 사용할 수 있게 한다.

이어지는 논의는 리더십과 관련된 세 가지 핵심적 성품, 즉 신실성과 고결성과 섬김에 대해 초점을 맞춘다.

리더십과 신실성

지도자는 직장에서 단순히 신앙을 가진 것만으로 충분하지 않다. 즉 개인적인 신앙 고백이 있거나 주변에서 자신이 그리스도인임을 아는 것만으로는 충분하지 않다는 말이다. 지도자에게는 신앙과 함께 신실성(faithfulness)이 요구된다. 실제로 신실성은 일터에서 신앙의 확고한 표현으로 나타난다. 이러한 신실성은 하나님과의 꾸준한 인격적 관계나 자신의 신앙에 관해 다른 사람과 나누는 것, 또는 고용 계약 조건에서 벗어나지 않는 것이거나 조직의 권위에 복종하고 다른 사람들도 그렇게 하도록 격려하는 것 이상의 것이다.

신실성은 믿음과 행동의 하나가 되는 신행일치의 삶에 더욱 다가가는 것이다. 믿음과 행동을 잇는 다리로 더욱 가까이 다가가기 위해서는 특정한 성품이 필요하다. 이러한 성품이 뿌리를 내리기 위해서는 먼저 원리를 가져야 하며, 원리는 습관을 형성해야 한다. 로버트 벨라(Robert Bellah)의 『미국인의 사고와 관습』(*Habits of the Heart*)에 나타난 몇 가지 요소로부터 스티븐 커비의 『성공하는 사람들의 7가지 습관』에 이르기까지 모두 내적 우선을 가진 가치는 정기적인 실천을 통해 구현되어야 한다는 분명한 인식이 있다.[11] 많은 사람은 일터에서 지도자의 업무수행 방식이 회사 정책이나 정치적 관행 또는 개인적 행동에 의해서가 아니라 인격에 의해 형성되기를 바란다. 그러나 이러한 접근에는 몇 가지 제약이 있다.

- 이것은 마치 직장에서 올바른 원리나 습관을 개발한다는 것이 더욱 열심히 일하는 것과 관련된다는 말로 들린다. 그러나 신약성경에 따르면 신앙이 성공보다 우선적으로 요구된다. 따라서 신앙으로부터 나오는 신실성도 마찬가지다(엡 2:8-9 참조).
- 대부분의 유명한 책에서 다루고 있는 원리나 습관은 깊이가 없다. 공정성, 정직, 봉사, 탁월함이 성경에서 제시하는 그리스도인의 자질을 모두 포괄하는 것은 아니다(갈 5:22-23에서 보듯이). 예를 들어 공의는 단순한 공정성 이상이며, 선은 정직 이상이며, 희생은 봉사 이상이며, 신실성은 탁월함 이상이다.
- 몇몇 저서에 소개된 원리는 사람들을 신실한 삶으로

인도하기에는 너무 밋밋하고 추상적이다. 사람들은 원리에 입각한 행동에 있어서 실제로 행할 수 있는 성향(dispositions)을 요구한다. 이러한 성향은 주로 받는 자의 입장에서 점차 자라게 된다. 즉 우리는 인격적 변화를 야기하는 신적 또는 인간적 만남을 통해 삶을 변화시키는 경험과 대가를 바라지 않는 자비로운 행위를 수납하게 된다.

성경에서 신실성은 언제나 구체적이지만, 이것은 결코 일정한 태도나 개념이 아니다. 성경은 삶의 복잡성으로 인해 신실성이 어느 정도 상황에 의존할 수도 있다는 사실을 인정한다. 모든 경우에 들어맞는 대답이나 공식은 없다. 그러나 사람이 자신의 마음을 바르게 지니는 것만으로는 충분치 않다. 신실성은 언제나 실제적인 결단과 행동을 요구한다.

지도자는 믿음**으로** 살 뿐 아니라 믿음**을** 행해야 하며, 믿음을 **가질** 뿐 아니라 믿음을 **유지**해야 하며, 믿음으로 **충만**할 뿐 아니라 **신실**해야 한다. 이러한 행동은 지도자나 조직의 구성원 모두에게 유익이 된다. 신실성은 조직의 목적과 가치관, 좀 더 나은 도덕과 좀 더 승화된 신뢰에 대한 명확한 통찰력을 제공한다. 맥스 드프리에 따르면 "신뢰는 사람들이 지도자가 그들의 인격적 고결성을 조직에 대한 충성으로 바꾸는 것을 볼 때, 이러한 지도자가 올바른 일을 할 것이라는 믿음을 심어 줄 때 성장한다."[12] 지도자가 일터에서 신실성을 통해 분명하고 지속적으로 자신의 신앙을 드러낼 때 지도자들은 신뢰를 얻게 되고 제임스 쿠제스와 배리 포스너는 신뢰는 효과적인 리더십의 초석이라고 주장한다.[13]

또한 신실성은 조직의 성장을 위한 잠재력을 확대한다. 영리 조직에 있어서 신실성은 공급자와 소비자의 정직으로 흘러들어가며, 우수한 생산성을 통해 이윤이 늘어나며, 더욱 견실하고 장기적인 투자자들이 모여들게 된다.[14] 비영리 조직에서는 신실성이 회원의 증가, 더욱 왕성하고 진취적인 노력, 지속적인 재정적 지원을 유도하게 된다.

또한 신실성은 좀 더 넓은 공동체에도 유익을 준다. 신실한 조직은 사회의 신뢰를 쌓고, 다른 기관들에 있어서 조직에 대한 충성의 모델이 된다. 신실성은 사람들로 하여금 전체적인 삶에 있어서 신앙의 근본적인 역할을 발견하게 한다.

사명에 대한 존중

신실한 지도자는 자신이 하고 있는 일의 의미를 명확히 이해하며, 그 일을 잘 해낼 수 있다. 이들은 고용인과 회원, 파트너와 동료, 소비자와 고객을 위해 가치를 창조하는 조직에서 시작하거나 나타난다. 예를 들어 사명 선언은 신앙적 행위와 함께 시작한다. 사명 선언은 어떤 일을 하겠다는 것과 함께 어떤 사람이 되겠다는 서약이다. 이것은 지도자에게 매우 중요하며, 이들이 어떤 위치에 있든지 조직의 사명에 신실해야 한다. 이것은 실제적으로 어떤 의미를 가지는가?

첫째, 이들은 자신이 시작한 일을 반드시 성취할 수 있다고 믿어야 하며, 사명 선언의 내용과 일치하는 방식으로 일을 추진해야 한다는 것이다. 이것은 예기치 않은 어려움이나 장애물이 나타나면 이것들을 경시하거나 존재하지 않는 것처럼 행한다는 뜻이 아니다. 오히려 이것들을 통해 더욱 사명에 매달려 사명을 계속해서 고수함으로써 불안을 느끼는 자들에게 힘을 주어야 한다. 예를 들어 크라이슬러 회사(Chrysler Corporation)가 무너져 가고 있을 때 리 아이아코카(Lee Iacocca)의 믿음은 당황하던 노동자들에게 자신감을 회복시키고 정부로부터 재정적 지원을 받아내게 했다.

둘째, 지도자는 사명의 특성을 반영하는 방식으로 행동하고 말하며 업무를 수행해야 한다. 고객 우선이 사명이라면 실제로 고객을 우선하는 행동과 말을 해야 한다. 특별한 봉사를 약속했다면 실제로 그러한 봉사를 해야만 한다. 이것이 질적인 것에 관한 것이라면 이러한 특징을 갖출 수 있는 환경을 조성해야 한다.

셋째, 지도자는 의사결정을 위한 특별한 절차나 변화를 위한 특정 구조의 신설 및 구체적인 조치를 취한 경우 이러한 것들이 사명의 취지와 어떻게 부합되는지 명확히 설명해야 한다.

약속에 대한 존중

통상적으로 지도자는 함께 일하는 사람들에게 약속을 한다. 불행하게도 사적으로나 공적으로나 지도자의 약속과 실제 행동은 큰 괴리를 나타낸다. 오늘날 대부분의 사람들은 약속을 하나의 의무로 여기는 것이 아니라 희망에 대한 표현으로 여기는 것 같다.

시장의 복잡성과 예측불가성 때문에 약속을 반드시 지키는 것은 어렵다 할지라도 가능한 신실한 지도자는 자신이 한 말에 책임을 져야 한다. 이들은 조직 안팎의 사람들에게 모순된 약속을 해서는 안 된다. 그렇게 할 경우 즉시 그들의 고결성에 대한 의심을 가질 것이다. 또한 지도자는 임기응변적 약속을 해서도 안 된다. 신실한 지도자는 상황이 바뀌어도 자신의 약속을 존중해야 한다.

실수에 대한 존중

지도자도 다른 사람들과 마찬가지로 실수를 하지만 이들은 대체로 실수를 숨기거나, 결과를 회피하거나, 긍정적인 방향으로 유도하려고 한다. 신실한 지도자는 자신의 실수를 인정하고 앞으로의 실수를 줄여 나가며, 이것을 통해 많은 교훈을 얻는다. 동시에 이들은 실수를 하는 자에게는 미래가 없다는 사실을 안다. 사실 이들은 실험과 혁신을 할 수 있도록 격려를 받을 필요가 있다고 생각한다. 다른 사람들이 실수할 때 신실한 지도자는 실수에 대한 책임을 지게 하되 그들을 용서하고 더욱 잘할 수 있도록 돕는다.

충실성

요즘은 한 직장에서 오래 있기보다 자주 직장을 바꾸려 하며, 조직도 평생 고용을 보장하는 것이 어렵다는 것을 안다. 지도자는 이러한 풍토에서 어떻게 신실성을 발휘할 것인가? 무엇보다 지도자는 주변 상황의 변화와 관계없이 스스로 영구적인 조직을 구축하고 유지하는 일에 몸을 바쳐야 한다. 이것은 더 나은 지위를 찾아다니지 않고 한 조직에 오랫동안 몸담고 있는 것을 포함한다. 이러한 지도자는 조직이 오랫동안 살아남을 수 있는 역량을 갖출 수 있게 하는 결정에 영향을 미친다.

맥스 드프리가 허먼 밀러사의 CEO가 되었을 때 긴축 경영으로 인해 불안으로 떨고 있는 사람들에게 이들이 더욱 경쟁력을 갖출 수 있도록 훈련을 시키고, 새로운 일자리를 찾을 수 있도록 도우며, 현재와 같은 지위를 보장받을 때까지 계속해서 월급을 주겠다고 약속했다. 그는 충실성의 원리를 창의적이고 책임감 있는 태도로 새롭게 조명한 것이다.

신실성을 충실성으로 연결하는 방법은 또 있다. 지도자가 조직의 안정을 제공하고, 기업 이윤을 나누며, 재능을 발견해 이것을 발휘하게 하고, 존재감과 함께 의사결정에 동참케 하며, 창의적인 아이디어에 대해 성과급을 줌으로써 진정한 성취감을 맛보게 할 수 있다. 이러한 조치들이 조직 운영의 기준으로 자리 잡을 때 이미지와 현실, 이상과 실제, 언어와 행동이 어우러져 고용인과 지도자 상호간에 충실성은 더욱 깊어지게 된다.

리더십과 고결성

오늘날 우리는 개인적 삶이나 직장 생활 및 공적인 삶에서 고결성(Integrity)을 요구하는 소리를 사방에서 들을 수 있다. 그러나 이것의 의미나 고결한 삶을 추구하는 자에게 따라오는 온갖 도전 및 날마다의 일상에서 어떻게 실천해야 할 것인가에 대해 심각하게 고민하는 사람은 거의 없다. 우리는 가끔 이러한 성품에 대해 대수롭지 않게 여기는 듯한 사람들을 만난다. 한번은 기독교 공무원 단체와 개인적 가치관 및 공적 정책의 연계가 과연 적절한가에 대해 의견을 나눈 적이 있다. 법무부에서 평생을 보낸 그 단체의 대표자는 자신이 재직하는 동안 법률을 초안하면서 한 번도 도덕적 도전을 경험한 적이 없다고 말했다. 그는 고결한 삶은 단순하며 더 이상의 논쟁거리가 아니라고 생각한 것이다.

반면에 적어도 특정 업종에서는 고결성이 불가능하다고 생각하는 사람도 있다. 이 경우 사람들은 아예 모른 척하거나 타협적인 자세를 취하기 때문에 윤리적으로 바른 삶을 유지할 수 없다. 정치가 이런 분야 가운데 하나다. 따지고 보면 법과 관련된 분야도 마찬가지다.

고든 피어슨(Gordon Pearson)은 최근 기업 윤리에 대한 소책자를 통해 이 두 가지 극단 사이에서 중도적 입장을 취할 것을 주장했다.[15] 피어슨은 이 주제를 다룬 대부분의 책에서 제시하는 조직의 고결성에 관한 비현실적 권면이나 윤리적 행동을 가로막는 접근

방법을 거부한다. 그는 어린 시절부터 성인이 되기까지의 도덕적 발달 단계에 대한 로렌스 콜버그(Lawrence Kohlberg)의 주장을 통해 기업이 경쟁력을 갖추고 오랫동안 살아남기 위해서는 초기 단계에 정상적인 윤리적 행동의 부족과 사회적 책임감에 대한 관심의 결여가 어느 정도 용인된다고 말한다. 그러므로 이 책은 개인의 영웅적 노력을 통해 처음부터 철저한 윤리적 방식을 추구하려는 시도를 배제한다. 그러나 시간이 지나면서 조직은 점차 수준 높은 고결성을 얻을 수 있는 여러 표준을 채택할 수 있다는 것이다. 조직과 개인의 도덕적 발달 단계에 대한 피어슨의 균일화(equating) 작업은 지도자와 조직이 고결성을 향한 자신의 능력을 점차 발전시켜 나가게 하지만 카테고리의 혼란을 가져오기 때문에 부적합하다. 법은 마땅히 조직을 어린이나 청소년으로 대하는 것이 아니라 성인으로 대한다. 더욱이 조직의 지도자는 어린아이 같은 수준의 도덕적이고 인격적인 단계에 있지 않으며, 자신의 통찰력과 행동을 더욱 고양시켜 나가야 한다.[16]

따라서 지나치게 무심하거나 지나치게 회의적인 사람이 있는가 하면 어느 쪽도 아니면서 적절한 행동을 취하지 못하고 주저하는 사람도 있다. 문제는 우리가 끊임없이 고결한 행동을 할 수 있다고 믿고 그렇게 하려고 애를 쓰려는 함정에 빠질 수도 있다는 것이다. 우리는 그리스도인으로서 때때로 인간의 연약성이 우리를 궤도에서 이탈하게 하고, 실패로 인도한다는 사실을 알고 있다. 그러나 인간의 연약성이 고결한 삶을 어렵게 만들기도 하지만 이것이 전혀 불가능한 것은 아니다.

우리가 일터에서 더 나은 고결성을 요구하는 것은 무슨 의미인가? 스티븐 카터(Stephen Carter)는 고결성을 다룬 그의 책에서 "모든 사람이 더욱 많은 고결성을 주장하지만 …… 아무도 이것의 바른 의미를 설명하지 못한다. 사실 가장 큰 문제는 이 말을 사용하는 모든 사람이 약간씩 다른 의미로 사용한다는 것이다"라고 주장한다.[17]

고결성이라는 단어의 의미를 깊이 살펴보면, 일반적으로 어려운 상황에 처한 가운데 원칙 있는 행동을 하는 사람들에게서 나타나는 성품에 관한 언급이다. 예를 들어 동료의 악의적인 과실에 대해 사실을 은폐하라는 주변의 압력에 굴복하지 않는 의사, 누군가를 보호하기 위해 진실을 덮어 두려는 유혹을 거부하는 변호사, 자신의 고객을 인격체로 대하지 아니하고 환자 취급하려는 태도를 거부하는 심리학자는 고결성을 가진 자다. 그러나 이 말은 조직이나 단체와 관련해 이것의 질을 나타내는 의미로 사용되기도 한다. 이런 의미에서 이 단어의 초점은 높은 도덕적 기준에 따라 일관성 있는 행동을 하는 것과 어려움에 직면해서도 이러한 행동을 공적으로 유지하는 것에 맞춰진다.

또한 **고결성**이라는 이 말은 같은 어원을 가진 몇 가지 관련 용어들을 연상시킨다. 예를 들어 integral(필수적인)이라는 단어는 마음 중심에 본질적으로 내재되어 있다는 의미다. 고결성을 가진다는 것은 특정 기술을 개발하는 것과 다르다. 이것은 더욱 유기적이며 본질적이다. 고결성을 상실한다는 것은 단순히 **무엇인가**를 덜 가진다는 말이 아니다. 이것은 아직 **어떤 사람**이 되지 못했다는 의미다. "고결성은 복잡한 차원에서의 미덕이 아니라 내재적 성품으로부터 전인적으로 작용하는 미덕으로서 규명할 수 있고 신뢰할 수 있는 인격에 해당한다." [18]

관련된 단어로서 integrate(통합하다)와 integration(통합)이 보여 주듯이 고결성은 사람의 다양한 요소와 그의 역할 사이의 일관성과 관련된다. 고결한 행동은 단순히 도덕적 의무를 이행하는 것 이상이다. 자신의 일과 관련해 어떻게 하면 올바로 행동할 수 있을 것인가라는 자세의 문제는 특정 상황에서 "무엇을 해야 할 것인가?"라고 묻는 것 이상이다. 고결성이 있는 곳에는 상황이나 역할에 따라 행동 방식이 달라지는 경우가 없다. 그가 하는 모든 일에는 일관성이 있으며, 그가 수행하는 방식은 언제나 합리적이다. 고결성을 지닌 사람에게는 '인격적 **통합성**이 있으며', 사람들은 이것을 인격의 '온전성' 또는 '성결' (holiness)이라고 부른다. [19]

고결성에 대한 새로운 관심이 나타나고 있다는 한 가지 증거는 직업윤리의 부상을 들 수 있다. 그러나 직업윤리는 이것을 이행하기 위해 필요한 성품이나 이것을 조명하고 동기부여를 할 수 있는 좀 더 큰 비전 또는 사명에 관한 문제 제기 없이 오직 도덕적 원리에만 초점을 맞추는 경향이 있다. 또한 의사결정에 있어서도 조직의 핵심 가치에 미칠 영향이나 개인의 딜레마를 형성하는 사회정신에 대한 고려 없이 지나치게 개인적인 문제로 여기려는 경향이 있다. 직업윤리에 관한 논쟁은 종종 종교적 구조나 이상적 구조가 포괄성이라는 명분 아래 배제된, 이른바 가치중립적 상황 아래에서 발생한다. 그렇다면 문제는 이러한 원리들이 자신의 선택이 다른 사람보다 옳다는 것을 뒷받침할 수 있는 근거를 가지지 못한다는 것이다.

직장인이 직면한 도전

도널드 크레이빌(Donald Kraybill)과 필리스 펠먼 굿(Phyllis Pellman Good) 등 『직업정신의 위기』(*Perils of Professionalism*)[20] 공동 저자들은 직장인이 직면한 몇 가지 도전에 대해 다음과 같이 제시했다.

- 사람보다 업무와 관련된 이해관계나 이익을 우선하며, 사람에 대한 책임보다 일에 대한 책임을 중시함.
- 공동체의 필요를 채우기보다 업무 수행 능력을 과시하려 함.
- 업무에 관한 비법을 다른 사람과 함께 나눔으로써 스스로 문제 해결을 하게 하지 않고 자신만 알고 있음.
- 어떤 일을 더욱 간편하게 또는 좀 더 체계적인 방식으로 다룰 수 있는 방법이 있을지라도 오직 전문가만이 그렇게 할 수 있도록 여건을 조성함.
- 자신의 일을 통해 고객에게 도움을 주기보다 그들을

통제함으로써 월권을 행사함.

- 고객과의 관계를 남용해 성적 호의를 얻으려 힘.
- 서비스의 대가로 부당한 요구를 함.

일터에서 이와 같이 나쁜 선택을 하게 되는 근원에는 세 가지 요소가 있다. 이것은 그 일에 관련된 사람의 인격적 결함, 조직의 잘못된 가치관이나 관행, 무엇이 중요한지 분별하기 어려운 복잡한 상황 등이다.

이러한 상황에서 도덕적 고결성을 지닌 행동을 할 수 있는 본질은 무엇인가? 이것을 결정하는 한 가지 방법은 고결성 문제를 성경적 인물의 삶에 비춰 생각해 보는 것이다. 우리는 요셉, 모세, 라합, 사무엘, 다윗, 느헤미야, 요나, 다니엘을 통해 고결성에 관한 많은 교훈을 얻을 수 있다. 또 하나의 방법은 다음과 같은 질문을 하는 것이다.

- 이러한 조치는 이 일과 관련된 모든 당사자의 입장을 고려했으며, 이들을 사랑하는 마음에서 나온 행동인가?
- 이것은 악을 줄이고 정의를 확장하며, 특히 가장 취약한 사람들의 입장을 고려한 것인가?
- 이러한 선택을 하기까지 분명한 진리에 대한 진정한 관심이 있었는가?

- 선택이라는 것은 "나는 그것을 해야 했다"라는 언급과 관련이 있으며, 또한 그것에 관해 언급하는 것을 피하는 것이라는 인식이 있는가?
- 이어지는 절차나 결정된 내용은 모두 인내라는 미덕을 보여 주는가?
- 상황이 바뀔 경우 이 결정은 변할 수 있으며 대안을 찾을 것인가?

특별한 접근

오늘날 고결성에 대한 접근은 세 가지의 연결된 관점, 즉 비평과 정의와 관심에 관한 윤리에 초점이 맞춰진다. 비평 윤리는 권력과 특권의 분배 및 누가 결정권을 가질 것인가에 대한 것을 다룬다. 권력과 의사결정권이 소수의 사람들에게 한정될 경우 야합이 이뤄지기 쉽다. 정의에 관한 윤리는 누가 동참하고, 정책은 어떻게 결정하며, 권리에 관한 문제는 어떻게 할 것이며, 자원은 어떻게 배분할 것인가에 대해 다룬다. 이 윤리는 지도자로 하여금 공정성에 관한 문제를 고려하고 정책 결정 및 자원 배분에 관여하게 한다. 관심에 대한 윤리는 관계성의 문제와 관련되며 존엄성, 인간의 잠재력 및 능력 부여와 같은 이슈가 포함된다.[21]

맥스 드프리는 고용원의 관심사에 대해 귀를 기울이고 정기적으로 그렇게 했기 때문에 한번은 왜 입양을 출산만큼 대우를 하지 않느냐는 질문을 받았다. 그는 둘 다 동일하게 대우한다고 대답했다.

그러자 여성 고용원은 "그렇지 않습니다. 당신이 만일 둘 다 동일하게 대우했다면 입양 시에도 출산과 동일한 혜택을 부여했을 것입니다"라고 반박했다. 드프리는 회사 정책이 이 부분에서 아무런 차별을 두지 않았다고 생각했지만 정책을 바꿔 둘 모두 동등한 혜택을 받게 했다.

이러한 예는 CEO와 고용원 간의 힘의 공유(비평에 관한 윤리), 개인의 가치와 자신의 삶의 질을 개선하려는 욕구(관심에 관한 윤리), 동일한 상황에 있는 모든 사람이 동일한 자원을 받을 수 있게 한 정책 변경(정의에 관한 윤리)을 보여 준다. 이 세 가지 관점이 균형 있게 적용되어 자신의 결정을 뒷받침할 때 그 결과는 고결성으로 나타난다.

이 세 가지 관점에 대한 활용과 함께 지도자는 다음과 같은 방식으로 상황에 접근할 때 고결한 행동과 결정을 할 수 있다. 즉 기도하는 마음을 가질 때 하나님께서 새로운 가능성을 보여 주실 것이며, 직장이나 공동체에서 다른 사람들과 상의하려는 자세를 가짐으로써 또한 상호 경쟁방식이 아니라 모두가 이기는(win-win) 전략을 통해 그렇게 할 수 있다.

타협의 역할

고결성의 반대는 흔히 타협(compromise)이라고 말하지만 이것은 그리 간단한 문제가 아니다. 타협이라는 말을 종종 이것과 관계된 두 가지 의미와 혼돈해서는 안 된다. 첫째, 타협과 전략(strategizing)은 구별해야 한다. 전략은 원하는 목적에 도달하기 위해 일련의 장기적이고 ― 때로는 복잡한 ― 전술을 계획하는 것이다. 이것은 움직임이 일정하지 않고 때로는 상반된 움직임을 보이며, 예기치 않은 요구를 하거나 때로는 주저 없이 양보하기 때문에 정확한 의도를 간파하기가 어렵다. 이와 같이 전략은 목적을 위한 하나의 수단이며, 원대한 방향을 염두에 둔 일시적인 입장으로 전진할 때도 있고 후퇴할 때도 있다. 둘째, 타협은 협상(negotiating)과 다르다. 협상에는 합법적인 것도 있고 불법적인 것도 있지만, 타협은 그렇지 않다.

그렇다면 타협은 무엇인가? 이 말은 일반적으로 부정적인 개념으로 사용된다. 예를 들어 이 말은 편의를 위해 또는 압력을 경감시키기 위해 기준을 낮추는 결정이나 행위를 언급할 때 사용된다. 흔히 일관성 있는 행동을 하지 못할 때 '고결성에 손상을 끼쳤다(타협했다)'고 말한다. 이러한 야합적 의미에서의 타협을 하거나 받아들이는 것은 도덕적 선을 넘는 것이며, 따라서 자신의 근본적인 신념과도 배치되는 행위다. 그러나 우리는 이 말을 긍정적인 의미로 사용하기도 한다. 이것은 다른 원리 또는 동일한 원리에 기초한 두 가지 상반된 입장의 절충 지대를 택한다는 의미다.

인생을 살다보면 자신이 원하는 대로 다 할 수 없을 때가 많다. 정치도 마찬가지여서 소위 '타협의 기술'이 필요하다. 상거래 행위에서도 적절한 타협은 필요하다. 자원, 물자 공급, 시간 및 인력 부문에서도 공급이 부족한 때가 있으며 이것의 배분을 놓고 어느 정도의 타협(절충)이 필요한 때가 있다. 사람들은 서로 상반된 의견을 가질 수 있으며, 이런 때는 절충점을 찾아 적절한 선에서 결론을 내는 수밖에 없다.

우리는 성경을 통해서도 긍정적인 타협의 경우를 찾아볼 수 있다. 고전적 예는 나아만이다. 아람 왕의 군대장관으로서 이스라엘을 방문한 그는 당대의 예언자를 통해 병 고침을 받는다. 그러나 자신의 나라로 돌아가 이교적 문화 가운데에서 유일한 신자로 지내야 했던 그는 하나님만 참 신으로 섬기는 가운데 왕을 수행해 어쩔 수 없이 이방 신 앞에서 몸을 굽히는 일에 대해 허락을 받는다(왕하 5:15-19).

또 하나의 예는 바울과 바나바가 예루살렘에 있는 사도와 장로들을 찾아가 이방 선교의 필요성에 대해 논쟁하는 장면에서 찾아볼 수 있다. 예루살렘에 있는 자들은 헬라와 로마의 개종자들이 유대 그리스도인이 금기시하는 몇 가지 행동만 피한다면(행 15:23-29), 그들에게 할례의 부담을 지우지 않고도 바울이 계속해서 사역할 수 있도록 허락한 것이다.

흥미로운 사실은 바울은 분명히 자신의 동역자 가운데 하나로 외가 쪽이 유대 혈통인 디모데가 할례를 받는 것을 반대했지만 헬라인인 디도에 대해서는 반대하지 않았다는 것이다. 이러한 그의 행위는 "여러 사람에게 내가 여러 모양이 된 것은 아무쪼록 몇몇 사람들을 구원코자 함이니"(고전 9:22)라는 그의 말 속에 잘 반영되어 있다. 그는 사람들이 아무런 방해 없이 가장 중요한 것으로 나아가게 하기 위해 자신의 행동을 적절하게 조절한 것이다. 동시에 그는 이러한 행위가 핵심적인 기독교 진리에 조금이라도 손상이 된다면 결코 용납하지 않았다. 예를 들어 그는 안디옥에서 베드로 가 근본적인 복음의 원리를 저버렸다고 생각했을 때 그를 책망했 었다(갈 2:11-14).

성경 이야기는 우리의 마음과 함께 우리의 상상력을 두드리며 여러 적용 가능성을 환기시킨다. 그러나 성경 이야기뿐 아니라 성 경의 은유, 이미지, 상징, 모델도 적절한 타협에 관한 이해에 도움 을 준다. '소금'과 '빛'에 관한 은유는 하나님의 백성이 어떻게 살 아야 할 것인가에 대해 보여 준다. '이방인과 나그네'나 '왕 같은 제사장'처럼 하나님의 백성과 관련된 이미지도 신자가 세상에서 어떻게 처신해야 할지를 잘 보여 준다. 하나님의 백성이 날마다 '십자가를 져야 한다'는 강력한 상징도 있다. 그러나 우리는 이러 한 은유나 이미지나 상징을 작은 도덕적 틀 속에 가두려 해서는 안 된다. 우리가 흑백논리, 선과 악, 옳고 그름이라는 이중적 잣대로 만 생각한다면 이러한 성경적 요소에 담긴 근본적인 복음의 참 뜻 을 놓치고 긍정적인 타협이 필요한 때에도 이것을 무시하는 어리 석음을 범할 수 있다.

잠언이나 구약성경의 지혜서에는 어떤 결정이 지혜로운가 어 리석은가, 적절한가 부적절한가, 타당한가 그렇지 못한가라는 잣 대로 판단하는 경우가 많다. 예를 들어 적의를 품고 있는 왕 앞에 있는 자에게 중요한 것은 자신의 말이 사실이냐 아니냐가 아니라 말을 해야 할 타이밍과 어떤 식으로 어느 정도 알려야 하느냐이다(전 8:2-6). 설사 좋은 생각이라도 때때로 나쁜 반응이 예상되는 상황에서는 이것을 억제하는 것이 좋은 때도 있다. 이와 같이 적절한 기회를 기다리는 것이 가장 좋을 상황은 많다. 그러나 때로는 우리가 가장 원하는 것이 아니라 할지라도 이러한 상황에서 우리가 취할 수 있는 최상의 선택이라면 과감히 행동해야 할 때도 있다.

우리가 더 좋은 기회가 있을 것이라고 생각하거나 자신이 더 많은 것을 할 수 있다고 생각할지라도 특정 상황에서 어떤 결정이 더 이상 할 수 없는 최상의 선택이라면 이것이 곧 우리를 향한 하나님의 뜻이 아니겠는가? 예를 들어 예수님이 사람들의 믿음이 부족해 특정 지역에서 병을 고칠 수 없었다고 해서 이것이 예수께서 우리의 이해를 구해야 할 만큼 부정적인 타협에 해당하는 것은 아니다. 우리의 힘에 한계가 있어 한두 사람밖에 도울 수 없는 형편이라면 더 이상 어떻게 하며 어떤 잘못을 고백할 것인가? 우리의 시간이나 가진 것이 얼마 없다면 선택의 범위는 그만큼 제한될 수밖에 없을 것이다. 우리는 안타까운 마음은 가지겠지만 모든 일에 최선을 다하는 수밖에 없다. 궁극적인 것(이상적인 세계)과 비궁극적인 것(현실)에 대한 디트리히 본회퍼(Dietrich Bonhoeffer)의 구별은 이 문제에 대한 도움을 준다. 후자는 사건이나 상황 및 사람에 의해 제한을 받는다. 그의 주장처럼 때때로 이러한 제한은 '유익한 타협을 위해 유익한 원리를 희생할 것'을 요구한다.[22] 다시 말해서 우리는 실현 불가능한 이상을 움켜쥐고 있기보다 비록 가장 원하는 것은 아니지만 자신이 할 수 있는 것을 최대화함으로써 더 많은 것을 달성할 수 있다는 것이다.

다음은 고결성을 가진 타협을 위해 지도자가 명심해야 할 내용이다.

- 모든 행동은 자신이 누구며, 어디로 향하고 있는가로부터 나오는 것이기 때문에 지도자는 성경에서 볼 수 있듯이 하나님께서 자기 백성에게 나누어 주신 인격과 목적을 철저히 붙들어야 한다.
- 지도자는 자신의 인생이 하나님의 지속적이고 핵심적인 목적에 부합된다는 사실을 인식하고 성경에 나타난 이미지, 은유, 이야기와 이것에 담긴 기본적인 원리 및 가치체계를 통해 형성되어야 한다.
- 유익한 타협은 훌륭한 의사결정 능력이라기보다 훌륭한 인격의 산물이기 때문에 지도자는 삶의 여정에서 이러한 인격에 우선권을 줘야 한다.
- 특정 이슈에 대한 적절한 관점을 가지기 위해 지도자는 마음속에 자신의 소명에 관한 큰 틀의 그림을 그려야 하며, 결코 기본적인 목적과 목표를 잃지 않아야 한다.

리더십과 섬김

섬김에 관한 초기 논쟁

로버트 그린리프는 AT&G의 경영자로 있으면서 리더십 논쟁에 섬김에 관한 사상을 도입했다. 퀘이커교도인 그는 인생의 중요한 시기에 독일의 유명한 소설가 헤르만 헤세의 책을 만났다. 그에게 특별히 많은 영향을 끼친 책은 헤세의 『동방순례』(*Journey to the East*) 였다.[23] 동방 사상의 영향을 받은 이 이야기는 그린리프에게 지도자의 섬김에 관한 사상을 심어 주었다. 그러나 그의 글에는 이 사상이 광의의 기독교, 특히 퀘이커교의 틀을 형성하고 있다.[24]

그린리프는 종종 노자나 석가 및 공자와 같은 인물의 삶을 통해 섬기는 자의 동기에 대해 언급하지만 주로 "섬김의 사상은 유대교-기독교적 유산에 깊이 배어 있으며 종(servant)이라는 단어는 섬김이나 섬기다(serve, service)라는 단어와 함께 성경에 무려 1300번이나 나타난다"[25]라고 주장한다. 그린리프는 공식적인 신학적 훈련이나 윤리적 훈련을 받지는 않았지만 앤 프레이커(Anne Fraker)는 그가 일터에서의 경험이나 묵상과 함께 "유대교-기독교적 환경 및 나중에는 퀘이커교도가 됨으로써 윤리 감각을 키웠다"라고 말한다.[26] 다른 사람들도 "퀘이커교의 가치관이 (그의) 사상 형성에 영향을 미쳤다"는 사실을 인정한다.[27]

그린리프는 예수님에 대해 명시적으로 언급하지는 않았지만 그를 지도자의 원형으로 생각해 주로 그의 독특한 가르침과 행동에 초점을 맞추었다. 그린리프가 즐겨 인용하는 이야기는 예수께서 제자들의 발을 씻기신 사건과 간음 현장에서 붙들려온 여인을 용서하는 내용이다.[28] 그린리프에게는 감성적이고 도덕적이며 자비가 많은 지도자이신 예수님이 특히 그의 관심을 끈 것이다.[29] 초기 종교개혁가나 좀 더 급진적인 재침례파는 예수님에 대해 몇 가지 허물을 벗겨낸 원래의 모습에 대해 다시 한번 보게 했다. 그린리프는 조지 폭스(George Fox)나 존 울먼(John Woolman)과 같은 퀘이커 지도자들을 예수님과 유사한 정신을 가진 지도자로 생각은 했지만 '강력한 대중적 리더십이 발휘되는 평등 사회'를 만들지 못했다는 이유로 이들에 대해서는 비판적 입장을 취했다.[30]

그린리프는 섬김의 리더십이 교회뿐 아니라 일반 시장 원리에도 적용된다고 주장한다. 이것은 권력 추구나 책임감, 명령 및 지배적 태도 등 일반적으로 리더십과 관련된 요소들에 반대된다. 그에게 있어서 섬김의 리더십은 다른 사람을 섬기며, 조직과 다른 사람의 유익을 지도자 자신의 이익보다 우선하는 것을 의미한다. 이러한 리더십은 권력 남용과 상반되지만 그렇다고 권력이나 영향력 행사를 회피하지는 않는다. 섬김의 리더십은 결코 반리더십(anti-leadership)이 아니다. 이것은 비록 민주적 의사결정과 상호 평등적 입장에서 행사되기는 하지만 미래적 통찰력과 용감한 행동 및 책임감 있는 리더십을 발휘하기 때문이다.

래리 스피어스(Larry Spears)는 그린리프의 책 가운데 섬김의 리더십에 나타난 다음과 같은 중요한 특징들을 발견했다. 다른 사람의 말에 귀를 기울이고 전체의 뜻을 분별한다. 공감대를 형성한다. 다른 사람과 자신을 하나가 되게 한다. 강제나 직권보다 설득에 의존한다. 평범한 일상 너머의 것을 생각하고 말한다. 제도나 규정을 존중하고 신뢰를 구축한다. 동역자 및 동료들과 함께 공동체를 세워나간다. 그러나 이러한 특징들이 전부는 아니다.[31] 그린리프와 맥스 드프리의 영향을 받은 월터 라이트의 섬김의 리더십 핵심 원리에 따르면 리더십과 관련한 요소들은 영향력·섬김·비전·소망·성품·신뢰·관계·권력·의존성·책임감 등이다.[32] 섬김의 리더십을 주장하는 사람들 가운데에는 적절한 책임 의식이나 분열적 갈등이 아닌 창의적 갈등, 관심, 돌봐줌 같은 요소들과의 양립성을 주장하는 사람들도 있다.

청지기 정신

최근에 나타난 섬김의 리더십 모델의 변형적 형태 가운데 하나는 청지기 정신(stewardship)으로, 피터 블록은 자신의 초기 저서 『권위 있는 경영자』(*The Empowered Manager*)[33]에서 이 개념에 대해 소개한다. 그는 제목에서도 나타나듯이 『청지기 정신』(*Stewardship*) 이라는 책에서 섬김에 관한 사상을 가장 핵심적인 내용으로 다루고 있다.[34] 블록에게 있어서 청지기 정신은 특히 목적이나 보상(rewards) 및 권력의 분산이 위협을 받는 조직에서 변화를 달성하기 위한 '전방위적 사상'(umbrella idea)에 해당한다. 이것은 사람들이 무엇인가 가치 있는 것을 맡아 이것에 더욱 높은 가치를 부여해 다음 세대에게 넘기는 것을 가장 중요한 역할로 생각하는 것에 초점을 맞춤으로써 기술적이고 고정된 방식의 프로그램을 훨씬 능가한다. 청지기 정신은 '주변 사람들에 대한 지배보다 섬김을 통해 조직의 유익을 가져오려는 의지'다.[35] 이것은 지도자에게 흔히 나타나는 이기주의적 태도와는 상반된다.

블록은 리더십이란 용어보다 청지기 정신이란 용어를 즐겨 사용한다. 그러기 위해서는 지배적 관계에서 파트너 관계로, 안주(security)에서 모험으로 각각 옮기는 것이 필요하다. 지도자는 이것을 위해 지배나 의존하려는 마음을 버리고 좀 더 모든 것을 드러내겠다는 의지를 가지고 공개적이고 포괄적인 경영을 실천하며, 고용원에게 기회를 제공하고 능력을 개발하며, 조직 전체의 광범위한 재무 책임제를 실시해야 한다. 이것은 결국 조직 내에서 권력의 계층화보다 권력의 균형을 창조하며, 개인이나 팀보다 조직 전체를 위해 헌신하게 하며, 모든 구성원으로 하여금 조직의 목적과 성격에 대한 분명한 이해를 갖게 하며, 보상의 불평등한 분배가 아니라 균등한 분배를 보장한다. 이러한 접근의 효율성에 대한 일반적인 잣대는 시장(marketplace)에서 통할 수 있는지의 여부가 되겠지만 궁극적으로는 성령의 관심사와 맥이 닿아 있느냐 여부에 달려 있다고 하겠다.

블록의 주장처럼 섬김과 청지기 정신에 대한 강조는 결국 '지도자 시대의 종말'로 이어져야 하겠지만 '지도자 자체를 사라지게는 하지 못할 것'이다.[36] 사람들은 여전히 중요한 지위에서 중요한 역할과 기능을 하겠지만 다른 사람의 위에서가 아니라 이들 가운데에서 수행할 것이며, 무엇인가를 꺼내놓기보다 함께 동참하기를 바라며, 내용을 말하기 전에 경위를 설명할 것이며, 대답을 하는 만큼 질문을 할 것이다. 또한 이들은 모든 사람이 나름대로 기여하면서 조직 내 모든 부서와 계층 간에 대화가 진행될 때 변화가 나타난다는 것을 인식할 것이다.

사람들은 이러한 관점이 공상적이며 시장의 냉엄한 현실을 모르는 것이라고 비난했지만 섬김의 리더십을 채택한 기업은 많은 변화를 체험한 것이 사실이다. 허먼 밀러 가구회사나 서비스마스터(ServiceMaster), TD 산업(TD Indusries)이 이러한 예다. 이들은 모두 높은 이윤 창출과 가장 선호하는 기업으로 꼽힌다. 그럼에도 불구하고 이 모델은 여전히 종교적 영역이나 실제적 영역에서 한계점과 문제점을 노출하고 있다.

그린리프는 예수님을 도덕적 모범으로 생각해 모든 초점을 맞춘다. 그러나 켄 블랜처드는 "사람들은 섬김의 리더십에 대해 말하면서 예수님을 모델로 내세우지만 그의 궁극적인 희생에 대해서는 한마디 언급도 하지 않는다"[37]라고 그를 비판한다. 그린리프는 종종 성령에 대해 "성령은 섬김의 동기부여를 하는 배후 추진 세력이다"[38]라고 주장하며 강조하지만 성령의 특성이나 역할에 관한 구체적인 내용에 대해서는 거의 언급하지 않는다. 이것은 그의 저서에서도 성령에 관한 전문적인 기독교적 언급보다 일반적이고 개념적인 언급이 종종 나타나는 것과도 무관하지 않다.[39] 이것은 퀘이

커교의 '내적 성령'(the inner Spirit)이나 헤세의 신비적 호기심의 영
향을 받은 결과일 것이다. 섬김의 리더십을 주장하는 사람들은 예
수님 및 예언자와 함께 종종 유대 신비주의자나 불교 지도자를 인
용하기도 한다.

리더십을 발휘하는 위치에 있는 사람들에게 있어서 섬김이라는
말은 부정적 개념을 지닌다. 셜리 로엘스(Shirley Roels)의 말처럼 섬
김이라는 말은 종종 지나치게 자신을 숨기고 다른 사람의 뜻에 따
른다는 의미로 이해되었다. 이러한 것들은 섬김보다 예속(servitude)
에 가깝다. 이 단어는 특히 일부 여성이나 소수 민족과 같이 불리
한 입장이나 부당한 대우를 받고 있는 사람들에게 적용될 때 이러
한 의미로 남용되는 경우가 많다. 이 경우 이 단어는 성경적 의미
를 상실하게 된다. 성경에서 말하는 종의 지위는 이들이 섬기는 자
의 지위와 책임에 따라 달라진다. 따라서 만유의 주인이신 하나님
의 종이 된다는 것은 어떤 지위에서 어떤 일을 하든지 하나님의 목
적을 품고 하나님의 방법을 따라 살 책임을 진다는 고귀한 성경적
의미를 가지는 것이다.[40]

그린리프는 지도자가 먼저 종이 되어야 하며 이러한 섬김의 결
과 지도자가 된다고 주장하지만 많은 사람은 종보다 지도자에게
무게를 둔다. 이들은 다른 사람들에 대해 좀 더 가까이 다가갈 수
있음에도 불구하고 여전히 지배적인 태도를 고집하며, 모든 일을
감독하려 하며, 중요한 일에 대한 결정권을 가지려 한다. 결국 이
들의 리더십은 전통적 지도자와 큰 차이가 없게 된다. 이러한 사람

들은 자신의 지표나 목적을 위해 섬김의 리더십을 차용한 것으로 밖에 볼 수 없다. 안타까운 일이지만 이러한 경향은 오늘날 교회나 많은 종교 단체에서도 쉽게 찾아볼 수 있다.

결론적으로 섬김이라는 단어는 오늘날 권력을 가진 자들에 의해 현대적 잣대로 남용될 우려가 있다. 또한 이 단어는 온전한 기독교적 의미를 상실할 위험을 지니고 있다. 따라서 '섬김의 리더십'이라는 말이 지니고 있는 문제점은 리더십에 대한 잘못된 관점에서 벗어났다고 해도 여전히 이 말의 진의가 왜곡되어 있다는 사실이다. 리더십은 핵심 용어이며, 종은 리더십을 수식하는 말이다. 오늘날 우리에게 필요한 것은 흔히 주장하는 바와 같이 종과 같은 지도자(servant leaders)가 아니라 더욱 리더십을 가진 종(leading servants)이다. 우리는 미래적 관점에서 조직의 사명과 체계와 구성원들을 섬길 수 있는 사람이 필요하다.

섬김의 개념을 실제로 조직 내에서 어떻게 실천할 것인가에 대해 이해하는 것은 쉬운 일이 아니다. 섬김에 대한 부르심은 종종 실용주의자 입장에서 어울리지 않는 이상주의적 발상으로 들리며, 따라서 일상생활에서는 자칫 타협하기 쉽다. 그러나 이것이 담고 있는 뜻은 명확하다. 우리는 조직 내에서 이와 같은 종의 자세로 섬기는 자들이 어떻게 기여하는지 볼 수 있다. 우리는 스스로 할 수 있는 일을 다른 사람에게 위임하지 않는 자나 힘든 일을 남에게 맡기지 않고 자신이 전적인 책임을 지려는 사람에게서 이러한 섬김의 태도를 찾아볼 수 있다. 또한 섬김은 자신의 능력만 믿지 않고 다른 사람의 지혜를 구하는 자나 자신의 지위가 위태함에도 불구하고 어떤 일을 고수하려는 자 또는 기꺼이 조직을 위해 기꺼이 십자가를 지려는 자에게서도 발견된다.

수년 전 우리 가운데 한 사람은 25명으로 구성된 기독실업인이 주최하는 조찬 월례회에 참석한 적이 있다. 조찬이 끝난 뒤 관례적으로 회원 가운데 한 사람이 자신의 직무와 관련해 받은 압력이나 어려움에 대해 말하고 함께 논의하는 순서가 있었다. 이날 따라 발표자의 주제는 강제적인 기구 축소에 따른 여러 문제에 초점이 맞춰졌다. 상급 관리자인 그는 두 사람의 직원 가운데 한 사람을 해고해야 할 입장에 놓였다. 둘 다 능력 있는 직원이지만 한 사람은 경험이 상대적으로 풍부하고 오랫동안 회사에 몸담았으며, 또 한 사람은 결혼 문제로 스트레스를 받아 자신감을 잃고 업무수행력도 떨어져 있었다. 그는 상급자를 우선적으로 고려해야 한다고 생각했지만 젊은 직원을 해고할 경우 결혼에 지장을 줄 수 있고, 자존심에 상처를 받아 더욱 스트레스를 받게 될 것이라고 생각했다.

한동안 논쟁은 계속됐으며 조찬 시간도 끝나 가고 있었다. 발표자는 결국 두 직원을 다 보호하고 상급자에게 자신의 지위를 물려준 뒤 자신이 그만두는 것이 좋겠다는 쪽으로 생각을 정리했다. 이것은 동료를 위해 자신을 희생하기로 결정한 놀라운 사례가 되었다.

리더십에 대한 이러한 접근은 조직의 총수에게만 해당되는 것이 아니다. 이런 사례는 어떤 계층에서도 일어날 수 있다. 그러나 특히 중요한 것은 조직의 사명을 신실하게 구현하고 더욱 확장하며,

다른 사람들에게 이것을 이행하고 확장할 수 있도록 힘을 부여하는 것이다.

결론

5장에서 논의한 신실성, 고결성 및 섬김은 우리의 삶과 리더십의 궁극적인 역할 모델이신 예수님 안에서 가장 온전하게 구현되었다(히 12:2-3). 이것은 두 가지 사실을 강조한다. 첫째, 리더십은 먼저 자신이 어떤 사람이며, 다음으로는 무슨 일을 하는가와 관련된다. 이것은 삶의 폭과 균형의 온전함 및 인격적 온전함으로부터 나온다. 이러한 온전함은 리더십의 자질이나 특징이라기보다 전제 조건이나 촉매에 가깝다. 우리는 이러한 전인적 리더십을 소유함으로써 리더십의 부정적 요소가 개입하거나 영향을 미치는 것을 피할 수 있다. 이러한 부정적 요소에는 모든 것을 감독하고 지배하려는 자세, 다른 사람에게 부당한 고통을 주는 행위, 일중독과 함께 소위 메시아 함정(messiah trap)이라는 잘못된 희생관에 빠지는 것, 진정한 인격체가 되기보다 단순한 인간이 되는 것, 약점을 함께 나눌 능력이 없어 실패하는 것 등이 해당된다.

둘째, 리더십은 궁극적으로 자신이 누군가라는 문제와 관련되기 때문에 리더십 이전에 먼저 따름에 관한 문제가 우선되어야 한다. 우리가 섬김의 능력을 지니고 다른 사람을 이끌 수 있는 사람이 될 수 있는 기회는 오직 십자가에서 이루신 예수님의 속죄 사역과 성령의 은사로만 가능하다.

유진 피터슨(Eugene Peterson)은 이 두 가지 요소를 다음과 같이 잘 설명한다.

> 지도자는 말보다 삶의 정황 — 몸짓, 개인적 가치관, 사회적 관계, 의복, 소비자 선택, 동료관계 — 에 의해 훨씬 더 많은 영향을 미친다. 리더십 자체는 기술이 아니라 기술을 차용해 올 뿐이다. 리더십은 자신의 모든 것과 자신이 하는 모든 일을 가득 채우는 삶의 방식(way of Living)이다. 리더십은 가정에서의 삶이나 결혼 생활을 하는 방식이며, 친구와 함께하는 방식이며, 직장생활을 하는 방식이며, 등산을 하는 방식이다. 그러나 가장 중요한 것은 예수님을 따르는 방식이다. 따라서 리더십에 대한 관심이 많은 문화에서는 리더십에 관한 기존의 근본적인 내용, 즉 예수를 따르는 것(막 1:17)에 대해 오랜 시간을 갖고 자세히 살펴야 한다. 예수를 따른다는 것은 예수님에게서 보고 듣는, 천국의 삶과 일치하는 삶의 방식 — 말하고 생각하고 상상하고 기도하는 방식 — 을 그대로 따르는 것이다. 이러한 따름은 지도자의 성품과 태도를 지닌 삶의 방식으로 들어가게 된다. 따름은 지도자가 하는 것과 자신이 하는 것을 구별

할 수 없다는 의미다. 지도자의 지위에 있는 사람 — 부모, 교사, 목사, 고용주, 의사, 변호사, 주부, 학생, 농부, 작가 — 에게 따름의 기술은 리더십 기술보다 우선한다. 이와 같이 — 예수님을 따르는 것에 근거하지 않은 리더십은 교회나 세상 모두에게 위험할 뿐이다.

제6장
리더십 사례 연구

이 마지막 장은 기독교적 리더십의 다양한 국면을 보여 준 중요한 인물들에 대해 살펴보고, 일반적인 리더십에 나타난 몇 가지 가정(assumptions)이 안고 있는 절차상 문제점에 대해 다룰 것이다.

지도자는 언제나 앞장서는 사람인가?

리더십이라는 주제를 다룬 대부분의 저자들에 따르면 지도자의 한 가지 특징은 언제나 다른 사람들 ― 동료나 부하 직원 및 경쟁자 ― 의 앞에 나선다는 것이다. 지도자는 다른 사람들의 앞에는 있지만 위에 있지는 않다. 언어학적 측면에서 볼 때 이것은 정확히 '앞장서다'(taking the lead)라는 말의 의미다. 남들보다 앞선다는 것은 절실한 필요에 대한 분별력, 경기(business trends)에 대한 남다른 민감성, 새로운 방법을 실험하고 도전하기를 주저치 않는 개척정신, 창의적 연구와 개발 시도, 개척자적 정신, 혁신적 구조 및 전달 체계 창안, 상품이나 서비스에 가치를 부여하는 새로운 방식 개발 등 다양한 형태로 나타난다.

다른 조건이 같다면 성공은 이들 가운데 어느 한 가지라도 앞서는 개인이나 단체나 조직의 것이 될 것이다. 때로는 상황이 일시적으로 멈추기도 하고, 앞으로 가기 위해 잠시 옆으로 비켜서기도 하며, 더 중요한 것을 위해 전략적으로 후퇴해야 할 때도 있지만 지도자는 이러한 움직임의 필요성을 가장 먼저 깨닫는 사람이다. 이들은 할 일을 결정하기 이전에 다른 사람과 상의하거나 제안된 변화를 설명함에 있어서 다른 사람의 도움을 청하기도 하지만 이 모든 과정에서 지도자는 언제나 다른 사람들보다 앞서 내다보고 앞장선다는 특징이 있다. 이러한 자질은 리더십의 한 요소가 분명하지만 이것이 훌륭한 리더십의 필수적 요소는 아니다. 사실 지도자가 주변 사람들보다 앞서기보다 뒤에 있는 것이 더 중요한 경우도 있다.

프랭크 부크먼(Frank Buchman)_ 세계적 운동의 지도자

프랭크 부크먼은 1878년 미국 펜실베이니아주의 조그만 루터교 마을에서 태어났다. 그의 가족은 나중에 개발도시 앨런타운 근처로 이사했다. 여러 종족이 모여 사는 필라델피아의 한 교회를 도와 섬긴 부크먼은 30세쯤에 펜실베이니아 주립 대학교 YMCA 총무가 되었다. 다음 5년간 그는 이곳에서 중요한 종교적 영향을 끼쳤으며, 그의 연설 및 조직에 대한 재능은 부근에 있는 대학 사역자들 사이에 널리 알려졌다. 그는 하트퍼드 신학교로부터 강의 요청을 받았으며, 이곳을 통해 수차례 아시아 순회 강연회를 가졌다. 그는 강연하는 동안 때로 자신에 대한 홍보를 하기도 했지만 가능한 한 처음부터 다른 사람을 내세워 조명을 받게 하고 자신은 뒤에서 이들을 지원했다. 한 목격자는 당시 상황에 대해 "나는 하루 종일 부크먼을 지켜보는 일에 흥미를 느꼈다. 그는 언제나 뒤로 물러나 있으면서 다른 사람을 앞세웠다"라고 증언한다. 그의 전기에 따르면 그는 "자신의 활동을 열렬히 알리는 자였음에도 불구하고 한편으로는 놀라울 만큼 자신을 감추는 자였다. …… 사교적인 태도에도 불구하고 그의 중심은 근본적으로 내향적"이었다.[1]

부크먼은 순회 강연회를 통해 하나님이 자신을 부르신 것은 핵심적인 인물들의 극적인 인격적 변화를 도움으로써 '세상을 변화시키기 위해서'라는 생각을 더욱 깊게 했다. 그는 이미 인간관계에 대한 특별한 은사를 발휘하고 있었으며, 특히 사회 지도층 인사나 중요한 책임을 맡고 있는 사람들과 친했다. 영웅적 지도자가 되기에는 자신의 임무가 너무 광범위하다는 사실을 깨달은 그는 다양한 그룹의 사람들과 함께하기 시작했다. 40대 초가 되자 그는 미국과 영국에서 함께 대학이나 다른 기관을 방문하기를 원하는 노련

하고 헌신적인 사람들로 이뤄진 여러 개의 팀을 조직했다. 이들이 가는 곳마다 이 팀들은 적절한 장소에 수많은 사람을 불러모아 근본적인 삶의 문제에 대해 진지하게 생각하도록 촉구했다. 이들과 2년 동안 함께 일한 부크먼은 월급을 받을 수 있는 마지막 직장인 하트퍼드 신학교의 교수직을 사임하고 숙원 사역에 전적으로 헌신했다. 사역이 확장되면서 그는 사람들이 한정된 시간에 잠시 자신과 함께 있는 것보다 모든 팀원이 함께하는 수준 높은 행사에 더 매료된다는 사실을 점차 깨닫게 됐다. 이에 따라 그는 장기적인 사역을 위해 훌륭한 팀을 조직하고 팀원들을 훈련시키기로 결정했다. 마침내 원래의 그룹은 배가됐으며, 그의 적극적인 격려와 후원으로 개별적 팀이 다른 지역을 방문하기 시작했다. 50대에 들어서자 부크먼은 이 확장된 사역을 위해 새로운 팀원을 준비시키는 일로 사역의 초점을 옮겼다. 그는 항상 혼자 전면에 나서 중심 역할을 감당하기보다 무대 뒤에서 열 사람이 그 일을 하도록 준비하는 편이 더 낫다고 생각했다.

1930년대에 국제적 갈등이 심화되고 전 세계에 전운이 감돌기 시작하자 부크먼은 각국 지도자들에게 평화를 촉구하는 일에 자신의 모든 역량을 쏟아부었다. 그와 그의 팀은 유럽에서 나치즘의 확산을 저지하는 운동을 주도했으며 2차 세계 대전이 끝난 뒤에는 갈등 해소와 안정을 되찾는 일에 주력했다. 이러한 활동은 모두 막후에서 진행됐기 때문에 매스컴의 주목을 받지는 못했다. 외부에서는 부크먼의 활동을 은밀하고 분파적인 행위로 보는 일이 자주 있었으며, 종종 이들의 활동을 비판하고 반대했다. 이것은 부크먼으로 하여금 더욱 배후로 숨어들게 했다. 1960년대 초 그가 죽은 뒤에도 이 운동은 개인적 리더십보다 단체적 리더십의 발휘를 통해 계속해서 확산되었으며, 이러한 사실은 그의 배후적 활동을 증언한다.

부크먼과 관련된 한 가지 의문은 바로 이것이다. 그는 누구의 서약이나 계약 또는 재정적 지원에 대한 약속 없이도 어떻게 그 많은 사람을 불러모아 사역을 감당하게 했으며, 그의 사후에도 계속되게 할 수 있었는가라는 것이다. 유명한 작가이자 한때 부크먼에게 비판적이었던 아놀드 룬(Arnold Lunn)은 10년이나 그를 지켜봤지만 만족한 답을 얻지 못했다. "내가 본 바로는 그에게는 어떤 카리스마도 없었다. 그는 외모도 뛰어난 편이 아니며, 특별한 웅변가도 아니었다. 그는 단 한 권의 책도 내지 않았으며, 모임을 주도하지도 않았다. 그러나 세계 도처에서 수많은 정치가와 지성인이 그를 찾아와 상담했으며, 많은 지식인은 자신들이 경력을 쌓아 가고 있는 동안 아무런 보수도 받지 않고 40년 동안이나 사역할 수 있었던 그에 대해 놀라움을 금치 못했다. 이러한 이유는 무엇인가?"[2] 이에 대해 헨리 밴 듀센(Henry van Dusen)은 이것은 부분적으로 그의 앞을 내다보는 혜안과 인간 본질에 대한 통찰력 및 자신의 사역 방식에 대한 자신감에서 비롯된다고 결론 내렸다. 그러나 무엇보다 그는 "자신의 모든 것 ― 희망, 필요, 명성, 성공 ― 을 던져 하나님의 뜻에 따르고자 했"[3]던 것이라고 주장했다.

다시 말해서 이것은 전적으로 하나님의 일이라고 생각한 사역에 모든 초점을 맞춘 것과 이것을 위해 모든 것을 버린 것에 기인한다.[4] 그는 언젠가 "나는 그 일과 아무 상관이 없습니다"라고 말한 적이 있다. "나는 그의 말씀에 순종했을 뿐입니다."[5] 이것은 물론 그가 해야 할 일을 남보다 앞서 내다보고 이것을 시도했다는 것을 의미한다. 그에게 매료된 많은 사람은 그저 안주하지 않고 그의 활동을 본받으려 했다. "하나님의 도우심으로 언제나 준비된 자들을 만날 수 있다"라고 확신한 그는 이들이 하나님의 능력으로 자신이 생각하는 것보다 훨씬 큰 일을 감당할 수 있을 것이라고 믿었다. 그는 자신이 다른 사람이 할 수 없는 일을 할 수 있는 능력이 있다고 생각하지 않았다. 그의 중요한 원리는 '사람들이 어느 지점까지 도달하기를 원하든지 이들을 받아들였으며, 이들에게 허락되지 않은 일을 하도록 촉구하지 않는다'는 것이었다. 그는 "그러지 않았다면 내 주변에는 진정으로 하나님을 의지하고 그의 인도하심을 바라는 무리보다 식객(parasites)들로만 북적거렸을 것이다"라고 말한다.[6] 부크먼은 이 운동에서 핵심적 역할을 감당했음에도 불구하고 리더십을 '온전한 교제의 사역'[7]으로 보았다.

함축적 의미

자신을 배후에 두는 지도자는 단순히 다른 사람에게 지도자 지위를 맡기고 물러나 있는 것이 아니라 그들이 이 일을 할 수 있도록 뒤에서 돕고 그들에게 필요한 모든 자원 — 물질적, 재정적, 제도적 지원 ─ 을 공급하는 것이다. 어떤 문화에서는 이러한 이중적 기능의 중요성에 대해 알고 있다. 수년 전 로버트와 그의 아내는 북쪽 국경을 따라 브리티시컬럼비아로 가고 있었다. 산악 지대를 통과하던 이들은 주유를 위해 잠시 주유소에 들렀다. 주유소에는 식당과 작은 박물관이 있었다. 큰 방 하나로 이뤄진 박물관 내부에는 각종 가공품과 함께 그림, 문헌, 인디언 부족에 관한 이야기 자료가 비치되어 있었다. 이야기 가운데 하나가 이들의 눈을 사로잡았다.

한 원주민이 자신의 부족과 떨어져 길을 잃었다. 그는 흔적을 찾기 위해 사방을 둘러보았지만 아무것도 발견할 수 없었다. 한참을 방황하던 그는 이웃 부족에 사는 한 인디언을 만났다. 반갑게 인사를 나눈 그들은 그곳 지리에 관해 대화를 나눴다. 그는 다음과 같이 물었다.

혹시 우리 마을 사람들 보았습니까?

몇 명이나 있었습니까?

그때가 언제입니까?

그들은 어디에 있습니까?

그들은 어느 쪽으로 갔나요?

그들은 얼마나 빠른 걸음으로 갔습니까?

다행스럽게도 길 잃은 원주민은 원하는 대답을 들을 수 있었다. 그는 상대의 대답에 감사를 표하며 이렇게 말했다. "나는 꼭 그들을 찾아야 합니다. 나는 그들의 지도자입니다!"

이 이야기의 가장 흥미로운 요소는 그를 가장 훌륭한 지도자로 소개하고 있다는 사실이다. 그는 자신의 부족민을 철저한 훈련을 시켰기 때문에 그들은 언제나 그의 뒤를 따라다녔다. 때로는 지도자가 앞장서는 것이 필요하고 또 마땅히 그렇게 해야 하지만 때로는 그들의 뒤에 있어야 할 때도 있다. 이것은 지도자가 그들이 최상의 기여를 할 수 있도록 적극 지원함으로써 가능하다. 무조건 앞서야 한다는 선입견에 사로잡힌 지도자는 이러한 책임에 대해서 도외시할 소지가 많다. 따라서 그들은 왜 사람들이 자기를 따라오지 못하는지 궁금해 한다. 지도자가 사람들이 앞으로 나아갈 수 있도록 뒤에서 지원하는 일을 다른 사람에게 맡길 경우 언젠가는 부하들 가운데 일정 영역에서 자신을 능가하는 사람들이 나타나게 될 것이다. 이 경우 지도자는 어쩔 수 없이 이 부분에서는 다른 사람의 뒤로 물러날 수밖에 없을 것이다. 그러나 지도자는 이러한 상황에 당황하기보다 긍정적으로 받아들여야 한다. 이렇게 함으로써 새로운 영역에서 다시 앞장설 수 있으며, 남은 일은 훈련된 다른 사람에게 맡기면 되기 때문이다.

지도자에게 요구되는 성품

많은 조직은 마음속에 이상적인 지도자상을 품고 있다. 이러한 이상은 종종 경험, 능력, 기술과 관련된다. 그러나 의식을 하든지 못 하든지 사람들에게는 특별히 선호하는 성격이 있다. 이것은 크게 존경을 받은 초기 지도자나 그 분야에서 인정을 받는 다른 조직의 지도자 및 조직의 구성원이 참가한 훈련 프로그램에서 활동하는 전형적인 카리스마적 지도자가 어떤 성격을 지니고 있느냐에 기인하는 경우가 많다. 이상적인 지도자상에 대한 개념은 특정 직업과 관련해서도 나타난다. 기업하는 사람들은 대체로 강인하며, 사회사업가는 남을 배려하는 편이며, 법조계 사람들은 강직하며, 영업인은 공격적이며, 회계사는 냉정하며, 심리학자는 민감하다. 때로는 두 가지 타입을 모두 지니기도 한다. 교사는 강직하면서 자상할 수 있으며, 판사는 신중하면서 엄격할 수 있으며, 예술가는 감상적이면서 열정적일 수 있다.

또한 사람들은 행정이나 정치와 같이 공적인 일을 하는 사람들에 대해서는 지도자에게 특별한 성품을 기대한다. 이러한 위치에 있는 사람들은 확실한 자신감을 보여 줘야 한다. 이들은 자기표현(self-presentation)과 발전에 힘써야 하며, 자기 향상과 성취를 통해 동기부여를 받아야 한다.

일반적으로 성격과 지위(position)에는 상관관계가 있다고 말한다. 어떤 지위에 어떤 성격이 적합한가 하는 것은 직업마다, 조직마다, 문화마다 다를 수 있다. 이것은 엄격히 정해진 것이 아니라 유연성을 지니고 있으며, 여기에는 많은 가능성과 변수가 포함된다. 또한 이러한 적합성은 직업이나 조직 및 문화가 어떻게 변화하느냐에 따라 달라질 수 있다. 이것은 관련된 사람이나 제도가 얼마만큼 심각한 국면에 봉착했느냐에 따라 크게 좌우된다. 그러나 여전히 그리스도인들은 특정 유형의 성격이 특정 유형의 지위에 더 적합하다고 믿는다.

우리는 성격이나 지위가 아무런 상호관련성이 없다고 말하는 것이 아니다. 우리가 주장하는 것은 훌륭한 리더십을 발휘하기 위해서 두 가지 요소 사이에 꾸준하고 의미 있는 관계가 존재해야 한다는 것이다.

쇠얀 키에르케고르(Søren Kierkegaard)_ 대중적 지식인

키에르케고르는 1813년 덴마크 수도 코펜하겐의 한 중산층 가정에서 태어났다. 그는 척추가 휘는 병으로 고생했으며, 이로 인해 평생 새우등을 하고 살았다. 몇몇 동시대인에 따르면 이것은 그에게 '괴상한 외모'를 지니게 했다. 그러나 그는 확실히 어릴 때부터 매우 지적이었으며, 심리적 통찰력을 소유하고 있었다. 그는 화술에 능했으며 풍자적 기지도 소유했다. 이러한 재능은 — 비록 그는 동료나 주변 사람 및 아이들과 어울리는 것을 좋아했지만 — 그를 코펜하겐의 지식층 및 문학계의 유명인사가 되게 했다.

20대 초반에 키에르케고르의 첫 번째 글이 신문에 실렸다. 당시는 그가 기독교에 등을 돌리고 있던 시기였다. 그러나 24살 되던 해에 그는 하나님께 자신을 온전히 헌신하기로 결심하고 신학 공부를 시작했다. 한 젊은 여인과 깊은 사랑에 빠진 그는 어느 날 갑

자기 약혼을 파기함으로써 온 마을의 사교계를 흔들어 놓았다. 1843년, 서른이 된 그는 자신의 첫 번째 주요 저작인 『이것이냐 저 것이냐』(Either/Or)를 내놓았다. 이 책은 인생에 대한 심미적 태도로 부터 윤리적 태도에 이르는 그의 여정을 보여주면서 코펜하겐의 문학계에 일대 센세이션을 일으켰다. 곧 이어 개인적 저서 『반복』 (Repetition), 『공포와 전율』(Fear and Trembling) 두 권이 선보였다. 이 책은 부분적으로 그의 비운적 사랑에 대한 경험으로부터 나왔다. 키에르케고르는 이 두 권의 책과 이어지는 책을 통해 독자들을 인 생에 대한 심미적 · 윤리적 접근을 넘어 종교적 삶으로 인도한다.

그는 자신의 다음 책 『철학적 단편』(Philosophical Fragments)에서 "기독교란 무엇인가?", "어떻게 그리스도인이 되는가?"라고 묻는 다. 또 한 권의 책 『불안의 개념』(The Concept of Dread)은 원죄의 본 질을 심오한 철학적 방식으로 제시한다. 1년 뒤 그는 자신의 마지 막 익명 저서인 『인생행로의 제 단계』(Stages on Life's Way)를 통해 자신의 영적 여정을 계속한다. 이 책에 이어 그의 걸작 『철학적 단 편에 대한 후기』(Concluding Unscientific Postscript to the Philosophical Fragments)가 이어진다. 왕성한 저술활동을 한 이 4년 동안 키에르 케고르는 작가로서의 소명을 발견하고 앞서 언급한 책들과 함께 스스로 '교훈적 담론'(edifying discourses)이라고 부르는 일곱 권의 책을 통해 진실한 그리스도인이 되기 위한 여러 요소에 대한 경건 한 사색을 제공한다. 평신도인 그는 강단에서 설교할 수 없었기 때 문에 책을 통해 청중에게 자신의 생각을 알린 것이다.

1840년대 후반에 「해적」(*The Corsair*)이라는 한 주간지 가십란에 키에르케고르를 비방하는 글이 실렸다. 키에르케고르의 이름이 직접 거명되지는 않았지만 매우 모욕적인 이 기사는 그가 공격의 대상임을 분명히 했다. 비난은 키에르케고르의 저술은 물론 그의 동기나 성격에 대해서도 직접적인 공격을 했으며, 이러한 비난은 거의 1년 동안 계속되었다. 다른 신문도 이에 동조했으며, 이 결과 키에르케고르가 공식석상에 나타날 때마다 심지어 일반 시민들조차 그를 비난하고 조롱했다. 키에르케고르는 불쌍한 이기주의자와 희극적 인물이라는 조소와 함께 코펜하겐의 바보 취급을 받았다. 심지어 덴마크 전역의 극장에서 성황리에 상연된 광대극마저 그를 풍자하곤 했다. 이러한 비난에 대해 그는 단 한 번 공식적인 답변 이후에는 침묵으로 일관했다. 이와 함께 작가로서 영향력을 주려고 한 그의 모든 꿈은 사라졌다. 심지어 가장 흔한 이름인 쇠렌이라는 이름조차 냉대를 받게 됐다.

이 모든 상황에도 불구하고 키에르케고르는 이러한 사건이 모두 자신을 향한 하나님 계획의 일부라고 받아들였으며, 작가로서 자신의 소명에 대한 확신을 가졌다. 키에르케고르는 지식층은 물론 일반 대중으로부터 외면당한 예언자와 같은 처지를 담담하게 받아들였다. 뜻밖에 키에르케고르가 한창 공격을 당하고 있던 시기에 덴마크 왕은 계속해서 그의 조언을 구했으며, 그에게 출판비 일체를 감당할 수 있을 정도의 하사금을 매년 보내려고 했다. 그러나 키에르케고르는 자신은 다른 사람의 도움을 받지 않고 오직 하나님께만 충성할 뿐이라며 정중히 거절했다. 키에르케고르는 34살이 되자 3부작『교훈적 담론』(Edifying Discourses), 『사랑의 역사』(Works of Love), 『그리스도인의 담론』(Christian Discourses) 저술에 전념했다. 키에르케고르는 그리스도에 대해 간접적으로 말하려는 모든 시도를 제쳐두었다. 이것은 소위 '제2의 회심' 이라고 부르는 심오한 영적 경험을 통해 한층 강화된 단계였다.

키에르케고르는 30대 후반에도 경건 서적을 저술하는 일을 계속하면서 특히 전통적 기독교의 안주적 태도와 위선에 초점을 맞추었다. 키에르케고르의 글에는 한동안 제도적 기독교에 대한 비판이 암시되었다. 이러한 암시는 이제 새로운 3부작『죽음에 이르는 병』(The Sickness unto Death), 『그리스도교의 훈련』(Training in Christianity), 『자기 성찰을 위하여』(For Self-Examination)를 통해 전면에 부각되었다. 첫째, 그는 교회가 사람들에게 근본적인 영적 수술을 하기보다 종교적 진정제만 주사한다고 비난했다. 둘째, 그는 이것이 기독교의 진정한 성품을 가로막고 누구나 형식적인 신자가 되게 한다고 비난했다(그는 이교도를 기독교로 개종시키는 대신 기독교가 스스로 이교도화되었다고 주장한다). 셋째, 그는 교회가 하나님의 말씀을 객관화함으로써 사람들에게 그것을 개인화하고 생활화해야 할 부담을 덜어 주었다고 비난했다. 키에르케고르는 부친의 담임목회자이자 당대의 훌륭한 교회 지도자 가운데 한 사람인 민스터 주교(Bishop Mynster)에게 피해를 주지 않기 위해 책의 절반에 해당하는 분량을 출판 중지시켰다.

이러한 책들은 큰 반향을 불러일으키지 못했다. 처음에는 이러한 상황에 전혀 개의치 않던 키에르케고르는 나중에 자신의 입장을 공개적으로 밝혀야 할 필요성을 느끼게 되었다. 키에르케고르는 끝까지 드러내지 않고 싶었지만 참을 수 없는 강한 내적 충동을 경험했다. 키에르케고르는 공개적으로 말하는 것이 자신뿐만 아니라 주교를 비롯해 주교와 가까운 여러 사람에게 피해를 줄 것이라는 사실을 알았다. 키에르케고르는 결국 달리 어찌할 수 없다는 사실을 깨닫고 제도적 종교에 대한 생각을 있는 대로 밝혔다. 밝힌 내용은 주일 종교(Sunday religion)가 영혼에 깊이 안착될 수도 없고, 일상의 삶에 근본적으로 뿌리내릴 수도 없다는 것이었다. 그는 비숍 민스터가 죽은 뒤에도 자신의 후임자가 되기를 바란 스승의 뜻을 좇아 1년이나 기다렸다가 이 일을 진행했다. 1854년에 키에르케고르는 「조국」(Fatherland)이라는 잡지에 20개 논문을 기고했으며, 계속해서 자신의 정기간행물 「인스턴트」(The Instant, 후에 『기독교인에 대한 공격』(Attack upon Christendom)으로 합권)에 실은 9권의 간행본을 통해 공격했다. 이러한 비판은 대부분 월급쟁이로 전락해 타락한 목사들에게 초점을 맞추었다. 키에르케고르에게 기독교 국가라는 개념은 실제로 기독교 세계를 의미하는 것으로, 복음에 배치되는 것이었다.

키에르케고르는 신랄한 대중적 논쟁의 중심에 휩싸이게 되었다. 목사들은 그의 견해에 강력히 반대했지만 이번에는 일반 대중이 그의 말을 경청했다. 그는 갑자기 다시 유명해지기 시작했으며, 초기에 출판된 책도 덩달아 팔리기 시작했다. 키에르케고르는 이러한 새로운 유명세가 불편했다. 이것은 키에르케고르가 기대한 것도 원한 것도 아니었다. 존 게이츠(John Gates)의 말처럼 키에르케고르는 자신을 '개혁자가 아니라 증거를 찾아내는 탐정'으로 여겼다. 키에르케고르는 진실을 말하려 했을 뿐이지 지지자나 반대자 간의 공개적 논쟁의 중심에 서려 한 것은 아니었다.[8] 키에르케고르는 이러한 압력과 오해, 이로 인한 왜곡에 대처할 준비가 되어 있지 않다고 생각했다.

어떤 사람들은 요란한 세평에 대해 신경 쓰지 않으며, 오히려 전투적 의욕을 불태운다. 이들은 비난이나 조소에 의해 압도당하기보다 오히려 더욱 분투하려는 동기부여를 받는다. 그러나 키에르케고르의 경우 논쟁이 가열되면 될수록 더욱 뒤로 물러나고 싶어 했다. 그는 다른 사람들과의 사회적 관계에 노력했으며, 누구와도 쉽게 친근하고 흥미 있는 사이가 될 수 있었지만 본질적으로는 개인적이고 내성적이며 예민한 사람이었다. 하나님이 그에게서 빛으로서의 역할을 원하셨다면 왜 이러한 기질을 주지 않으셨을까? 키에르케고르는 본질적으로 은둔하기를 좋아하며, 남과 맞서기 싫어하는 성격을 지니고 있었다. 왜 하나님은 이런 그를 그러한 자리로 내몰았을까? 왜 그 일에 더 적절한 사람이 없었을까?

그러나 키에르케고르가 이러한 상황에 대해 깊이 생각하면 할수록 그 안에서 점차 신의 논리를 발견할 수 있었다. 이것은 한편으로 생각하면 체질적으로 이것을 감당할 수 있는 사람에게 대중의 관심이 집중되는 것이 이치에 맞겠지만 또 한편으로 그렇게 하는 것은 큰 위험이 따를 수 있다는 것이었다. 이런 사람들은 공적인 삶에 대한 유혹에 취약할 수밖에 없다는 것이다. 그는 자신의 공적인 지위나 대중적 관심을 당연한 것으로 여겨 자만할 수 있다는 것이다. 그러나 개인적인 사람은 대부분 이러한 유혹으로부터 자유롭다. 이들은 조명을 받는 것을 꺼리고, 이러한 것에 휩싸이지 않으며, 자만에 빠지기보다 자신에 대한 부족을 느끼기 쉽다. 그러므로 얼핏 보면 성격과 지위가 잘못 연결된 것처럼 보이지만 그가 다른 능력 ― 예리한 통찰력, 진리에 대한 열정, 의사전달 능력 ― 을 지니고 있는 한 그 일을 맡는 것이 순리다.

키에르케고르는 「인스턴트」의 마지막 출판을 준비하던 중 임종을 맞이했다. 당시 그의 나이 불과 42세였다. 그의 책은 비록 생전에는 제한된 영향력밖에 미치지 못했지만 나중에는 광범위한 독자층을 확보하면서 마땅한 대우를 받았다. 이후로 그는 그의 책을 읽은 수많은 사람은 물론 소설가, 지식인, 철학자, 신학자에게 이르기까지 큰 영향을 끼쳤다.

함축적 의미

요즘 유행하는 성격 유형 테스트와 관련해 우리는 특정 성격이 특정 직무나 직업 또는 지위에 적합하다는 사실을 지나치게 강조하는 것은 피해야 할 것이다. 이러한 테스트는 실제로 고려할 만한 요소들을 드러내지만 결정적인 것은 아니다. 자신이 할 수 있는 일이나 해야 할 일에 대한 평가에서 부적절한 문화적 가정이 언제든 지 개입할 소지가 있다는 사실을 알아야 한다.

그러므로 우리는 언제나 신학적 요소를 고려해야 한다. 한편으로 이러한 평가는 하나님께서 우리에게 주신 잠재성과 우리를 양육하고 인도하기 위해 주신 자질에 관해 확인할 수 있다. 그러나 이러한 것들은 하나님께서 우리에게 주시고 싶어 하시는 지위에 대한 긍정적 지표 역할만 하는 것이 아니다. 그 이유 가운데 하나는 단순히 성격과 지위를 연결하는 것 이상의 중요한 요소가 있다는 사실 때문이다. 또 다른 요소에는 그 일에 더 적합한 사람이 있을 수 있다는 것이 포함된다. 이상적으로는 특정 지위에 자신이 가장 적절한 사람이 아닐 수 있지만 하나님의 관점이나 다른 관점에서 볼 때 우리가 그 일에 가장 적임자일 수 있다. 아니면 하나님께서 우리를 성격 유형과 다른 환경에 두심으로써 그 지위가 요구하는, 또는 그 지위에 필요하지 않는 것에 대한 우리나 다른 사람의 인식을 높이려 하심일 수도 있다. 어쩌면 이러한 우리의 노력을 통해 누군가 대신 들어와 그 일을 더욱 완벽히 수행하게 하기 위함일 수도 있다. 그렇지 않으면 하나님께서 우리 안에서, 우리를 통해, 우리가 도저히 이룰 수 없는 것들을 성취하심으로써 자신의 다양하심과 능력을 보이려 하심일 수도 있다.

더욱이 성격과 지위가 이상적으로 연결되지 않는 사람은 오히려 독특한 경험과 관점 및 방식을 접목할 수 있다. 적어도 이런 사람은 쉽게 관례를 따라가지 않는다. 이런 사람은 도전에 직면했을 때

대개 창의적이고 실험적 방식으로 문제를 해결하려 하기 때문에 오히려 효과적인 지도자가 될 수도 있다.

이것은 영화와 관련된 한 가지 유추가 도움을 줄 수 있을 것이다. 영화를 찍을 때 감독은 대개 특정 역할에 어울리는 성격과 경력이 있는 배우를 섭외한다. 때때로 배우는 유사한 역할의 배역을 맡음으로써 경력을 쌓아간다. 이 경우 그는 이러한 배역이 자신에게 가장 잘 어울린다고 생각한다. 따라서 이들은 자신의 유형에 따라 배역을 맡는다. 그러나 경우에 따라서 이러한 주먹구구식 원리가 지켜지지 않는 경우가 있다. 영화 역사를 살펴 보면 고정된 성격 유형과 다른 배역을 맡아 크게 성공한 배우의 예가 얼마나 많은지 알 수 있다. 이 결과는 엄청난 것이 될 수도 있다. 캐리 그랜트와 같은 인기 배우가 「그리움을 아는 자만이」(None but the Lonely Heart)에서 런던 사투리를 쓰는 요리사, 진 시몬스가 「천사의 얼굴」(Angel Face)에서 악한 거짓말쟁이 유혹자, 타이론 파워가 「서커스 맨」(Nightmare Alley)에서 타락의 수렁으로 빠져 들어가는 사람, 로버트 미첨이 「라이언의 딸」(Ryan' s Daughter)에서 소심한 성격의 학교선생, 로빈 윌리엄스가 「인섬니아」(Insomnia)에서 정신이상의 살인자 역할을 각각 한 것은 모두 이러한 예에 해당한다. 자신의 성격과 다른 배역을 맡으려는 노력은 이들에게 특별한 욕구와 능력을 보여 주게 한 것이다.

자신의 잠재력을 성취할 것인가
님을 위해 그것을 내려놓을 것인가?

　오늘날 사람들의 잠재력을 성취하는 일의 중요성에 관한 논쟁이 많다. 여기에는 내재적 재능과 학습된 능력을 구체화하고 극대화하며, 자신에게 가장 적합한 일에 이러한 요소를 활용하는 것이 포함된다. 물론 이 모든 것은 중요하다. 사람들은 자신의 재능과 능력에 대해 알고 있어야 한다. 이러한 것들은 모두 창조주의 손에서 나오는 것으로서 우리의 삶에 대한 하나님의 특별하신 섭리의 결과이기 때문이다. 따라서 이러한 사실에 대한 인식이 없다는 것은 감사하지 않는 태도라고 할 수 있을 것이다. 문제는 성취나 잠재력이라는 용어가 지나치게 이기적 성격을 띠고 있어 자기중심적이 되기 쉽다는 것이다. 모든 관심이 오직 자신에게 쏠려 있어 다른 사람을 위해 무엇을 할 수 있을 것인가는 부차적 문제로 여길 뿐이다. 성취와 잠재력이라는 용어를 리더십과 관련해 사용할 때는 다른 사람의 잠재력의 성취에 초점을 맞춰야 한다. 역설적인 말이지만 사람들은 이렇게 할 때에 진정한 리더십을 발휘할 수 있다.

　파워는 잠재력의 성취에 있어서 중요한 역할을 한다. 사람들이 의식을 하든지 못 하든지 리더십을 향한 목표는 종종 권력이나 지위 및 지배에 대한 잠재된 욕망에서 기인한다. 맥스 드프리가 종종 언급하듯이 가장 개화된 리더십도 '다른 사람의 삶에 대한 간섭'으로부터 자유롭지 못하다. 이러한 현상은 덜 개화된 리더십에서 훨씬 심각하다. 지도자가 특별한 관심을 갖지 않는다면 언제든지 힘으로 그들을 지배하거나 조작하려는 경향이 나타날 것이다. 이것은 직원들의 잠재력을 발휘하게 하기보다 감소시킬 것이며, 자신의 잠재력마저 방해하고 왜곡시킬 것이다. 따라서 지도자가 진정으로 추구해야 할 것은 다른 사람에게 힘을 주고, 그들에게 자신의 재능을 극대화하고 능력을 신장할 수 있는 분야를 찾아 줌으로써 조직과 다른 사람을 위해 가능한 최대한의 창의적 기여를 할 수 있게 하는 것이다.

우리는 종종 자신의 잠재력을 최대한 발휘하고 때로는 다른 사람에게 힘을 주는 것이 다른 사람보다 자신에게 초점을 맞추려는 무의식적이고 제한된 욕구로부터 나온다는 사실을 깨닫는다. 이러한 깨달음은 종종 지금까지의 삶을 되돌아보는 인생의 중간 단계에서 발생한다.[9] 그러나 때로는 개인적이거나 직업적인 장벽에 부닥쳤을 때 이러한 깨달음을 갖기도 한다. 이 경우 이미 지도자급 위치에 있는 사람들은 자신의 삶에 대한 근본적인 재평가를 통해 지금까지 이뤄놓은 많은 업적을 뒤로 한 채 초점을 달리한 (other-focused) 새로운 일이나 작업 방식을 찾게 된다. 다음은 파워를 다른 중심(other-centered)에 초점을 맞춘 새로운 방식으로 새롭게 정의하고 영성에 관한 연구로 방향을 선회한 한 사람에 관한 이야기다.

재닛 하그버그_ 영리단체에서 비영리단체 지도자로의 변신

재닛 하그버그는 미네소타주 태생으로 그녀의 부모는 독실한 복음주의 루터교도였다. 그녀는 어려서부터 교회에 다니며 중생의 경험을 여러 번 체험했다. 특히 일찍부터 피아노 연주와 합창단 단원으로 활동하면서 회중과 어울리며 활발하게 활동했다. 그녀는 루터교의 엄격하고 보수적인 신앙과 도덕성을 강조하는 사립 기독교 학교에서도 뛰어난 활동을 보였다. 그녀의 교회는 은혜의 체험을 통한 죄와 속죄를 강조했다. 전반적인 분위기는 죄와 수치심이었으며, 지배적인 태도는 무조건적 순종이었다. 이러한 환경에 대해 그녀는 "나는 어려서부터 다양한 활동에 참여함으로써 지도자가 되기 위한 훈련을 받았다. …… 그러나 동시에 나는 언제나 수많은 의문 속에서 방황했다"[10]고 한다. 10대 후반에 그녀는 봉사단원의 일원이 되어 여러 곳에서 노래와 간증을 했다. 이들은 모두 이러한 활동을 진정한 신앙의 상징으로 생각했다.

고등학교를 졸업한 하그버그는 미네소타 대학교에 들어갔다. 당시는 '하나님은 죽었다'라는 슬로건과 베트남 전쟁을 반대하는 구호로 들끓던 1960년대였다. 이 기간에 한편으로는 이러한 개방적 분위기에 편승하고, 다른 한편으로는 신앙에 대한 학구적 접근의 열풍으로 인해 그녀는 자신이 자라온 엄격하고 행사 위주이며 율법적인 신앙에 대해 의문을 품기 시작했다. 이것은 그녀로 하여금 불가지론에 심취한 기간을 포함해 장장 10년의 세월을 자신의 신앙과 행위에 관한 의문에 휩싸이게 했다. 그녀는 점차 지적 자만과 편견에 빠져들었다. 대학 졸업 후 목사의 아들과 결혼했지만 교회에 대한 반감을 품고 있던 남편은 그녀의 회의감을 더욱 부채질할 뿐이었다. 그녀의 신앙은 유니테리언 교회(예수의 신성을 부인하는 기독교 교파)에 가끔 출석하는 정도였다. 진정한 공동체의 일원이 되지 못한 그녀는 어머니의 죽음으로 인해 더욱 부가된 영적 부담을 감당하기 어려웠다.

자신의 첫 번째 학위를 끝낸 하그버그는 심리학 및 사회사업 관련 석사학위 과정을 밟기 시작했으며, 이것은 그녀의 영적 탐구를 대신하는 분야가 되었다. 그녀가 나중에 밝혔듯이 "이것은 나를 인본주의적 심리학, 창의성, 정신적 경험, 동방 사상, 명상, 의식 세계, 뉴에이지 사상으로 인도했다. 이때는 새로운 방식으로 존재하고 사고하는 방식을 찾아다니던 격동기였다."[11] 그녀는 미네소타 대학교 직원으로 채용되어 맡은 일마다 완벽하게 처리했다. 모든 것은 계획에 따라 움직이는 것처럼 보였다. 그녀는 자신의 야망과 그녀가 자신의 삶을 지배했다는 가정이 예기치 않은 일에 대한 취약성을 점점 고조시키고 있다는 사실을 모르고 있었다.

이러한 성공적 물결을 타고 그녀는 학문적 세계에 남아 자신의 일을 시작했다. 그녀는 기업 운영, 고등 교육, 감독에 관한 전문적인 훈련과 관리를 담당하는 하그버그 회사를 설립했다. 이 일도 큰 성공을 거두었다. 시간이 지나 그녀는 앨코아(Alcoa), 허니웰(Honeywell), 제너럴 밀스(General Mills)를 비롯해 「포춘」이 선정하는 500대 기업 선정 작업의 자문을 맡았다. 그녀의 교육 사업은 그녀에게 특별 프로그램을 수립할 기회를 줬다. 1970년대 중반에 그녀는 직업 훈련 컨설팅 자문역과 함께 3M 회사를 위해 자아와 직장의 갱신에 초점을 맞춘 프로그램을 개발했다. 이 프로그램의 목적은 생활과 직업 전환을 포함해 사람들이 개인적으로나 직업적으로 새로운 선택과 가능성을 찾을 수 있도록 도우려는 것이었다. 1978년에 이 프로그램은 책자 형태로 출간되었으며, 이후 몇 차례 개정되었다.[12] 이 책은 무엇을 할 것인가와 함께 어떤 사람이 되느냐에 대한 관심, 출세를 향한 여정과 함께 개인의 정체성, 직업상의 성취와 함께 리더십에 관한 문제를 다루고 있다. 이것은 내적 여정과 외적 여정의 필요성을 강조한 것으로, 두 가지 모두 만족한 삶의 방향에 중요한 요소다.

묘하게도 이 프로그램이 공표될 즈음 그녀 자신의 삶도 함께 풀리기 시작했다. 그녀의 결혼은 이혼함으로써 실패로 끝났으며 깊은 좌절감을 경험했다. 그녀는 글을 쓰면서 자기 성찰의 시간을 가졌다. 그리고 하나님에 대해 깊이 생각하는 가운데 다시 교회를 찾기 시작했으며, 마침내 미네소타주 에디나에 있는 한 교회에 정착했다. 이 교회는 신자들에게 머리와 가슴, 신앙과 삶을 동시에 추구하도록 도와주었다. 이 공동체의 사랑과 관심을 통해 그녀는 자존감과 함께 새로운 성취욕을 회복했다. 그녀는 기업계에서 성공적인 결과를 가져온 자신의 재능을 교회 내에서 활용할 수 있는 생산적인 장소를 찾기 시작했다. 얼마 있지 않아 그녀는 교회와 좀 더 넓은 공동체 안에서 다양한 프로젝트를 이끄는 일을 맡게 되었다.

동시에 그녀의 컨설팅 업무는 큰 관심을 끌었으며, 그녀 자신은 개인과 조직에 의한 권력의 남용과 본질 및 실천에 대해 깊이 사색할 수 있었다. 그녀는 자신이 쓴 『진정한 권력』(Real Power)에서 이 책은 "힘의 진정한 의미에 대한 추구와 함께 이것을 열망하는 자, 진정한 리더십을 추구하는 지도자, 사람과 미래적 비전을 개발하기 위한 도구의 역할을 하는 조직을 위한" 저서라고 말한다.[13] 앞서 언급한 대로 하그버그는 이 책에서 권력의 여섯 단계에 대해 제시한다. 이것은 순서대로 아무런 힘이 없는 상태, 교제에 의한 권력, 상징에 의한 권력, 자기 성찰에 의한 권력, 목적에 의한 권력이며 마지막 단계는 주로 지혜로 나타나는 게슈탈트(또는 구체화)에 의한 권력으로 거의 찾아보기 힘들다. 이 문제에 관한 하그버그 자신의 생각은 물론 그녀의 실제적인 삶의 여정과 성장을 보여 주는 이 책은 많은 사람에게 영향을 주었으며, 지금도 사람들은 조직 내에서 이러한 유형의 권력을 인식하고 있다. 이러한 반응은 하그버그의 컨설팅 사역에 새로운 문을 열어 주는 동시에 앞으로 대중 연설가로 나설 수 있는 기회를 제공했다.

이러한 일들을 통해 하그버그는 자신의 능력과 자신에게 찾아온 기회에 적극 부응했지만 한편으로는 더욱 깊고 도전적인 무엇인가를 인식하기 시작했다. 그녀는 여전히 성공과 새로운 분야에 대한 도전을 추구했지만 어느 시점에서 이러한 자신의 영향력과 인지도에도 불구하고 아직도 무엇인가 바로잡아야 할 것이 있다고 느꼈다. 그녀는 자신의 사역과 그리스도인으로서의 신앙 사이에 좀 더 큰 일관성이 필요하다고 생각했다. 이러한 생각은 그녀로 하여금 컨설팅 업무와 훈련 사역의 대부분을 중단하고 영적 방향에 관해 초점을 맞추게 했다. 그녀는 이 일에 많은 시간을 투자했다. 이것은 자신이 쌓아올린 명성과 지위를 버리지 않고는 불가능한 일이었다.

하그버그는 계속해서 배우자 학대를 일삼는 폭력을 근절하기 위한 비영리 조직을 공동 설립했다. 침묵의 증언(Silent Witness)이라 불리는 이 조직은 2010년까지 배우자 학대를 발본색원하겠다는 목표를 세웠다. 하그버그는 이 조직을 실제적으로 총괄하는 위치에 있었지만 언제나 낮은 자세를 취하고, 다른 사람이 이 일을 맡을 수 있도록 격려하고 지원하며 힘을 실어줬다. 조직이 풀뿌리 방식의 성장을 보이자 그녀는 자신이 촉매제 역할을 하기보다 자연발생적 성장에 반응하고 있음을 알았다.

함축적 의미

우리는 많이 받으면 더 많은 것을 원하기 때문에 성공과 함께 오는 권력과 특권을 누리려는 것은 하나의 유혹이다. 자신의 잠재력을 최대한 성취하고 싶어하는 지도자는 이러한 유혹의 덫에 걸리기 쉽다. 그러나 성공을 위한 성공은 불안전한 발판과 같다. 결국 권력과 특권의 무게에 못 이겨 넘어지고 만다.

헨리 나우웬(Henri Nouwen)은 이와 같은 자기 성취욕에 관한 문제에 대한 통찰력을 제공한다. 그는 이렇게 묻는다.

권력에 대한 유혹에 저항할 수 없이 끌리는 이유는 무

엇인가? 이것은 권력이 사랑이라는 어려운 부담 대신
제공하는 편안함 때문일 것이다. 하나님을 사랑하는
것보다 하나님이 되는 것이 편안하고, 생명을 내주기
보다 생명을 소유하는 것이 더 편안해 보인다. …… 권
력에 대한 유혹은 친밀함이 위기에 처했을 때 가장 강
해진다.[14]

    자신의 잠재력을 성취하려는 욕망이 친밀함의 상실로 인한 공허
함과 무엇인가에 대한 열망을 불러일으킬 때가 있다. 개인적 성취
욕을 초월해 무엇인가 항구적인 일에 자신의 삶을 바치고 싶다는
열망은 종종 다른 사람을 섬기기 위해 자기 성취에 대한 욕구를 버
릴 때 일어난다. 이 중대한 시점에 지도자는 매우 중요하고 심각한
존재론적 문제에 직면하게 된다. 나는 과연 소명받은 그 일을 하고
있는가? 바울은 빌립보 3장에서 이 문제에 관해 언급한다. 그는 목
적을 향한 끊임없는 전진을 촉구한다. "내가 이미 얻었다 함도 아
니요 온전히 이루었다 함도 아니라 오직 내가 그리스도 예수께 잡
힌 바 된 그것을 잡으려고 좇아가노라"(빌 3:12). 바울은 자신의 소
명을 굳게 붙들고 목적을 향해 전진하는 것이 얼마나 중요한 일인
지를 잘 알고 있었다. 문제는 파워에 기초한 리더십으로부터 하나
님께서 우리를 불러 섬기게 한 분야를 분별해 섬기는 리더십으로
초점을 옮기는 것이다. 소명에 합당한 사역에 헌신하기 위해서는
먼저 우리가 누구이며, 무엇을 위한 존재인가에 대해 생각해야 한

다. 이러한 것들을 발견하기 위해서는 때때로 자신의 잠재력에 대한 성취욕구의 허망함에 대한 처절한 경험이 필요하다.

리더십은 자기 성취에 대한 욕구를 버리고 다른 사람의 잠재력을 성취하도록 돕는 것으로부터 시작한다. 로버트 그린리프는 "섬기는 지도자는 먼저 종이 되어야 한다. 이것은 먼저 다른 사람을 섬기고 싶다는 의식적인 마음과 함께 시작하며, 이러한 의식적 선택이 리더십으로 이끈다"라고 지적한다.[15] 재닛 하그버그는 자신이 이룬 가장 큰 업적은 배우자의 학대로 고통 받고 있는 사람을 섬긴 것과 이러한 폭력을 근절시키려는 노력이었음을 깨달았다. 그녀는 이러한 섬김의 소명으로부터 리더십을 향한 열망을 품게 되었으며, 자기 성취에 대한 욕구를 포기하고 학대로 고통받는 사람들의 회복을 위해 헌신한 것이다.

권력, 이용할 것인가, 타인을 위해 쓸 것인가?

대부분의 사람들은 리더십이라는 사다리에 올라타는 것을 자원이나 조직에 대한 지배권 획득과 관련된 문제로 생각한다. 그러나 오늘날 리더십을 다룬 많은 책이 비판의 대상으로 삼고 있는 것은 바로 이러한 권력 개념이다. 맥스 드프리는 일반적으로 생각하는 것과 달리 기업의 권력 사다리를 높이 오르면 오를수록 전문가가 되기보다 아마추어가 된다고 말한다. 책임이 커지면 커질수록 더 많은 것을 알아야 한다. 일의 범위가 확대되면 될수록 조직의 다양성 및 복잡성, 이것과 관련된 의사결정 사항의 방대함에 대해 깨닫게 된다. 결론적으로 지도자는 자신의 한계를 알고 배우는 태도로 임해야 하며, "자신을 버리고 다른 사람의 도움을 구해야 한다"고 드프리는 말한다. 훌륭한 지도자는 자신을 조직의 지배자로 생각하지 않으며, 지배는 한계가 있고 명확히 말해 정도가 아니라는 사실을 알고 있다. 이들은 모든 사람이 동참하는 권력에 대해 깨닫고 확인하며 확장하기를 구한다. 이들은 권력을 조직 안에 산재하고 있거나 조직을 통해 분산된 것으로 본다. 지도자의 책임은 지혜와 전문적 식견을 분별하고 이 두 가지 요소를 최대한 활용하며, 이것이 더욱 발전하도록 지원하는 것이다.

권력은 다른 사람에게 힘을 실어 줄 때 더욱 효과적으로 발휘되고 배가된다. 이것은 지도자의 권력을 약화시키는 것이 아니라 오히려 진정한 본질과 기능을 드러낸다. 자아와 관련해 예수님은 복음서에서 "누구든지 …… 제 목숨을 잃으면 구원하리라"(막 8:35)고 하셨다. 많은 지도자가 이 말씀을 다른 의미로 받아들이지만 변혁적인 권력으로 이해하는 것이 정확할 것이다.

가치의 반전이 최상의 역설적 결과를 낳은 또 하나의 예가 있다.

고든 코스비(Gordon Cosby)_ 선교적 교회의 지도자

고든 코스비는 빌 하이벨스, 척 스윈들(Chuck Swindoll), 로버트 슐러(Robert Schuller)와 같이 교회 부흥으로 유명한 북미의 목회자

들이나 짐 월리스(Jim Wallis)나 레이 배키(Ray Bakke) 같은 대중적
인물들과 같은 반열에 들지 않는다. 그러나 그는 자신의 교회를 지
난 반세기 동안 가장 혁신적이고 영향력 있는 회중 가운데 하나로
형성했다. 이들은 교회 공동체는 물론 교회 밖 사람들을 위해 자신
을 온전히 헌신하였다. 잘 알려진 대부분의 동료 목회자와 달리 코
스비는 책을 내거나 라디오나 TV에 출연하지 않았으며, 자신의 교
회에 관한 세미나를 개최하지도 않았다. 그는 단순히 ― 그리고 조
용히 ― 소명으로 받았다고 생각한 사역을 수행했다. 그는 자신이
나 자신의 교회를 모델로 하는 제자를 만들어내는 일에도 무관심
했다. 구세주 교회(Church of the Savior)라는 교회 이름은 코스비 자
신보다 많이 알려졌으며, 이것이 그가 원한 방식이었다. 그는 가장
헌신적이고 분별력 있으며 능력 있는 방식으로 교회의 비전과 사
명이 성취되도록 촉진하는 것이 자신의 역할이라고 생각했다.

코스비는 현재 80대 중반이다. 그는 미국 버지니아주 린치버그
의 한 기독교 가정에서 자랐다. 그러나 부모의 교파가 달라 아침이
면 부모 가운데 한 사람과 장로교회에 나가고, 저녁에는 다른 손을
잡고 침례교회에 나갔다. 그는 10대 중반 무렵에 침례교회의 학생
들과 함께 공부했으며, 이 교회 담임목사의 딸인 마리아와 친구가
됐다. 20대 초반에는 자연스럽게 신학대학교에 들어갔다. 1942년
에 목사 임직을 받은 그는 군종에 임관돼 노르망디 상륙작전에 투
입됐다. 그는 전장에서 세운 공로로 두 번이나 훈장을 받았다.

그는 군에서 모든 연대 병사를 돌아볼 수 있는 유일한 길은 기

존의 예배를 분산해 각 부대에서 신앙이 가장 좋은 12명의 장병으로 구성된 선교단을 조직하는 것이라고 생각했다. 이들은 그를 중심으로 헌신적인 핵심 그룹으로 자리 잡았다. 이러한 경험을 통해 그는 교인 수보다 신자의 신앙의 질에 초점을 맞추고 교단적 장벽을 철폐한 교회를 설립하겠다는 포부를 품게 됐다. 이것은 "아무도 완전한 진리를 소유할 수 없다. 우리 모두는 부분이며 …… 이 진리를 유지하는 가장 좋은 방법은 진리를 다른 사람과 함께 나누는 것이다. 즉 진리를 나누어 줌으로써 진리를 지키는 것이다"라는 신념으로부터 나왔다.[16] 이것은 리더십의 실천에도 적용된다고 그는 생각했다. 아무도 — 조직을 만든 지도자도 — 완전한 진리를 소유하지 못했다. 이것은 그룹 내에 존재하며, 모든 사람이 함께 이야기하고 귀를 기울이며 성령 안에서 하나 된 마음을 찾을 때 얻을 수 있다.

전역 후 고든과 그의 아내는 이러한 공동체에 대한 좀 더 구체적인 비전을 품게 됐으며, 이 일에 함께 동참할 사람들을 찾아 나섰다. 몇 달 후 몇몇 사람을 중심으로 교회 건물을 빌려 주일 오후마다 예배를 드리기 시작했다. 예배가 끝나면 이들은 부근 식당으로 자리를 옮겨 함께 식사를 했다. 대화의 주제는 주로 신앙은 자신의 사업이나 주중의 삶에 어떠한 영향을 미쳐야 하는가에 초점이 맞추어졌다. 관심 있는 사람들은 매주 제자도를 주제로 한 성경 공부에 참석했다. 2년 후 교회는 마을의 후미진 곳에 있는 4층 건물을 구입할 수 있었다. 건물은 사무실, 도서관, 교실, 강당, 식당, 예배실로 새롭게 꾸며졌다. 개조작업이 끝난 뒤 9명의 핵심 멤버는 선교 공동체의 일원이 되기로 서약했다. 이들은 ― 엘턴 트루블러드(Elton Trueblood)의 도발적인 표현을 빌리면 ― 서로에 대해 한동안 '무한책임'을 지기로 했다. 교회의 첫 번째 소책자가 경고한 대로 이것은 "위험한 일이었다. 한 사람이 이런 식으로 헌신한다면 모든 삶은 달라지고, 자신의 모든 존재 영역은 변화될 것이기 때문"이었다.

1950년에 교회는 더 큰 건물로 옮겼다. 오늘날까지 이 교회는 교회당다운 건물을 가지고 있지 않다. 신자의 수는 불어났지만 '성공적'인 교회라는 잣대에서 보면 아직도 미미한데, 이것은 신자에게 높은 차원의 헌신을 요구하기 때문이다. 이 교회는 한 사람에게 의존하지 않는다. 오히려 모든 교인이 목회의 방법에 대해 배운다. 교회는 한 곳에 중심점을 이루기보다 각자의 사명을 가진 여러 모임으로 나뉜다. 이들은 커피숍이나 주택가, 예술관, 농장, 교외에 있는 자신의 집에서 모인다. 모든 모임은 조직화돼 있으며 모임의 구성원이 인도한다. 교회가 이러한 식으로 존재하거나 사역을 감당하는 것은 전통적 기독교 문화에 배치된다.

모든 중요한 일은 처음부터 전체 공동체에 의해 결정됐다. 초기 단계에는 앞으로의 방향에 대한 식별력에 있어서 코스비가 다른 사람들보다 종종 앞서갔지만 언제나 그런 것은 아니었다. 그와 그의 아내는 다른 사람들이 전략 수립에 동참하기를 기대하고 격려했으며, 그룹의 구성원이 구체적인 비전이나 행동 계획을 제기하는 경우도 종종 있었다. 이 경우 코스비는 어떤 결정이 내려지고 누가 그 일을 맡든지 최대한 지원했다. 교회가 성장함에 따라 많은 모임이 형성됐다. 이들 그룹의 규모는 원래 그룹의 경험에서 나온 책임 한계와 관계의 질을 유지할 수 있고 또한 전체 회중의 목양이 가능한 선에서 결정되었다. 교회를 능력이 있게 한 또 하나의 구조는 모든 지체가 자신의 소명에 대한 분별과 관련해 다른 사람으로부터 도움을 받을 수 있는 과정이었다. 이들은 처음부터 이러한 섬김이 사역의 연장이라고 생각하지 않았다.

코스비 자신도 동일한 언약을 따라야 했으며, 모든 공동체의 삶에 똑같이 동참했으며, 다른 사람과 마찬가지로 다른 지체에 대한 책임이 있었다. 그는 특권적 위치에 있지 않았으며, 언제나 그들과 동일한 입장에서 사역했다. 그는 미래적 안목을 가지고 이야기할 수 있었으며 또한 종종 그렇게 했다. 이러한 안목은 주로 공동체 안에서의 삶을 통해 쌓은 신뢰를 바탕으로 힘을 얻을 수 있었다. 그는 다른 사람과 마찬가지로 지역 이웃을 돕고 섬겼다. 그러나 이러한 행동이나 동등한 지위는 코스비의 영향력을 감소시키기보다 교회의 사명 수행에 더욱 큰 힘이 되었다.

교회의 가장 중요한 발전은 1970년에 있었다. 이것은 어느 면에서 코스비의 리더십에 대한 중대한 시험이자 이것을 더욱 부각시킨 사건이기도 했다. 당시 교회의 구성원은 100명이 넘어서고 있었다. 코스비는 공동체 내의 목양 사역에 관한 책임을 더 이상 수행할 수 없다고 선언했다. 그는 교회 일과 선교 사역에 가장 활동적인 사람들조차 지원할 수 없었다. 그는 그들에게 더 많은 교역자를 구하거나 교회를 더 작은 단위로 분산해 다른 사람에게 더 많은 권위를 주도록 선택할 것을 요구했다.

그는 "여러 군데의 예배 처소를 중심으로 모여서 우리가 추구하는 가치를 잃지 않고도 새로운 것을 창조해 나갈 수는 없겠습니까?"라고 물었다.

"우리 공동체의 안에는 한 번도 자신의 재능을 발휘하지 못한 훌륭한 지도자감이 얼마나 많은지 모릅니다. …… 우리가 이대로 버티겠다는 결정만 하지 않는다면 …… (그러나) 여기까지 인도하신 성령께서 지금도 살아 역사하신다고 믿습니다. 우리는 조직을 통해 많은 축복을 받았으며, 내 생각에 리더십은 우리가 생각하고 있는 것보다 훨씬 더 깊은 수준까지 개발될 수 있을 것이라고 믿습니다."[17] 이러한 도전은 교회의 모든 구조를 여러 개의 선교 조직으로 탈바꿈시키는 발단이 됐으며, 각 조직은 자체적 리더십과 의사결정권을 가졌다. 코스비는 모든 예배 처소와 연결된 핵심 그룹의 한 부분으로 남았지만 다양한 처소의 핵심 인물도 아니었으며, 어떤 영향력도 행사하지 않았다.

코스비는 회중 안에서 자신의 리더십을 점차 벗어났지만 다른 한편으로 그의 리더십이 얼마나 고상하게 발휘되었는지를 알 수 있다. 그는 모든 사람이 자신에게서 지도받고 싶어하는 상황을 거절했으며, 대신에 그들을 지도자 지위에 세우고 자신이 할 수 있는 데까지 최선을 다해 도왔다. 이러한 코스비의 능력 핵심에는 무엇이 있는가? 공동체의 핵심 인물이자 그의 사역을 연대기적으로 기록한 엘리자베스 오코너(Elizabeth O' Connor)에 따르면 이것은 그의 '질문하려는 의지'와 '옛 것을 포기하고 새 것을 수용'하려는[18] 준비성이다. 그녀에 따르면 이것은 놀라운 '영적 유연성'으로부터 나온다. 또한 코스비는 일상생활에서나 쉬고 있을 때에도 하나님의 음성을 듣는 예리한 능력을 지니고 있었다. 예를 들어 교인뿐 아니라 세상 사람들도 쉽게 출입할 수 있는 편안한 장소로 커피숍을 떠올린 것은 골방에서 기도할 때가 아니라 코스비가 최근에 간 따분한 교회에 비해 활기로 넘친 선술집 분위기에 대해 생각할 때였다. "나는 선술집이 교회보다 훨씬 활기에 찬 교제가 풍성하다는 사실을 알았습니다. 아마 나사렛 예수께서도 교회보다 이곳으로 올 것입니다."[19]

또한 코스비는 다른 사람들을 굳게 세워 나갔다. 그는 "만나는 사람들에게 가치의식과 목적의식을 심어 주었기 때문에" 사람들이 그에게 매료되어 그로부터 힘을 얻는다고 생각하는 것은 결코 놀라운 일이 아니다. 모든 사람은 하나님의 특별한 사람이 될 수 있다는 그의 믿음은 모든 교회의 성도들이 '이전에 경험하지 못한 방식으로 사명을 수행할 수 있는 위임을 받았다'는 것을 의미한다.[20] 그는 지금까지 사람들을 하나님께서 각자에게 원하시는 사람이 되게 하고, 또한 하나님께서 원하시는 일을 할 수 있도록 돕는 일에 헌신해 왔기 때문에 모든 개체 선교 공동체에 대해 스스로의 비전을 찾아 이것을 이행할 수 있도록 허락할 수 있었던 것이다.

함축적 의미

수년 전에 한 신학생이 가정에서 모이는 한 비공식적인 교회 모임에 참석했다. 그는 교회가 비전통적 방식으로 존재하고 사역하는 방법에 대해 알고 싶어했다. 그가 참석한 첫 번째 모임은 오전에 시작해 점심시간을 넘길 때까지 계속됐다. 모인 사람은 약 25명이었다. 그는 특별한 내용이 있으면 이따금씩 무엇인가를 기록했다. 모임이 끝난 뒤 그는 앞에 나가 자신을 환영해 줘서 고맙다고 인사했다. "저는 이 시간을 통해 한 가지 특별한 것을 보았습니다." 사람들은 그것이 무엇이냐고 물었다. "저는 계속해서 관찰했지만 누가 여러분을 인도하는지 알 수 없었습니다"라고 그는 대답했다. 모임에 참석한 많은 사람은 누가 주도하는지 모르는 가운데 다양한 방식으로 동참했다. 때마침 한 부부가 예배를 위한 준비를 하고 있었지만 정작 예배 시간에는 보이지 않았다.

이것은 종종 다른 사람에게 힘을 행사하기보다 그들에게 힘을 주려고 할 때 흔히 볼 수 있는 사례. 능력의 부여는 대개 이목이 집중하는 현장을 벗어난 곳에서 발휘된다. 이것은 앞에서 예로 든 소규모 모임에서나 볼 수 있는 일이라고 생각하겠지만 더욱 큰 규모의 공적인 지위에서도 이러한 사례를 찾아볼 수 있다. 예를 들어 레이턴 포드는 사흘 간의 전국적 행사를 조심스럽게 기획했다. 그러나 그가 이 행사를 주관한 핵심 인사라는 사실을 안 사람은 거의 없었다. 마찬가지로 옹기장이의 집(Potter's House)이라는 이름으로 유명한 워싱턴의 커피숍에 들어서는 사람들은 누가 이 선교 단체의 지도자인지 쉽게 알지 못한다. 아마도 넓은 공간 한쪽 구석에서 느긋하게 담소를 나누고 있는 노인을 지목하려 할 것이다.

결론: 리더십의 미래

얼마 전에 맥스 드프리는 "과연 리더십의 미래는 존재하는가?" 라는 다소 역설적인 질문을 던졌다.[21] 이와 같이 도발적인 질문 속에는 오늘날 지도자들에게서 볼 수 있는 무능함과 이기주의에 대한 염려가 깔려 있다. 리더십의 미래를 보장하기 위해서는 몇 가지 중요한 원리가 전제되어야 한다. 이러한 원리는 올바른 질문을 통해 조명될 수 있다. 훌륭한 지도자는 모든 답을 가지고 있지 않지만 좀 더 깊은 의미를 찾기 위한 중요한 질문을 제기할 수 있는 지혜와 통찰력을 소유해야 한다. 이러한 질문은 지도자와 조직이 방향을 찾아 결정하도록 도움을 주기 때문에 매우 중요하다. 앞서 언급한 지도자들은 자신과 주변 사람들에게 매우 능력 있는 질문을 제기했다. 이러한 질문 가운데 몇 가지는 드프리가 중요하게 생각한 내용과 일치한다. 리더십에 미래가 있다면 반드시 이러한 질문을 제기해야 할 것이다.

어떤 사람이 되어야 하는가? 이것은 "나는 무엇을 하기를 원하는가?"라는 질문과 의미가 다르다. 이 질문은 내가 어떤 사람이 되고 난 뒤에 필요하다. 후자에 대해서는 "나는 무엇을 믿는가? 나의 삶의 목적은 무엇인가? 나는 지도자로서 무엇에 헌신할 것인가?"라는 질문을 통해 찾아낼 수 있다. 이러한 질문은 목적과 덕(virtue) 및 진리에 관한 이슈를 제기하며, 모두 미래의 희망으로 연결된다. 덕이 없는 거짓은 이러한 희망을 유지하기 위해 필요한 조건을 만들어내지 못한다. 리더십이 유지되기 위해서는 반드시 희망 — 기대를 가지고 미래를 내다본다는 의미에서의 희망 — 과 연결돼야 한다. 리더십이 미래를 가지기 위해서는 지도자가 이러한 희망을 표명하고 찾으며, 이것에 따라 살아야 한다. 희망은 사람들이 자신의 핵심 가치로부터 벗어날 때 점점 희미해지며, 공동체 안에서 함께 나눌 때 점점 확실해지고 더욱 확산된다.

인간성의 원천은 무엇인가? 그리스도인으로서 우리는 인간성의 원천을 하나님의 형상대로 지으심을 받은 존재 안에서 발견할 수 있다고 믿는다. 이것은 조직 내의 사람들을 어떻게 대할 것인가에 대한 중요한 함축이 된다. 모든 사람을 하나님의 형상대로 창조함을 받은 자로 볼 때 지도자는 다른 사람을 존중하고, 공헌할 기회를 찾으며, 재능을 인정할 수 있다.

구내 식당의 음식의 품질은 어떠해야 하는가? 이것은 질(quality)에 관한 질문이다. 세상은 질보다 양에 더 많은 관심을 기울이며, 특히 경쟁이 치열한 시장에서는 더욱 그렇다. 우리 관계의 질은 어떠한가? 기회나 다가감(access) 및 화해와 같은 요소는 이러한 질과 어떠한 상관관계가 있는가?

무엇을 위해 죽을 것인가? 다시 말해서 무엇이 가장 본질적이고 중요한 것인가? 이것은 목적과 고결성에 관한 질문이다. 소명의식이 분명한 지도자는 다른 사람들에게서 자신의 소명을 발견하고 이 소망에 따라 살게 한다.

지도자가 위임할 수 없는 것은 무엇인가? 리더십이 유지되기 위해서는 지도자가 자신만이 할 수 있고 따라서 자신이 해야만 하는 일에 대한 명확한 인식을 지니고 있어야 한다. 지도자는 책임을 나누는 것과 함께 신뢰를 쌓고 유지해야 한다. 이들은 자신과 자신이 섬기는 조직을 지키고 유지해야 한다. 이들이 위임할 수 없는 단한 가지는 지도자가 되기 위해 준비하는 것이다.

최근 드프리는 지도자가 깊이 생각해야 할 네 가지 질문을 다음과 같이 제시했다.

1. 나의 삶의 목적은 무엇인가?

2. 나는 어떤 빚을 지고 있는가?

3. 나는 무엇을 약속할 것인가?

4. 나는 무엇을 지킬 것인가?

드프리는 우리가 하나의 사회 공동체로서 성공보다 성취, 개인적 성취보다 공동체의 잠재력, 승리보다 포괄성에 대해 더 많은 관심을 기울여야 한다고 말한다. 사회의 가치는 언제나 최상의 지침이 아니며, 실제로 리더십의 진정한 본질을 반영하지 못할 때가 종종 있다. 리더십이 유지되기 위해서는 지도자와 따르는 자에게 높은 도덕적 수준이 요구된다. 또한 이것은 지도자가 날마다의 삶과 일터에서 기독교적 신앙과 자신의 핵심 신념에 따라 사는 것을 드러내 보일 수 있는 좋은 기회가 된다.

리더십의 미래를 위혜 꼭 필요한 두 번째 요소는 리더십이 가장 효과적으로 발휘될 수 있는 전도적(conductive) 환경을 찾거나 조성하는 것이다. 리더십은 세미나나 훈련 프로그램 ― 이러한 것들이 도움은 되겠지만 ― 을 통해 리더십에 관한 지식을 습득한다고 얻을 수 있는 것이 아니다. 신실한 리더십에 포함된 몇 가지 요소는 이것을 구현하고 실천하는 사람들에 대한 관찰을 통해 얻을 수 있다. 그러나 이것이 전부는 아니며, 여기에는 다음과 같은 것들이 필요하다.

먼저, 지도자는 사람들을 자기주도형(self-directed) 팀에 배치하고, 이들의 성취도에 따라 내적 · 외적인 보상을 할 필요가 있다. 사람들은 함께 일하는 사람들이 신실성이라는 문제에 대해 어떻게 규명하고 다루며 평가하는지를 배우게 된다. 그룹의 지혜는 많은 것을 제공하며, 이것은 이슈에 접근하는 각자의 방식이 서로 다른 경우에도 마찬가지다. 가능하면 혼자보다 두 사람이 합력해 처헤진 상황에 대처하는 것이 학습 성취도를 올리고 좋은 반응을 끌어낼 수 있다. 최선의 방책에 대한 합의가 이뤄지지 않을 경우 다른 사람이 이 문제를 어떻게 다루는 지를 관찰함으로써 이러한 접근 방식이 지니는 강점과 약점을 볼 수 있다.

둘째, 리더십의 배양을 위해서 유지 재단과 같은 자영 조직의 업무와 관계해 보도록 권장해야 한다. 이러한 환경에서는 사람들의 인정이나 신망을 다른 방식 ― 예를 들어 조직의 목적에 대한 헌신을 보여 주거나 다른 사람과 협력하는 능력을 보여 줌 — 으로 얻을 수 있다. 레이턴 포드는 교회에서 지도자가 되기를 원하는 사람은 먼저 이러한 부문에서 어느 정도 경험을 쌓아야 한다고 말한다. 이러한 환경은 급변하는 세계와 후 세대의 리더십에 필요한 자질과 특성을 지니고 있는지 알아볼 수 있는 중요한 시금석이 된다. 이렇게 하여 생각지 않게 얻은 권위는 효과가 있다. 마찬가지로 지도자는 비영리 조직의 업무에 직접 관여함으로써 자신의 재능을 실제로 활용하고 향상할 수 있는 기회를 잡을 수 있다. 예를 들어 이러한 경험은 이들에게 보상을 바라는 심리로부터 봉사 정신으로, 조잡한 개인주의로부터 전체적 유익을 위한 헌신으로 각각 옮기도록 돕는다.

셋째, 사람들은 비슷한 수준의 비공식적 모임의 일원이 됨으로써 큰 유익을 얻을 수 있다. 이런 모임에서 신뢰가 쌓인다면 다른 사람들이 신실성에 관한 문제를 함께 나누고 싶어할 것이며, 자신의 개인적 갈등을 털어놓고 조언을 받으려 할 것이다.

여기에 덧붙여 이미 신실한 지도력을 보여 주고 있는 사람들과의 지속적인 연결이 되어야 한다. 우리는 멘토링을 통해 많은 것을 얻을 수 있다. 멘토를 초청해 이러한 관계를 유지하거나 1년에 수차례 만날 수 있는 멘토를 찾는 사람은 리더십의 미래에 대한 기대를 더욱 풍성하게 할 것이다.

결론

우리는 허먼 밀러 가구회사의 CEO를 지냈으며 존경받는 저자인 맥스 드프리에게 이 책을 헌정한다. 그는 유산 창조에 관해 많은 것을 알고 있다. 그가 CEO로 재직한 1980~1987년에 사무 가구 제조 이윤은 급격히 신장했으며, 사원들의 업무 능력은 크게 향상되었다. 그의 가치 중심 리더십은 그를 「포춘」의 전 미국 경영인 명예의 전당(National Business Hall of Fame)에 올려놓았으며, 기업 경영자 협회(Business Enterprise Trust)는 기업 혁신에 기여한 공로로 그에게 평생공로상(Lifetime Achievement Award)을 수여했다.

그의 부친 D. J. 드프리는 1920년에 허먼 밀러를 설립해 키웠으며, 1962년 장남 휴(Hugh)에게 물려주었다. 1980년에 휴가 은퇴하

자 당시 부사장인 맥스가 사장이 되었다. 맥스는 부친과 형으로부터 받은 유산에 대해 잘 알고 있었으며, 전임자들이 이룩해 놓은 정신과 관례를 계속해서 이어나갔다. 다음은 그의 세 번째 저서인 『권력 없는 리더십』(Leading without Power)에서 발췌한 내용으로, 유산에 대한 그의 사상을 잘 보여준다.

> 전략적 기획과 유산을 물려주는 것을 구별하는 것은 중요하다. 전략적 기획은 하고자 하는 일에 대한 장기적인 공약이다. 유산은 자신의 행위가 다른 사람의 마음에 남아 누적될 수 있다는 사실을 아는 것으로부터 시작되며, 자신이 되고 싶은 사람에 얼마나 근접했는지를 보여 주는 비공식적 기록이다. 우리가 무엇을 하느냐는 언제나 우리가 어떤 사람이 되느냐의 결과로 나타난다는 사실을 기억해야 한다. 여러분이 무엇을 계획하느냐는 무엇을 남길 것인가라는 것과 크게 다르다. 유능한 지도자가 되기 위해서는 유산에 대한 분명한 목적의식이 있어야 한다. 모든 사람은 유산을 남기며, 유산은 유언이나 건물 또는 업적이 될 수도 있다. 하나의 위대한 순간이 유산이 될 수도 있으며, 때때로 우리는 당시에 이것을 깨닫지 못할 수도 있다. 우리는 조직과 공동체와 가족에게 어떤 유산을 남겨 줘야 할 것인가에 대해 의식적으로 생각해야 한다.[1)]

드프리에 따르면 유산을 쌓아가는 것은 의도적인 행위이며 오랜 시간에 걸친 행위로 나타난다. 여기에는 다음과 같은 영역이 포함된다.

- **훌륭한 관계 수립 및 유지:** 이것은 조직 생활의 핵심이다. 유능한 지도자는 관계를 장악하지 못하면 성공할 수 없다. 관계적 능력은 이타주의 및 다른 사람에 대한 실제적인 관심으로부터 나오며, 모든 사람은 하나님의 형상대로 지으심을 받았다는 진리에 입각한 이해와 행동에 기초한다. 관계적 능력은 교양, 사랑, 공동의 유익을 위한 헌신으로 이어진다. 이것을 보장할 수 있는 것은 아무것도 없으며, 어떤 지도자도 이러한 능력 없이는 성공할 수 없다.

- **분명한 방향 제시:** 유산은 언제나 비전을 반영한다. 분명한 방향감각은 다른 사람을 섬기는 삶에 필요한 초석이다.

- **진실 수호:** 진실은 가장 중요한 자질이 되어야 한다. 진실이 없으면 사람들은 날마다의 압력에 임시변통적 방식으로 반응하게 된다. 유산은 다른 사람이 진실을 유지하고 드러내도록 돕는다. 진실이 살아날 때 이것은 유산의 일부가 된다.

- **책임감:** 인생에는 통제할 수 없는 상황이 많이 있지만

자신이 한 일에 대한 책임을 지는 것과 다른 사람으로부터 이 중요한 요소를 박탈하지 않을 선택권이 있다.

- **영원한 기준 설정:** 이러한 기준에는 업적에 대한 것은 물론 존엄성, 섬김, 예절, 고상함, 몸가짐에 관한 것도 포함된다. 사회는 높은 기준의 문화를 갈구하고 있다.

- **다른 사람에 대한 격려:** 격려는 유산의 중요한 요소이다. 함께 일하는 사람들을 격려하는 은사를 받은 지도자는 다른 사람들도 동일한 방식으로 격려하도록 촉구한다.

- **건설적 절제와 간소화:** 창의적인 사람의 절제는 결코 문제가 되지 않으며 오히려 기회와 지침을 제공한다. 능력은 사용법을 남에게 위임하지 않는다. 가장 힘 있는 사람은 자신의 힘을 신중하게 행사하는 자이다.

- **삶과 신앙의 연계에 대한 추구:** 이것은 일을 신앙의 차원에까지 승화시켜 이러한 신앙적 기준에서 행동하는 것을 말한다.

- **타인의 잠재력을 최대한 발휘하게 하는 능력:** 유산은 개인적 차원을 넘어 다른 사람의 성취를 지향한다. 이들을 지도하는 것은 의도적인 것이 아니지만 자신의 지혜와 지식과 경험을 전수하는 방법이 될 수 있다.

- **조직 및 동료들에 대한 감사의 표시:** 일은 일할 수 있는 기회에 대한 감사의 표현이라고 할 수 있다. 사람

이 무엇을 남기느냐 하는 것은 그가 하는 일 이상의
것이거나 자신이 조직과 일에 대해 생각하고 있는 것
을 세상에 알리는 것이다.[2]

    리더십 유산은 매일의 삶을 통해 오랜 세월 동안 축적되는 것이
다. 우리는 자신의 확신이 검증받을 순간에 대한 준비가 되어 있는
가? 우리는 오늘의 행동이 수년 뒤에 무슨 의미를 가질 것인지에
대한 장기적 안목을 가지고 있는가? 유산이라는 관점에서 생각하
면 일이나 삶은 새로운 의미와 목적을 가지게 될 것이며, 우리는
모든 것을 새로운 관점에서 바라보게 될 것이다. 바로 그때 우리의
리더십은 온전히 성취될 것이며, 하나님이 허락하신다면 우리가
떠난 뒤에도 오랫동안 후세에 영향을 미칠 것이다.

주

제1장

1) Peter G. Northouse, *Leadership: Theory and Practice* (Thousand Oaks, Calif.: Sage, 2001).

2) Abraham Zaleznik, "Managers and Leaders: Are They Different?", *Harvard Business Review on Leadership* (Cambridge: Harvard Business School Press, 1998), 67-70.

3) James Clawson, *Level Three Leadership: Getting below the Surface*, 2d ed. (Upper Saddle River, N.J.: Prentice-Hall, 1999).

4) Henry Mintzberg, "The Manager' s Job: Folklore and Fact", *Harvard Business Review on Leadership* (Cambridge: Harvard Business School Press, 1998), 24.

5) Zaleznik, "Managers and Leaders", 76 참조.

6) 같은 책, 87.

7) T. W. Adorno, E. Frenkel-Brunswick, D. J. Levinson, and N. Sanford, *The Authoritarian Personality* (New York: Wiley & Sons, 1964).

8) Linda Hill and Suzi Wetlaufer, "Leadership When There Is No One to Ask: An Interview with ENI' s Franco Bernabe", *Harvard Business Review* (July-August 1998): 81-94.

9) Warren Bennis, *Why Leaders Can' t Lead: The Unconscious Conspiracy Continues* (San Francisco: Jossey-Bass, 1989).

10) Wilfred H. Drath and Charles J. Palus, *Making Common Sense: Leadership as Meaning-Making in a Community of Practice* (Greensboro, N. C.: Center for Creative Leadership, 1994).

11) Ronald A. Heifetz, *Leadership without Easy Answers* (Cambridge:

Belknap Press of Harvard University Press, 1994); John M. Bryson and Barbara C. Crosby, *Leadership for the Common Good: Tackling Public Problems in a Shared-Power World* (San Francisco: Jossey-Bass, 1992).

12) Garry Wills, *Certain Trumpets: The Call of Leaders* (New York: Simon & Schuster, 1994).

13) Bill Hybels, "Finding Your Leadership Style: Ten Different Ways to Lead God's People", *Leadership* (winter 1998): 84-89.

14) Tom Peters, "Rule #3: Leadership Is as Confusing as Hell", *Fast Company 44* (March 2001): 124-140.

15) Gareth Morgan, *Images of Organization* (London: Sage, 1986), 11-17. 변화에 대한 역사적 접근의 유형학에 대해서는 Dexter Dunphy and Andrew Griffiths, *The Sustainable Corporation: Organizational Renewal in Australia* (Sydney: Allen & Unwin, 1999), 205-209를 참고하라.

16) John S. Evans, *The Management of Human Capacity: An Approach to the Ideas of Elliott Jacques* (Bradford, Eng.: MCB Human Resources, 1979).

17) John Naisbitt and Paricia Aburdene, *Megatrends 2000: Ten New Directions for the 1990s* (New York: Morrow, 1990), 36.

18) U.S. Department of Labor Statistics, 1998, *Employment and Earnings 45*, no. 1 (1998): 163.

19) Fortune 1000 List, *Fortune*, 13 October 2003, 105-108.

20) Deborah Swiss, *Women Breaking Through: Overcoming the Final Ten Obstacles at Work* (Princeton, N.J.: Peterson's/Pacesetter Books, 1996), 1.

21) 같은 책, 7-10.

22) Jennifer James, *Thinking in the Future Tense: Leadership Skills for a New Age* (New York: Simon & Schuster, 1996), 214.

23) 같은 책, 218.

24) 같은 책, 226.

25) Laura L. Nash, *Believers in Business* (Nashville: Thomas Nelson, 1994), 37.

26) Walter Brueggemann, Sharon Parks, and Thomas H. Groome, *To Act Justly, Love Tenderly, Walk Humbly: An Agenda for*

Ministers (New York: Paulist Press, 1986).

27) Janet O. *Hagberg, Real Power: Stages of Personal Power in Organizations* (Salem, Wis.: Sheffield, 1994), xxi.

28) 같은 책.

제2장

1) Robert Banks, *Paul's Idea of Community: The Early House Churches in Their Historical Setting* (Peabody, Mass.: Hendrickson, 1994); and idem, "Pauline Church Order and Governance", in *Dictionary of Paul and His Letters*, ed. Gerald F. Hawthorne and Ralph P. Martin (Downers Grove, Ill.: InterVarsity, 1993), 131-137; Helen Doohan, *Leadership in Paul* (Wilmington, Del.: Michael Glazier, 1984); J. Oswald Sanders, *Paul the Leader: A Vision for Christian Leadership Today* (Eastbourne, Eng.: Kingsway, 1983); and Stacy T. Rinehart, *Upside Down: The Paradox of Servant Leadership* (Colorado Springs: NavPress, 1998), 94-98, 106-107.

2) Banks, "Pauline Church Order and Governance", 131-137.

3) Sanders, *Paul the Leader*, 69-111.

4) Mark O'Keefe, O.S.B, "*The Benedictine Abbot: Creative Tensions in Leadership*"(unpublished paper for the De Pree Leadership Center, Pasadena, Calif., 1999).

5) Timothy F. Lull, "*Underachievers? Or Reformers? Lutherans Exercising Daily Life Leadership*"(paper presented at the meeting Traditions in Leadership, De Pree Leadership Center, Pasadena, Calif., June 1999).

6) Herman Bavinck, *Our Reasonable Faith: A Survey of Christian Doctrine* (Grand Rapids: Eerdmans, 1956), 32.

7) Richard J. Mouw, "*Leadership and the Threefold Office of Christ*" (paper presented at the meeting Traditions in Leadership, De Pree Leadership Center, Pasadena, Calif., June 1999).

8) Elizabeth B. Keiser and R. Melvin Keiser, "Quaker Principles in the Crucible of Practice", *Cross Currents* 43, no. 4 (winter 1993): 476-484.

9) Robert Lawrence Smith, *A Quaker Book of Wisdom: Life Lessons*

in Simplicity, Service, and Common Sense (New York: Eagle Brook, 1998), 182.

10) Richard J. Wood, *"Christ Has Come to Teach His People Himself: Quaker Ambiguities about Leadership"* (paper presented at the meeting Traditions in Leadership, De Pree Leadership Center, Pasadena, Calif., June 1999).

11) Cecil M. Robeck, *"A Pentecostal Perspective on Leadership"* (paper presented at the meeting Traditions in Leadership, De Pree Leadership Center, Pasadena, Calif., June 1999).

12) 예를 들어 G. P. Gooch, *English Democratic Ideas in the Seventeenth Century* (New York: Harper, 1959).

13) James MacGregor Burns, *Leadership* (New York: Harper & Row, 1978).

14) Ralph M. Stogdill, *"Personal Factors Associated with Leadership"*, *Journal of Psychology* 25 (1948): 35-71.

15) Ralph M. Stogdill, *Handbook of Leadership: A Survey of Theory and Research* (New York: Free Press, 1974).

16) 최신판은 Robert R. Blake and Jane S. Mouton, *The Managerial Grid III: A New Look at the Classic That Has Boosted Productivity and Profits for Thousands of Corporations Worldwide* (Houston: Gulf, 1985).

17) Gary A. Yukl, *Leadership in Organizations* (Englewood Cliffs, N.J.: Prentice-Hall, 1989)

18) Fred E. Fiedler, *A Theory of Leadership Effectiveness* (New York: McGraw-Hill, 1967).

19) Paul Hersey, Kenneth H. Blanchard, and Dewey E. Johnson, *Management of Organizational Behavior: Utilizing Human Resources* (Upper Saddle River, N.J.: Prentice-Hall, 1996).

20) James MacGregor Burns, *Leadership* (New York: Harper & Row, 1978).

21) Alan Bryman, *Charisma and Leadership in Organizations* (London: Sage, 1992).

22) Bernard M. Bass, *Leadership and Performance beyond Expectations* (New York: Free Press, 1985); and idem, *Transformational Leadership: Industrial, Military, and Educational Impact* (Mahwah, N.J.: Lawrence Earlbaum, 1998).

23) Warren Bennis and Burt Nanus, *Leaders: Strategies for Taking Charge*, rev. ed (New York: Harper & Row, 1997)

24) Warren Bennis, *On Becoming a Leader* (Reading, Mass.: Perseus Books, 1994), 39-42; and Burt Nanus, *The Leader's Edge: The Seven Keys to Leadership in a Turbulent World* (Chicago: Contemporary Books, 1989), 81-97.

25) Allan R. Cohen and David L. Bradford, *Influence without Authority* (New York: Wiley, 1990).

26) Wilfred H. Drath and Charles J. Palus, *Making Common Sense: Leadership as Meaning-Making in a Community of Practice* (Greensboro, N.C.: Center for Creative Leadership, 1994).

27) Laura L. Nash, *Believers in Business* (Nashville: Thomas Nelson, 1994).

28) Denise Shekerjian, *Uncommon Genius: How Great Ideas Are Born* (New York: Penguin, 1990), 101-102.

제3장

1) Stephen Pattison, *The Faith of the Managers: When Management Becomes Religion* (London: Cassell, 1997).

2) Stephen Pattison, "Recognizing Leaders' Hidden Beliefs", in *Faith and Leadership: How Leaders Live Out Their Faith in Their Work and Why It Matters*, ed. Robert Banks and Kim Powell (San Francisco: Jossey-Bass, 2000), 169-181.

3) 같은 책, 171.

4) 같은 책, 179-180.

5) Stephen R. Covey, *The Seven Habits of Highly Effective People: Restoring the Character Ethic* (New York: Simon & Schuster, 1989).

6) Stephen R. Covey, *Principle-Centered Leadership* (New York: Summit Books, 1991).

7) Stephen R. Covey, A. Roger Merrill, and Rebecca R. Merrill, *First Things First: To Live, to Love, to Learn, to Leave a Legacy* (New York: Simon & Schuster, 1989).

8) Alan Wolfe, "White Magic: Capitalism, Mormonism, and the Doctrines of Stephen Covey", *The New Republic*, 23 February

1998, 26-34.

9) Covey, *Principle-Centered Leadership*, 40-47.

10) 같은 책, 33-39.

11) Wolfe, "White Magic", 32.

12) Jay A. Conger, ed., *Spirit at Work: Discovering the Spirituality in Leadership* (San Francisco: Jossey-Bass, 1994).

13) James Hillman, *The Soul's Code: In Search of Character and Calling* (New York: Random House, 1996); Jack Hawley, *Reawakening the Sprit in Work: The Power of Dharmic Management* (San Francisco: Berrett-Koehler, 1993); and Alan Briskin, *The Stirring of Soul in the Workplace* (San Francisco: Jossey-Bass, 1996).

14) William C. Miller, "How Do We Put Our Spiritual Values to Work?" in *New Traditions in Business: Spirit and Leadership in the Twenty-First Century*, ed. John Renesch (San Francisco: Berrett-Koehler, 1992), 69-77; Matthew Fox, *The Reinvention of Work: A New Vision of Livelihood for Our Time* (San Francisco: HarperSanFrancisco, 1994); Gay Hendricks and Kate Ludeman, *The Corporate Mystic: A Guidebook for Visionaries with Their Feet on the Ground* (New York: Bantam Books, 1996); Carol Orsborn, *Inner Excellence: Spiritual Principles of Life-Driven Business* (San Rafael, Calif.: New World Library, 1992); and the interviews with Matthew Fox, Keshavan Nair, and Barry Schieber in Charles Garfield, with Michael Toms, *The Soul* of *Business: New Dimensions* (Carlsbad, Calif.: Hay House, 1997), 73-98, 123-146, 169-192.

15) Lee G. Bolman and Terrence E. Deal, *Leading with Soul: An Uncommon Journey of Spirit* (San Francisco: Jossey-Bass, 1995).

16) Russ S. Moxley, *Leadership and Spirit: Breathing New Vitality and Energy into Individuals and Organizations* (San Francisco: Jossey-Bass, 2000).

17) 같은 책, xiv.

18) 같은 책, 24.

19) Peter B. Vaill, *Spirited Leading and Learning : Process Wisdom for a New Age* (San Francisco: Jossey-Bass, 1998).

20) Charles Hartshorne, *Reality as Social Process: Studies in*

Metaphysics and Religion (Glencoe, Ill.: Free Press, 1953).

21) Vaill, Spirited Leading, 5.

22) 같은 책, 179.

23) 같은 책, 180.

24) 같은 책, 208.

25) 같은 책, 219.

26) 같은 책, 208.

27) James W. Sire, *Václav Havel: The Intellectual Conscience of International Politics: An Introduction, Appreciation, and Critique* (Downers Grove, Ill.: InterVarsity, 2001).

28) John C. Haughey, "A Leader's Conscience: The Integrity and Spirituality of Václav Havel", in *Spirit at Work*, 43.

29) Václav Havel, *Disturbing the Peace: A Conversation with Karel Hvizdala*, trans. Paul Wilson (New York: Knopf, 1990), 199.

30) 같은 책, 120, 123.

31) Václav Havel. *Letters to Olga: June 1979-September 1982*, trans. Paul Wilson (New York: Holt, 1989), 331-333.

32) Sire, *Václav Havel*, 98.

33) Havel, *Disturbing the Peace*, 102.

34) J. Vladilav, ed., *Václav Havel, or Living in Truth* (London: Faber & Faber, 1986), 12.

35) Havel, *Disturbing the Peace*, 8.

36) Václav Havel, "The Revolution Has Just Begun", *Time*, 5 March 1990, 14-15.

37) Havel, *Disturbing the Peace*, 203.

38) 같은 책, 204-205

39) John C. Haughey, *Converting 9 to 5: A Spirituality of Daily Work* (New York: Crossroad, 1989); Parker J. Palmer, *The Active Life: A Spirituality of Work, Creativity, and Caring* (San Francisco: Harper & Row, 1990); William E. Diehl, *The Monday Connection: A Spirituality of Competence, Affirmation, and Support in the Workplace* (San Francisco: HarperSanFrancisco, 1991); Steve Jacobsen, *Hearts to God, Hand to Work; Connecting Spirituality and Work* (Washington, D.C.: Alban

Institute, 1997); 가장 최근의 저서로는 Gregory F. A. Pierce, *Spirituality at Work: Ten Ways to Balance Your Life on the Job* (Chicago: Loyola, 2001)이 있다.

40) Patricia D. Brown, *Learning to Lead from Your Spiritual Center* (Nashville: Abingdon, 1996).

41) 같은 책, 11.

42) 같은 책.

43) Max De Pree, *Leading without Power: Finding Hope in Serving Community* (San Francisco: Jossey-Bass, 1997).

제4장

1) Keshavan Nair, *A Higher Standard of Leadership: Lessons from the Life of Gandhi* (San Francisco: Berrett-Koehler, 1994); Joel Edelman and Mary Beth Crain, *The Tao of Negotiation: How You Can Prevent, Resolve, and Transcend Conflict in Work and Everyday Life* (New York: Harper Business, 1993); James A. Autry and Stephen Mitchell, *Real Power: Business Lessons from the Tao Te Ching* (New York: Riverhead Books, 1999); John Renesch, *Leadership in a New Era: Visionary Perspectives on the Big Issues of Our Time* (San Francisco: New Leaders Press, 1994); John Renesch, ed., New Traditions in Business: Spirit and Leadership in the *Twenty-First Century* (San Francisco: Berrett-Koehler, 1992)에 기고된 몇몇 논문; Lee G. Bolman and Terrence E. Deal, *Leading with Soul: An Uncommon Journey of Spirit* (San Francisco: Jossey-Bass, 1995). 어떤 사람들은 New Science가 지닌 영적 함축에 관해 다뤘다. 이들 가운데에는 Joseph Jaworski, *Synchronicity: The Inner Path of Leadership* (San Francisco: Berrett-Koehler, 1996); Margaret J. Wheatley, *Leadership and the New Science: Learning about Organization from an Orderly Universe* (San Francisco: Berrett-Koehler, 1994)가 있다.

2) James Autry, *Confessions of an Accidental Businessman* (San Francisco: Berrett-Koehler, 1996); John Beckett, *Loving Monday* (Downers Grove, Ill.: InterVarsity, 1998); Kenneth Blanchard, Bill Hybels, and Phil Hodges, *Leadership by the Book: Tools to Transform Your Work-place* (New York: Morrow, 1999); Tom Chappell, *The Soul of a Business: Managing for Profit and the Common Good* (New York: Bantam Books, 1993); Ken Melrose,

Making the Grass Greener on Your Side: A CEO's Journey to Leading by Serving (San Francisco: Berrett-Koehler, 1995); Michael Novak, *Business as a Calling: Work and the Examined Life* (New York: Free Press 1996); C. William Pollard, *The Soul of the Firm* (New York: HarperBusiness, 1996); Jay Conger, ed., *Spirit at Work: Discovering the Spirituality in Leadership* (San Francisco: Jossey-Bass, 1994)에 실린 일부 내용; Larry C. Spears, ed., *Insights on Leadership: Service, Stewardship, Spirit, and Servant-Leadership* (New York: Willey, 1998), 197-267. Laura L. Nash, *Believers in Business* (Nashville: Thomas Nelson, 1994)에 실린 두 편의 경건한 지도자의 리더십에 관한 경험론적 연구: Perry Pascarella, *Christ-Centered Leadership: Thriving in Business By Putting God in Charge* (Rocklin, Calif.: Prima, 1999).

3) David Baron and Lynette Padwa, *Moses on Management: Fifty Leadership Lessons from the Greatest Manager of All Time* (New York: Pocket Books, 1999).

4) 같은 책, 278-284.

5) Laura Beth Jones, *Jesus CEO: Using Ancient Wisdom for Visionary Leadership* (New York: Hyperion, 1995). 유사한 구절을 담고 있는 책으로는 Bob Briner, *The Leadership Lessons of Jesus: A Timeless Model for Today's Leaders* (Nashville: Broadman & Homan, 1997); Bob Briner and Ray Pritchard, *More Leadership Lessons of Jesus: A Timeless Model for Today's Leaders* (Nashville: Broadman & Homan, 1998).

6) 같은 책, 295-302.

7) 같은 책, 296-299.

8) 같은 책, 16.

9) 같은 책, 17.

10) 같은 책, 295.

11) Charles C. Manz, *The Leadership Wisdom of Jesus: Practical Lessons for Today* (San Francisco: Berrett-Koehler, 1998).

12) Max Do Pree, *Leadership Is an Art* (New York: Doubleday, 1989); idem, *Leadership Jazz* (New York: Doubleday Currency, 1992); and idem, *Leading without Power: Finding Hope in Serving Community* (San Francisco: Jossey-Bass, 1997).

13) Jeffrey L. Cruikshank and Clark Malcolm, *Herman Miller, Inc.: Buildings and Beliefs* (Washington, D.C.: American Institute of

Architects Press, 1994).

14) De Pree, *Leading without Power*, 127-129.

15) 같은 책,

16) Andrew T. Le Peau, *Paths of Leadership: Guiding Others toward Growth in Christ through Serving, Following, Teaching, Modeling, Envisioning* (Downers Grove, Ill.: InterVarsity, 1983).

17) Leighton Ford, *Jesus: The Transforming Leader* (London: Hodder & Stoughton, 1991).

18) Robert Banks, *Reenvisioning Theological Education: Exploring a Missional Alternative to Current Models* (Grand Rapids: Eerdmans, 1999).

19) Henry Cadbury, *The Peril of Modernizing Jesus* (London: SPCK, 1962), 4.

20) 같은 책, 9.

21) Bruce Barton, *The Man Nobody Knows* (Indianapolis: Bobbs Merrill, 1925), 11.

22) 같은 책, 123-124.

23) 같은 책, 141-142.

24) 같은 책, 77.

25) 같은 책, 99-100.

26) 같은 책, 101-102.

27) Stanley Hauerwas, "Jesus: The Presence of the Kingdom", in *The Peaceable Kingdom: A Primer in Christian Ethics* (Philadelphia: SCM, 1983), 72-95.

28) 같은 책, 96-115.

29) Christian Schumacher, *To Live and Work: A Theological In Interpretation* (Bromley, Eng.: Marc, 1987); and idem, *God in Work: Discovering the Divine Pattern for Work in the New Millenium* (Oxford, Eng.: Lion Publishing, 1998).

30) Dorothy L. Sayers, *The Mind of the Maker* (London: Methuen, 1941).

31) Gordon Preece, *A Trinitarian Perspective on Work* (New York: Edward Mellen, 1998).

32) Jürgen Moltmann, *The Trinity and the Kingdom of God*

(Philadelphia: Fortress, 1993); and Miroslav Volf, *Work in the Spirit: Toward a Theology of Work* (New York: Oxford, 1991).

33) Catherine Mowry LaCugna, *God for Us: The Trinity and Christian Life* (San Francisco: HarperCollins, 1993).

34) Peter M. Senge, *The Fifth Discipline: The Art and Practice of the Learning Organization* (New York: Doubldeday Currency, 1990).

35) Russ S. Moxley, *Leadership and Spirit: Breathing New Vitality and Energy into Individuals and Organizations* (San Francisco: Jossey-Bass, 2000).

36) Max De Pree, "What Is Leadership?" in *Leading Organizations: Perspectives for a New Era*, ed. Gill Robinson Hickman (Thousand Oaks, Calif.: Sage, 1998), 131.

37) Peter Block and Peter Koestenbaum, *Freedom and Accountability at Work: Applying Philosophical Insight to the Real World* (San Francisco: Jossey-Bass, 2001), 30.

38) Stacy T. Rinehart, *Upside Down: The Paradox of Servant Leadership* (Colorado Springs: NavPress, 1998).

39) 같은 책, 88-90, 104-106. 정통적 삼위일체관이 지나치게 계급적이며 민주적 요소가 없다는 비평에 관해서는 Miroslav Volf, *Trinity and Community: An Ecumenical Ecclesiology* (Grand Rapids: Eerdmans, 1997), 특히 John D. Zizioulas, *Being as Communion: Studies in Personhood and the Church* (Crestwood, N.Y.: St. Vladimir' s Seminary Press, 1985)를 참조하라.

40) Benjamin D. Williams and Michael T. McKibben, *Oriented Leadership: Why All Christians Need It* (Wayne, N.J.: Orthodox Christian Publications Center, 1994).

41) 같은 책, 22-23.

42) 같은 책, 24, 29.

43) 같은 책, 139.

44) John Goldingay, *Men Behaving Badly* (Exeter, Eng.: Paternoster, 2000).

45) Walter C. Wright, *Relational Leadership: A Biblical Model for Leadership Service* (Exeter, Eng.: Paternoster, 2000).

46) J. Robert Clinton, *The Making of a Leader: Recognizing the Lessons and Stages of Leadership Development* (Colorado

Springs: NavPress, 1988).

47) 같은 책, 181.

48) J. Robert Clinton, "The Emerging Leader", *Theology*, News, and Notes (June 1987): 28.

49) Robert Banks, ed., *Faith Goes to Work: Reflections from the Marketplace* (Washington, D.C.: Alban Institute, 1993), 18-30.

50) William E. Diehl, *In Search of Faithfulness: Lessons from the Christian Community* (Philadelphia: Fortress, 1987).

51) Thomas Peters and Robert H. Waterman Jr., *In Search of Excellence: Lessons from America's Best-Run Companies* (New York: Harper & Row, 1982).

제5장

1) David Clutterbuck, *Doing It Different: Lessons for the Imaginative Manager* (London Orion Business Books, 1999).

2) 같은 책, Peter B. Vaill, *Managing as a Performing Art: New Ideas for a Word of Chaotic Change* (San Francisco: Jossey-Bass, 1989); Patricia Pitcher, *The Drama of Leadership* (New York: Wiley, 1997).

3) Daniel Goleman, *Emotional Intelligence* (New York: Bantam Books, 1995); idem, *Working with Emotional Intelligence* (New York: Bantam Books, 1998); and idem, Richard Boyatzis, and Annie McKee, *Primal Leadership: Realizing the Power of Emotional Intelligence* (Boston: Harvard Business School Press, 2002).

4) Carlos Raimundo, *Relational Capital: True Success through Coaching and Managing Relationships in Business and Life* (Sydney: Prentice-Hall, 2002).

5) Alistair Mant, *Intelligent Leadership* (Sydney: Allen and Unwin, 1997).

6) John Dalla Costa, *Working Wisdom: The Ultimate Value in the New Economy* (Toronto: Stoddart, 1995).

7) Peter Koestenbaum, Leadership: *The Inner Side of Greatness* (San Francisco: Jossey-Bass, 1991).

8) Patricia La Barre, "Do You Have the Will to Lead?" *Fast Company* 32 (March 2000): 222.

9) James M. Kouzes and Barry Z. Posner, "Seven Lessons for Leading the Voyage to the Future", in *The Leader of the Future: New Visions, Strategies, and Practices for the Next Era*, ed. Frances Hesselbein, Marshall Goldsmith, and Richard Beckhard (San Francisco: Jossey-Bass, 1996), 102-103.

10) Helen J. Alford and Michael J. Naughton, *Managing as If Faith Mattered: Christian Social Principles in the Modern Organization* (Notre Dame, Ind.: University of Notre Dame Press, 2001), 70-96. Alasdair MacIntyre, *After Virtue: A Study in Moral Theory*, 2d ed. (Notre Dame, Ind.: University of Notre Dame Press, 1984); Stanley Hauerwas, *Vision and Virtue: Essays in Christian Ethical Reflection* (Notre Dame, Ind.: University of Notre Dame Press, 1974).

11) Robert N. Bellah, *Habits of the Heart: Individualism and Commitment in American Life* (New York: Harper & Row, 1985); Stephen R. Covey, *The Seven Habits of Highly Effective People: Restoring the Character Ethic* (New York: Simon & Schuster, 1989).

12) Max De Pree, *Leading without Power: Finding Hope in Serving Community* (San Francisco: Jossey-Bass, 1997), 127, 129.

13) James M. Kouzes and Barry Z. Posner, *Credibility: How Leaders Gain and Lose It, Why People Demand It* (San Francisco: Jossey-Bass, 1993).

14) Frederick F. Reichheld with Thomas Teal, *The Loyalty Effect: The Hidden Force Behind Growth, Profits, and Lasting Value* (Boston:Harvard Bisiness School Press, 2001), 203-204.

15) Gordon Pearson, *Integrity in Organizations: An Alternative Business Ethic* (New York: McGraw-Hill, 1995).

16) Jill W. Graham, "Servant-Leadership and Enterprise Strategy", in *Insights on Leadership: Service, Stewardship, Spirit, and Servant-Leadership*, ed. Larry C. Spears (New York: Wiley, 1998), 특히 151-155.

17) Stephen Carter, Integrity (New York: Basic Books, 1996), 5-6.

18) Robert C. Solomon, Ethics and Excellence: Cooperation and Integrity in Business (New York: Oxford University Press,

1992), 168.

19) Richard Higginson, *Transforming Leadership: A Christian Approach to Management* (London: SPCK, 1996), 58.

20) Donald B. Kraybill and Phyllis Pellman Good, eds., Perils of Professionalism: Essays on Christian Faith and Professionalism (Scottdale, Pa.: Herald Press, 1982).

21) James A. Autry, *Love and Profit: The Art of Caring Leadership* (New York: Morrow, 1991)을 참조.

22) Dietrich Bonhoeffer, *Ethics* (London: SCM, 1986), 67, 125-143.

23) Robert K. Greenleaf, "Life's Choices and Markers", in *Reflections on Leadership: How Robert K. Greenleaf's Theory of Servant-Leadership Influenced Today's Top Management Thinkers*, ed. Larry C. Spears (New York: Wiley, 1995), 17-20. 이러한 내용은 Greenleaf의 세미나 논문 *The Servant as Leader* (Indianapolis: Robert K. Greenleaf Center, 1970)에 나타나며 Larry C. Spears, ed., *Insights on Leadership: Service, Stewardship, Spirit, and Servant-Leadership* (New York: Wiley, 1998), 15-20에도 일부 담겨 있다. Robert K. Greenleaf, *Servant Leadership: A Journey into the Nature of Legitimate Power and Greatness* (New York: Paulist Press, 1977)에는 더욱 자세한 내용이 수록되어 있다.

24) Richard P. Nielsen, "Quaker Foundations for Greenleaf's Servant Leadership and 'Friendly Disentangling' Method", in *Insights on Leadership*, 126-144.

25) Robert K. Greenleaf, *Seeker and Servant: Reflections on Religious Leadership* (San Francisco: Jossey-Bass, 1996).

26) Anne Fraker, "Robert K. Greenleaf and Business Ethics", in *Insights on Leadership*, 37.

27) Joseph J. DiStefano, "Tracing the Vision and Impact of Robert K. Greenleaf", in *Insight on Leadership*, 63.

28) Greenleaf, *Servant Leadership*, 28-29 참조.

29) 같은 책, 186.

30) 같은 책, 29-30, 81.

31) Spears, Reflections on Leadership, 4-7; Joe Batten, "Servant-Leadership: A Passion to Serve", in *Insights on Leadership*, 47-60.

32) Walter C. Wright, *Relational Leadership: A Biblical Model for Leadership Service* (Exeter, Eng.: Paternoster, 2000), 13-17.

33) Peter Block, *The Empowered Manager* (San Francisco: Jossey-Bass, 1987).

34) Peter Bolck, *Stewardship: Choosing Service over Self-Interest* (San Francisco: Berrett-Koehler, 1993).

35) 같은 책, xx.

36) Peter Block, "Stewardship: From Leadership to Citizenship", in *Insights on Leadership*, 88.

37) Ken Blanchard, "Servant-Leadership Revisited", *in Insights on Leadership*, 27.

38) Robert K. Greenleaf, *Old Age: The Ultimate Test of Spirit* (Indianapolis: Robert K. Greenleaf Center, 1997), 2.

39) Robert K. Greenleaf, *Spirituality and Leadership* (Indianapolis: Robert K. Greenleaf Center, 1988).

40) Shirley Roels, *Moving beyond Servant Leadership* (Pasadena, Calif.: De Pree Leadership Center, 1999).

41) Eugene Peterson, "Follow the Leader", *Fuller Focus* (fall 2001): 31.

제6장

1) Garth Lean, *On the Tail of a Comet: The Life of Frank Buchman* (Colorado Springs: Helmers & Howard, 1988), 43.

2) 같은 책, 2.

3) Henry van Dusen, "Apostle to the Twentieth Century", *Atlantic Monthly*, July 1934, 1-2.

4) Lean, *On the Tail of a Comet*, 461.

5) Peter Howard, *Frank Buchman's Secret* (London: Heinemann, 1961), 13.

6) Lean, *On the Tail of a Comet*, 175.

7) Frank Buchman, *New Year's address*, 1943.

8) John A. Gates, *The Life and Work of Kierkegaard for Everyman* (London: Hodder & Stoughton, 1960), 141.

9) Bob Buford, *Halftime: Changing Your Game Plan from Success to Significance* (Grand Rapids: Zondervan, 1994).

10) Janet O. Hagberg and Robert A. Guelich, *The Critical Journey: Stages in the Life of Faith* (Dallas: Word, 1990), 21.

11) 같은 책, 23.

12) Janet O. Hagberg and Ricard J. Leider, *The Inventurers: Excursions in Life and Career Renewal*, 3d ed. (Reading, Mass.: Addison-Wesley, 1982).

13) Janet O. Hagberg, *Real Power: The Stages of Personal Power in Organizations* (Minneapolis: Winston, 1984), viii.

14) Henri J. M. Nouwen, *In the Name of Jesus: Reflections on Christian Leadership* (New York: Crossroad, 1995), 59-60.

15) Robert K. Greenleaf, *Servant Leadership: A Journey into the Nature of Legitimate Power and Greatness* (New York: Paulist Press, 1977), 13.

16) Elizabeth O' Connor, *Call to Commitment: The Story of the Church of the Savior*, Washington, D.C. (New York: Harper & Row, 1963), 13.

17) Elizabeth O' Connor, *The New Community* (New York: Harper & Row, 1976), 91-92.

18) O' Connor, *Call to Commitment*, 5.

19) 같은 책, 109.

20) 같은 책, 42, 86.

21) Max De Pree, *Does Leadership Have a Future? Questions and Stories for Leaders* (Pasadena, Calif.: De Pree Leadership Center, 2000).

22) 같은 책, 14-15.

결론

1) Max De Pree, "Leaving a Legacy" (1997년 3월 3일 De Pree Leadership Center, Pasadena, Calif.에서 행한 연설)

2) Max De Pree, *Leading without Power: Finding Hope in Serving Community* (San Francisco: Jossey-Bass, 1997), 166-175.

참고문헌

Alford, Helen J., and Michael J. Naughton, Managing as If Faith Mattered: Christian Social Principles in the Modern Organization. Notre Dame, Ind.: University of Notre Dame Press, 2001.

Aubrey, Robert, and Paul M. Cohen. Working Wisdom. San Francisco: Jossey-Bass, 1995.

Autry, James A. Confessions of an Accidental Businessman. San Francisco: Berrett-Koehler, 1996.

_____. Life and Work: A Manager's Search for Meaning. New York: Morrow, 1994.

_____. Love and Profit: The Art of Caring Leadership. New York: Morrow, 1991.

_____. and Stephen Michell. Real Power: Business Lessons from the Tao Te Ching. New York: Riverhead Books, 1998.

Badaracco, Joseph. Leadership and the Quest of Integrity. Boston: Harvard Business School Press, 1989.

Banks, Robert, ed. Faith Goes to Work: Reflections from the Marketplace. Washington, D.C.: Alban Institute, 1993.

_____. Paul's Idea of Community: The Early House Churches in Their Historical Setting. Peabody, Mass.: Hendrickson, 1994.

Baron, David, and Lynette Padwa. Moses on Management: Fifty Leadership Lessons from the Greatest Manager of All Time. New York: Pocket Books, 1999.

Barton, Bruce. The Man Nobody Knows. Indianapolis: Bobbs-Merrill, 1925.

Bass, Bernard M. Leadership and Performance beyond Expectations. New York: Free Press, 1985.

_____. Transformational Leadership: Industrial, Military, and Educational Impact. Mahwah, N.J.: Lawrence Earlbaum, 1998.

Batten, Joe D. Tough-Minded Leadership. New York: Amacom, 1989.

Bavinck, Herman. Our Reasonable Faith: A Survey of Christian Doctrine. Grand Rapids: Eerdmans, 1956.

Beckett, John. Loving Monday. Downers Grove, Ill.: InterVarsity, 1998.

Beckhard, Richard. Changing the Essence. San Francisco: Jossey-Bass, 1992.

Belasco, James A. Teaching the Elephant to Dance. New York: Plume, 1990.

Bellah, Robert N. Habits of the Heart: Individualism and Commitment in American Life. New York: Harper & Row, 1985.

Below, Patrick J., George L. Morrisey, and Betty L. Acomb. The Executive Guide to Strategic Planning. San Francisco: Jossey-Bass, 1987.

Benfari, Robert. Understanding and Changing Your Management Style. San Francisco: Jossey-Bass, 1999.

Bennis, Warren. On Becoming a Leader. Reading, Mass.: Addison-Wesley, 1989.

_____. Why Leaders Can't Lead: The Unconscious Conspiracy Continues. San Francisco: Jossey-bass, 1989.

_____. and Joan Goldsmith. Learning to Lead. Reading, Mass: Addison-Wesley, 1994.

_____. and Burt Nanus. Leaders: Strategies for Taking Charge. Rev. ed. New York: Harper & Row, 1997.

_____. Jagdish Parikh, and Ronnie Lessem. Beyond Leadership: Balancing Economics, Ethics, and Ecology. Oxford: Blackwell, 1994.

Benton, Debra A. Secrets of a CEO Coach: Your Personal Training Guide to Thinking like a Leader and Acting like a CEO. New York: McGraw-Hill, 1999.

Blake, Robert R., and Jane S. Mouton. The Managerial Grid III: A New Look at the Classic That Has Boosted Productivity and Profits for Thousands of Corporations Worldwide. Houston: Gulf, 1985.

Blanchard, Kenneth, Bill Hybels, and Phil Hodges. Leadership by the Book: Tools to Transform Your Workplace. New York: Morrow, 1999.

Blanchard, Kenneth, and Terry Waghorn. Mission Possible: Becoming a World-Class Organization While There's Still Time. New York: McGraw-Hill, 1997.

Block, Peter. The Empowered Manager. San Francisco: Jossey-Bass, 1987.

_____. Stewardship: Choosing Service over Self-Interest. San Francisco: Berrett-Koehler, 1993.

_____. and Peter Koestenbaum. Freedom and Accountability at Work: Applying Philosophical Insight to the Real World. San Francisco: Jossey-Bass, 2001.

Bolles, Richard Nelson. What Color Is Your Parachute? San Francisco: Berrett-Koehler, 1993.

Bolman, Lee G., and Terrence E. Deal. Leading with Soul: An Uncommon Journey of Spirit. San Francisco: Jossey-Bass, 1995.

_____. Reframing Organizations. San Francisco: Jossey-Bass, 1991.

Bouque, E. Grady. The Enemies of Leadership: Lessons for Leaders in Education. Bloomington, Ind.: Phi Delta Kappa Educational Foundation, 1985.

_____. Leadership by Design: Strengthening Integrity in Higher Education. San Francisco: Jossey-Bass, 1994.

Boyett, Joseph H., and Jimmie T. Boyett. The Guru Guide: The Best Ideas of the Top Management Thinkers. New York: Wiley, 1998.

Bracey, Hyler, Jack Rosenblum, Aubrey Sanford, and Roy Trueblood. Managing from the Heart. New York: Delacorte Press, 1990.

Brim, Gilbert. Ambition: How We Manage Success and Failure throughout Our Lives. New York: Basic Books, 1992.

Briskin, Alan. The Stirring of Soul in the Workplace. San Francisco: Jossey-Bass, 1996.

Brown, Patricia D. Learning to Lead from Your Spiritual Center. Nashville: Abingdon, 1996.

Bryman, Alan. Charisma and Leadership in Organizations. London:

Sage, 1992.

Bryson, John M., and Barbara C. Crosby. Leadership for the Common Good: Tackling Public Problems in a Shared-Power World San Francisco: Jossey-Bass, 1992.

Buford, Bob. Halftime: Changing Your Game Plan from Success to Significance. Grand Rapids: Zondervan, 1994.

Burns, James MacGregor. Leadership. New York: Harper & Row, 1978.

Cairnes, Margot. Approaching the Corporate Heart: Breaking through to New Horizons of Personal and Professional Success. New York: Simon & Schuster, 1998.

Callahan, Kennon L. Effective Church Leadership: Building on the Twelve Keys. San Francisco: Harper & Row, 1990.

Carter, Stephen L. Integrity. New York: Basic Books, 1996.

Chait, Richard P., Thomas P. Holland, and Barbara E. Taylor. The Effective Board of Trustees. Phoenix: Oryx Press, 1993.

Champy, James. Reengineering Management: The Mandate for New Leadership. New York: HarperBusiness, 1995.

————, and Nitin Nohria. The Arc of Ambition: Defining the Leadership Journey. Cambridge, Mass.: Perseus Books, 2000.

Chappell, Tom. The Soul of a Business: Managing Profit and the Common Good. New York: Bantam Books. 1993.

Childress, John R., and Larry E. Senn. In the Eye of the Storm: Reengineering Corporate Culture. Los Angeles: Leadership Press, 1995.

Clark, Kenneth E., and Miriam B. Clark, eds. Measures of Leadership. West Orange, N.J.: Leadership Library of America, 1990.

Clawson, James G. Level Three Leadership: Getting Below the Surface. 2d ed. Upper Saddle River, N.J.: Prentice-Hall, 1999.

Clinton, J. Robert. The Making of a Leader: Recognizing the Lessons and Stages of Leadership Development. Colorado Springs: NavPress, 1988.

————. A Short History of Leadership. Altadena, Calif.: Barnabas Publishers, 1992.

Clutterbuck, David. Doing It Different: Lessons for the Imaginative

Manager. London: Orion Business Books, 1999.

Cohen, Allan R., and David L. Bradford. Influence without Authority. New York: Wiley, 1990.

Coles, Robert. The Call of Service: A Witness to Idealism. Boston: Houghton-Mifflin, 1993.

Collins, James C., and Jerry I. Porras. Built to Last: Successful Habits of Visionary Companies. New York: HarperBusiness, 1994.

Conger, Jay A. The Charismatic Leader: Behind the Mystique of Exceptional Leadership. San Francisco: Jossey-Bass, 1989.

_____. Learning to Lead: The Art of Transforming Managers into Leaders. San Francisco: Jossey-Bass, 1992.

_____. ed. Spirit at Work: Discovering the Spirituality in Leadership. San Francisco: Jossey-Bass, 1994.

_____. and Beth Benjamin. Building Leaders: How Successful Companies Develop the Next Generation. San Francisco: Jossey-Bass, 1999.

_____. Gretchen M. Spreitzer, and Edward E. Lawler III, eds. The Leader's Change Handbook: An Essential Guide to Setting Direction and Taking Action. San Francisco: Jossey-Bass, 1999.

Covey, Stephen R. Principle-Centered Leadership. New York: Summit Books, 1991.

_____. The Seven Habits of Highly Effective People: Restoring the Character Ethic. New York: Simon & Schuster, 1989.

_____. A. Roger Merrill, and Rebecca R. Merrill. First Things First: To Live, to Love, to Learn, to Leave a Legacy. New York: Simon & Schuster, 1994.

Cox, Danny, with John Hoover. Leadership When the Heat's On. New York: McGraw-Hill, 1992.

Cramer, Kathryn D. Staying on Top When Your World Turns Upside Down: How to Triumph over Trauma and Adversity. New York: Viking, 1990.

Crocker, H. W., III. Robert E. Lee on Leadership: Executive Lessons in Character, Courage, and Vision. Rocklin, Calif.: Forum, 1999.

Dale, Robert D. Good News from Great Leaders. Washington, D.C.: Alban Institute, 1992.

Dalla Costa, John. Working Wisdom: The Ultimate Value in the New Economy. Toronto: Stoddart, 1995.

Dattner, Fabian, Jim Luscombe, and Kenneth Grant. Three Spirits of Leadership: The United Voice of the Entrepreneur, the Corporation, and the Community. Crows Nest, Austral.: Allen & Unwin, 1999.

De Pree, Max. Leadership Is an Art. New York: Doubleday, 1989.

_____. Leadership Jazz. New York: Currency Doubleday, 1992.

_____. Leading without Power: Finding Hope in Serving Community. San Francisco: Jossey-Bass, 1997.

De Vries, Manfred F. R. Kets. Life and Death in the Executive Fast Lane: Essays on Irrational Organizations and Their Leaders. San Francisco: Jossey-Bass, 1995.

_____. Prisoners of Leadership. New York: Wiley, 1989.

Diehl, Williams E. In Search of Faithfulness: Lessons from the Christian Community. Philadelphia: Fortress, 1987.

_____. The Monday Connection: A Spirituality of Competence, Affirmation, and Support in the Workplace. San Francisco: HarperSanFrancisco, 1991.

Doohan, Helen. Leadership in Paul. Wilmington, Del.: Michael Glazier, 1984.

Drath, Wilfred H., and Charles J. Palus. Making Common Sense: Leadership as Meaning-Making in a Community of Practice. Greensboro, N.C. : Center for Creative Leadership, 1994.

Drucker, Peter F. The Effective Executive. New York: Harper & Row, 1967.

_____. Innovation and Entrepreneurship: Practice and Principles. New York: Harper & Row, 1985.

_____. Management Challenges for the Twenty-First Century. New York: HarperBusiness, 1999.

_____. Managing in Turbulent Times. New York: Harper & Row, 1980.

Dunphy, Dexter, and Andrew Griffiths. The Sustainable Corporation: Organizational Renewal in Australia. Sydney: Allen & Unwin,

1999.

Edelman, Joel, and Mary Beth Crain. The Tao of Negotiation: How You Can Prevent, Resolve, and Transcend Conflict in Work and Everyday Life. New York: HarperBusiness, 1993.

Egan, Gerard. Adding Value: A Systematic Guide to Business-Driven Management and Leadership. San Francisco: Jossey-Bass, 1993.

Engstrom, Ted W., and Edward R. Dayton. The Art of Management for Christian Leaders. Grand Rapids: Pyranee Books, 1989.

Evans, John S. The Management of Human Capacity: An Approach to the Ideas of Elliott Jacques. Bradford, Eng.: MCB Human Resources, 1979.

Farson, Richard. Management of the Absurd: Paradoxes in Leadership. New York: Simon & Schuster, 1996.

Fiedler, Fred E. A Theory of Leadership Effectiveness. New York: McGraw-Hill, 1967.

Finzel, Hans. The Top Ten Mistakes Leaders Make. Wheaton: Victor Books, 1994.

Fisher, Roger, and William Ury. Getting to Yes: Negotiating Agreement without Giving In. New York: Penguin Books, 1993.

Fitzgerald, Catherine, and Linda K. Kirby, eds. Developing Leaders: Research and Applications in Psychological Type and Leadership Development. Palo Alto, Calif.: Davies-Black, 1997.

Flood, Robert Louis. Rethinking the Fifth Discipline: Learning within the Unknowable. New York: Routledge, 1999.

Ford, Leighton. Jesus: The Transforming Leader. London: Hodder & Stoughton, 1991.

_____. Transforming Leadership: Jesus' Way of Creating Vision, Shaping Values, and Empowering Change. Downers Grove, Ill.: InterVarsity, 1991.

Fox, Matthew. The Reinvention of Work: A New Vision of Livelihood for Our Time. San Francisco: HarperSanFrancisco, 1994.

Fraker, Anne T., and Larry C. Spears, eds. Seeker and Servant: Reflections on Religious Leadership. San Francisco: Jossey-Bass, 1996.

Fromm, Bill, and Len Schlesinger. The Real Heroes of Business and

Not a CEO among Them. New York: Doubleday, 1993.

Fukuyama, Francis. Trust: The Social Virtues and the Creation of Prosperity. New York: Free Press, 1995.

Fullan, Michael. Educational Leadership. San Francisco: Jossey-Bass 2000.

Fuller, Timothy, ed. Leading and Leadership. Notre Dame, Ind.: University of Notre Dame Press, 2000.

Galpin, Timothy J. The Human Side of Change: A Practical Guide to Organization Redesign. San Francisco: Jossey-Bass, 1996.

Gardner, Howard. Leading Minds: An Anatomy of Leadership. New York: Basic books, 1995.

Gardner, John W. Building Community. New York: Independent Sector, 1991.

_____. On Leadership. New York: Free Press, 1990.

Garfield, Charles, with Michael Toms. The Soul of Business: New Dimensions. Carlsbad, Calif.: Hay House, 1997.

Gates, John A. The Life and Work of Kierkegaard for Everyman. London: Hodder & Stoughton, 1960.

Goldingay, John. Men Behaving Badly. Exeter, Eng.: Paternoster, 2000.

Goleman, Daniel. Emotional Intelligence. New York: Bantam Books, 1995.

_____. Working with Emotional Intelligence. New York: Bantam Books, 1998.

_____, Richard Boyatzis, and Annie McKee. Primal Leadership: Realizing the Power of Emotional Intelligence. Boston: Harvard Business School Press, 2000.

Gouillart, Francis J., and James N. Kelly. Transforming the Organization. New York: McGraw-Hill, 1995.

Gozdz, Kazimierz. Community Building: Renewing Spirit and Learning. Pleasanton, Calif.: New Leaders Press, 1995.

Greenleaf, Robert K. Servant Leadership: A Journey into the Nature of Legitimate Power and Greatness. New York: Paulist Press, 1997.

_____, Don M. Frick, and Larry C. Spears, eds. On

Becoming a Servant-Leader. San Francisco: Jossey-Bass, 1996.

Greenslade, Philip. Leadership. London: Marshall Pickering, 1984.

Gregg, Samuel, and Gordon Preece. Christianity and Entrepreneurship: Protestant and Catholic Thoughts. Sydney: Centre for Independent Studies, 1999.

Griffin, Emilie. The Reflective Executive: A Spirituality of Business and Enterprise. New York: Crossroad, 1993.

Gunderson, Denny. The Leadership Paradox: A Challenge to Servant Leadership in a Power Hungry World. Seattle: YWAM, 1997.

Hagberg, Janet O. Real Power: The Stages of Personal Power in Organizations. Minneapolis: Winston, 1984.

_____, and Richard J. Leider. The Inventurers: Excursions in Life and Career Renewal. 3d ed. Reading, Mass.: Addison-Wesley, 1988.

Haggai, John. Lead On! Leadership That Endures in a Changing World. Waco: Word, 1986.

Hamilton, Nigel. Monty: The Making of a General, 1887-1942. New York: McGraw-Hill, 1981.

Handy, Charles. The Age of Unreason. Boston: Harvard Business School Press, 1989.

_____. Beyond Certainty: The Changing Worlds of Organizations. Boston: Harvard Business School Press, 1996.

_____. Gods of Management: The Changing Work of Organizations. New York: Oxford University Press, 1995.

_____. The Hungry Spirit: Beyond Capitalism: A Quest for Purpose in the Modern World. New York: Broadway Books, 1998.

_____. The New Alchemists: How Visionary People Make Something out of Nothing. London: Hutchinson, 1999.

_____. Understanding Organizations. New York: Oxford University Press, 1993.

_____. Waiting for the Mountain to Move: Reflections on Work and Life. San Francisco: Jossey-Bass, 1999.

Hartshorne, Charles. Reality as Social Process: Studies in Metaphysics and Religion. Glencoe, Ill.: Free Press, 1953.

Hass, Howard, with Bob Tamarkin. The Leader Within: An Empowering Path of Self-Discovery. New York: HarperBusiness, 1992.

Haughey, John C. Converting 9 to 5: A Spirituality of Daily Work. New York: Crossroad, 1989.

_____. "A Leader's Conscience: The Integrity and Spirituality of Václav Havel". In Spirit at Work: Discovering the Spirituality in Leadership, edited by Jay A. Conger. San Francisco: Jossey-Bass, 1994.

Havel, Václav. Disturbing the Peace: A Conversation with Karel Hvízdala. Translated by Paul Wilson. New York: Knopf, 1990.

_____. Letters to Olga: June 1979-September 1982. Translated by Paul Wilson, New York: Holt, 1989.

Hawley, Jack. Reawakening the Spirit in Work: The Power of Dharmic Management. San Francisco: Berrett-Koehler, 1993.

Heifetz, Ronald A. Leadership without Easy Answers. Cambridge: Belknap Press of Harvard University Press, 1994.

Helgesen, Sally. The Female Advantage: Women's Ways of Leadership. New York: Doubleday Currency, 1990.

_____. The Web of Inclusion: A New Architecture for Building Great Organizations. New York: Doubleday Currency, 1995.

Hendricks, Gay, and Kate Ludeman. The Corporate Mystic: A Guidebook for Visionaries with Their Feet on the Ground. New York: Bantam Books, 1996.

Hersey, Paul, Kenneth H. Blanchard, and Dewey E. Johnson. Management of Organizational Behavior: Utilizing Human Resources. Upper Saddle River, N.J.: Prentice-Hall, 1996.

Hess, J. Daniel. Integrity: Let Your Yea Be Yea. Scottdale, Pa.: Herald Press, 1978.

Hesselbein, Frances, Marshall Goldsmith, and Richard Beckhard, eds. The Leader of the Future: New Visions, Strategies, and Practices for the Next Era. San Francisco: Jossey-Bass, 1996.

_____, eds. The Organization of the Future. San Francisco: Jossey-Bass, 1997.

_____, and Richard Schubert, eds. The Community of

the Future. San Francisco: Jossey-Bass, 1998.

Hickman, Craig R. Mind of a Manager, Soul of a Leader. New York: Wiley, 1990.

Higginson, Richard. Transforming Leadership: A Christian Approach to Management. London: SPCK, 1996.

Hillman, James. The Soul's Code: In Search of Character and Calling. New York: Random House, 1996.

Hodgkinson, Christopher. The Philosophy of Leadership. New York: St. Martin's Press, 1983.

Holmes, Arthur F. Shaping Character: Moral Education in the Christian College. Grand Rapids: Eerdmans, 1991.

Howard, Peter. Frank Buchman's Secret. London: Heinemann, 1961.

Hughes, Richard L., Robert C. Ginnett, and Gordon J. Curphy. Leadership: Enhancing the Lessons of Experience. 2d ed. Chicago: Irwin, 1996.

Huszczo, Gregory E. Tools for Team Excellence: Getting Your Team into High Gear and Keeping It There. Palo Alto, Calif.: Davies-Black, 1996.

Hybels, Bill. "Finding Your Leadership Style: Ten Different Ways to Lead God's People". Leadership (winter 1998): 84-89.

Hyland, Bruce N., and Merle J. Yost. Reflections for Managers. New York: McGraw-Hill, 1994.

Jacobsen, Steve. Hearts to God, Hands to Work: Connecting Spirituality and Work. Washington, D.C.: Alban Institue, 1997.

James, Jennifer. Thinking in the Future tense: Leadership Skills for a New age. New York: Simon & Schuster, 1996.

Janov, Jill. The Inventive Organization: Hope and Daring at Work. San Francisco: Jossey-Bass, 1994.

Jaworski, Joseph. Synchronicity: The Inner Path of Leadership. San Francisco: Berrett-Koehler, 1996.

Jinkins, Michael, and Deborah Bradshaw Jinkins. The Character of Leadership: Political Realism and Public Virtue in Nonprofit Organizations. San Francisco: Jossey-Bass, 1998.

Johnson, Barry. Polarity Management: Identifying and Managing Unsolvable Problems. Amherst, Mass.: HRD Press, 1992.

Jones, Laura Beth. Jesus CEO: Using Ancient Wisdom for Visionary Leadership. New York: Hyperion, 1995.

_____. The Path. New York. Hyperion, 1996.

Kanter, Rosabeth Moss. Rosabeth Moss Kanter on the Frontiers of Management. Boston: Harvard Business School Press, 1997.

_____. Barry A. Stein, and Todd D. Jick. The Challenge of Organizational Change: How Companies Experience It and Leaders Guide It. New York: Free Press, 1992.

Keating, Charles J. The Leadership Book. Rev. ed. New York: Paulist Press, 1982.

Kerr, Alan. Guided Journey. Gundaroo, Austral.: Brolga Press, 1998.

Koestenbaum, Peter. Leadership: The Inner Side of Greatness. San Francisco: Jossey-Bass, 1991.

Kotter, John P. A Force for Change: How Leadership Differs from Management. New York: Free Press, 1990.

_____. The New Rules: How to Succeed in Today's Post-Corporate World. New York: Free Press, 1995.

Kouzes, James M., and Barry Z. Posner. Credibility: How Leaders Gain and Lose It, Why People Demand It. San Francisco: Jossey-Bass, 1993.

_____. The Leadership Challenge. 3d ed. San Francisco: Jossey-Bass, 2002.

Kraybill, Donald B., and Phyllis Pellman Good, eds. Perils of Professionalism: Essays on Christian Faith and Professionalism. Scottdale, Pa.: Herald Press, 1982.

Kundtz, David. Stopping. New York: MJF Books, 1998.

LaCugna, Catherine Mowry. God for Us: The Trinity and Christian Life. San Francisco: HarperCollins, 1993.

Lean, Garth. On the Tail of a Comet: The Life of Frank Buchman. Colorado Springs: Helmers & Howard, 1988.

Leider, Richard J. The Power of Purpose: Creating Meaning in Your Life and Work. San Francisco: Berrett-Koehler, 1997.

Lencioni Patrick. The Five Temptations of a CEO: A Leadership Fable. San Francisco: Jossey-Bass, 1998.

Le Peau, Andrew T. Paths of Leadership: Guiding Others toward Growth in Christ through Serving, Following, Teaching, Modeling, Envisioning. Downers Grove, Ill.: InterVarsity, 1983.

Lipman-Blumen, Jean. The Connective Edge: Leading in an Independent World. San Francisco: Jossey-Bass, 1996.

Lynch, Richard. Lead! How Public and Nonprofit Managers Can Bring Out the Best in Themselves and Their Organizations. San Francisco: Jossey-Bass, 1993.

Mallison, John. Mentoring to Develop Disciples and Leaders. Sydney: Scripture Union/Open Book, 1998.

Mant, Alistair. Intelligent Leadership. Crows Nest, Austral.: Allen & Unwin, 1997.

Manz, Charles C. The Leadership Wisdom of Jesus: Practical Lessons for Today. San Francisco: Berrett-Koehler, 1998.

_____, and Henry P. Simms. Superleadership: Leading Others to Lead Themselves. Don Mills, Ont.: Pearson Education Canada, 1989.

Marcic, Dorothy. Managing with Wisdom of Love: Uncovering Virtue in People and Organizations. San Francisco: Jossey-Bass, 1997.

Maxwell, John C. Developing the Leader within You. Nashville: Thomas Nelson, 1993.

_____. The Twenty-One Irrefutable Laws of Leadership: Follow Them and People Will Follow You. Nashville: Thomas Nelson, 1998.

McCauley, Cynthia D., Russ S. Moxley, and Ellen Van Velsor, eds. The Center for Creative Leadership Handbook of Leadership Development. San Francisco: Jossey-Bass, 1998.

Melrose, Ken. Making the Grass Greener on Your Side: A CEO's Journey to Leading by Serving. San Francisco: Berrett-Koehler, 1995.

Mitroff, Ian I., and Elizabeth A. Denton. A Spiritual Audit of Corporate America: A Hard Look at Spirituality, Religion, and Values in the Workplace. San Francisco: Jossey-Bass, 1999.

Mohrman, Allan M., Jr., Susan Albers Mohrman, and Gerald E. Ledford. Large Scale Organizational Change. San Francisco: Jossey-Bass, 1989.

Morgan, Gareth. Images of Organization. London: Sage, 1986.

Moxley, Russ S. Leadership and Spirit: Breathing New Vitality and Energy into Individuals and Organizations. San Francisco: Jossey-Bass, 2000.

Nader, Jonar C. How to Lose Friends and Infuriate People. Cherrybrook, Austral.: Plutonium, 1999.

Nair, Keshavan. A Higher Standard of Leadership: Lessons from the Life of Gandhi. San Francisco: Berrett-Koehler, 1994.

Naisbitt, John, and Patricia Aburdene. Megatrends 2000: Ten New Directions for the 1990s. New York: Morrow, 1990.

Nanus, Burt. The Leader's Edge: The Seven Keys to Leadership in a Turbulent World. Chicago: Contemporary Books, 1989.

_____. Visionary Leadership. San Francisco: Jossey-Bass, 1992.

Nash, Laura L. Believers in Business. Nashville: Thomas Nelson, 1994.

____. and Scotty McLennan. Church on Sunday, Work on Monday: The Challenge of Fusing Christian Values with Business Life. San Francisco: Jossey-Bass, 2001.

Nix, William H. Character Works. Nashville: Broadman & Holman, 1999.

Northouse, Peter G. Leadership: Theory and Practice. 3d ed. Thousand Oaks, Calif.: Sage, 2004.

Novak, Michael. Business as a Calling: Work and the Examined Life. New York: Free Press, 1996.

Oakley, Ed, and Doug Krug. Enlightened Leadership: Getting to the Heart of Change. New York: Simon & Schuster, 1994.

O'Connor, Elizabeth. Call to Commitment: The Story of the Church of the Savior, Washington, D.C. New York: Harper & Row, 1963.

Orsborn, Carol. Inner Excellence: Spiritual Principles of Life-Driven Business. San Rafael, Calif.: New World Library, 1992.

O'Toole, James. Leading Change: Overcoming the Ideology of Comfort and the Tyranny of Custom. San Francisco: Jossey-Bass, 1995.

Palmer, Parker J. The Active Life: A Spirituality of Work, Creativity, and Caring. San Francisco: Harper & Row, 1990.

_____. Leading from Within: Reflections on Spirituality and Leadership. Washington, D.C.: Servant Leadership School, 1990.

_____. The Promise of Paradox: A Celebration of Contradictions in the Christian Life. Washington, D.C.: Servant Leadership School, 1993.

Parker, Glenn M. Team Players and Teamwork: The New Competitive Business Strategy. San Francisco: Jossey-Bass, 1990.

Pascale, Richard Tanner. Managing on the Edge: How the Smartest Companies Use Conflict to Stay Ahead. New York: Simon & Schuster, 1990.

Pascarella, Perry. Christ-Centered Leadership: Thriving in Business by Putting God in Charge. Rocklin, Calif.: Prima, 1999.

Pattison, Stephen. The Faith of the Managers: When Management Becomes Religion. London: Cassell, 1997.

_____. "Recognizing Leaders' Hidden Beliefs." In Faith and Leadership: How Leaders Live Out Their Faith in Their Work and Why It Matters. Edited by Robert Banks and Kim Powell. San Francisco: Jossey-Bass, 2000.

Pearce, Terry. Leading Out Loud: The Authentic Speaker, the Credible Leader. San Francisco: Jossey-Bass, 1995.

Pearman, Roger R. Hard Wired Leadership: Unleashing the Power of Personality to Become a New Millennium Leader. Palo Alto, Calif.: Davies-Black, 1998.

Pearson, Gordon. Integrity in Organizations: An Alternative Business Ethic. New York: McGraw-Hill, 1995.

Perkins, Dennis N. T. Leading at the Edge: Leadership Lessons from the Extraordinary Saga of Shackleton's Antarctic Expedition. New York: Amacom, 2000.

Peters, Thomas. Liberation Management: Neccessary Disorganization for the Nanosecond Nineties. New York: Knopf, 1992.

_____. "Rule #3: Leadership Is as Confusing as Hell". Fast Company 44(March 2001): 124-140.

_____. Thriving on Chaos: Handbook for a Management Revolution. New York: Knopf, 1987.

_____. and Robert H. Waterman Jr. In Search of Excellence: Lessons from America's Best-Run Companies. New York: Harper & Row, 1982.

Peterson, Linda. Starting Out, Starting Over: Finding the Work That's

Waiting for You. Palo Alto, Calif.: Davies-Black. 1995.

Phillips, Donald T. Lincoln on Leadership: Executive Strategies for Tough Times. New York: Warner Books, 1992.

Peirce, Gregory F. A. Spirituality at Work: Ten Ways to Balance Your Life on the Job. Chicago: Loyola, 2001.

Pinchot, Gifford. Creating Organizations with Many Leaders. San Francisco: Jossey-Bass, 1996.

_____, and Elizabeth Pinchot. The End of Bureaucracy and the Rise of the Intelligent Organization. San Francisco: Berrett-Koehler, 1993.

Pitcher, Patricia. The Drama of Leadership. New York: Wiley, 1997.

Pollard, C. William. The Soul of the Firm. New York: HarperBusiness, 1996.

Powell, James Lawrence. Pathways to Leadership: How to Achieve and Sustain Success. San Francisco: Jossey-Bass, 1995.

Preece, Gordon. A Trinitarian Perspective on Work. New York: Edward Mellen, 1998.

Quinn, Robert E. Beyond Rational Management: Mastering the Paradoxes and Competing Demands of High Performance. San Francisco: Jossey-Bass, 1988.

_____. Deep Change: Discovering the Leader Within. San Francisco: Jossey-Bass, 1996.

Raimundo, Carlos. Relational Capital: True Success through Coaching and Managing Relationships in Business and Life. Sydney: Prentice-Hall, 2002.

Reichheld, Frederick F., with Thomas Teal. The Loyalty Effect: The Hidden Force Behind Growth, Profits, and Lasting Value. Boston: Harvard Business School Press, 2001.

Renesch, John. Leadership in a New Era: Visionary Perspectives on the Big Issues of Our Time. San Francisco: New Leaders Press, 1994.

_____. ed new Traditiond in Business: Spirit and Leadership in the Twenty-First Century San Francisco: Berret-Koehler, 1992.

Reynolds, Joe. Out Front Leadership: Discovering, Developing, and Delivering Your Potential. Austin, Tex.: Mott & Carlisle, 1993.

Rinehart, Stacy T. Upside Down: The Paradox of Servant Leadership. Colorado Springs: NavPress, 1998.

Rion, Michael. The Responsible Manager: Practical Strategies for Ethical Decision Making. San Francisco: Harper & Row, 1990.

Sakenfeld, Katharine Doob. Faithfulness in Action: Loyalty in Biblical Perspective. Philadelphia: Fortress, 1985.

Salkin, Jeffrey K. Being God's Partner: How to Find the Hidden Link between Spirituality and Your Work. Woodstock, Vt.: Jewish Lights Publishing, 1994.

Sanders, J. Oswald. Paul the Leader: A Vision for Christian Leadership Today. Eastbourne, Eng.: Kingsway, 1983.

_____. Spiritual Leadership. Rev. ed. Chicago: Moody, 1980.

Sarros, John C., and Oleh Butchatsky. Leadership: Australia's Top CEOs: Finding Out What Makes Them the Best. New York: HarperBusiness, 1996.

Sayers, Dorothy L. The Mind of the Maker. London: Methuen, 1941.

Schaef, Anne Wilson, and Diane Fassel. The Addictive Organization. San Francisco: Harper & Row, 1988.

Schein, Edgar H. The Corporate Culture Survival Guide: Sense and Nonsense about Culture Change. San Francisco: Jossey-Bass, 1999.

_____. Organizational Culture and Leadership. 2d ed. San Francisco: Jossey-Bass, 1992.

Schumacher, Christian. God in Work: Discovering the Divine Pattern for Work in the New Millennium. Oxford, Eng.: Lion Publishing, 1998.

_____. To Live and Work: A Theological Interpretation. Bromley, Eng.: Marc, 1987.

Schwartz, Peter. The Art of the Long View: Planning for the Future in an Uncertain World. New York: Currency Doubleday, 1995.

Senge, Peter M. The Fifth Discipline: The Art and Practice of the Learning Organization. New York: Doubleday Currency, 1990.

Sennett, Richard. The Corrosion of Character: The Personal Consequences of Work in the New Capitalism. New York: Norton, 1998.

Simon, Sidney B., Leland W. Howe, and Howard Kirschenbaum.

Values Clarification. Rev. ed. New York: Warner Books, 1995.

Sinclair, Amanda. Doing Leadership Differently: Gender, Power, and Sexuality in a Changing Business Culture. Victoria, Austal.: Melbourne University Press, 1998.

Sinetar, Marsha. Do What You Love, the Money Will Follow: Discovering Your Right Livelihood. New York: Dell, 1989.

Sire, James W. Václav Havel: The Intellectual Conscience of International Politics: An Introduction, Appreciation, and Critique. Downers Grove, Ill.: InterVarsity, 2001.

Smedes, Lewis. Choices: Making Right Decisions in a Complex World. San Francisco: HarperSanFrancisco, 1991.

Sofield, Loughlan, and Donald H. Kuhn. The Collaborative Leader: Listening to the Wisdom of God's People. Notre Dame, Ind.: Ave Maria Press, 1995.

Solomon, Robert C. Ethics and Excellence: Cooperation and Integrity in Business. New York: Oxford University Press, 1992.

Spears, Larry C., ed. Insights on Leadership: Service, Stewardship, Spirit, and Servant-Leadership. New York: Wiley, 1998.

_____, ed. Reflections on Leadership: How Robert K. Greenleaf's Theory of Servant-Leadership Influenced Today's Top Management Thinkers. New York: Wiley, 1995.

Spink, Kathryn. Mother Teresa: A Complete Authorized Biography. San Francisco: HarperSanFrancisco, 1997.

Stevens, R. Paul, and Phil Collins. The Equipping Pastor: A Systems Approach to Congregational Leadership. Washington, D.C.: Alban Institute, 1993.

Stogdill, Ralph M. Handbook of Leadership: A Survey of Theory and Research. New York: Free Press, 1974.

Sullivan, William M. Work and Integrity: The Crisis and Promise of Professionalism in America. New York: HarperBusiness, 1995.

Swain, Bernard F. Liberating Leadership: Practical Styles for Pastoral Ministry. San Francisco: Harper & Row, 1986.

Swiss, Deborah. Women Breaking Through: Overcoming the Final Ten Obstacles at Work. Princeton, N.J.: Peterson's/Pacesetter Books, 1996.

Terry, Robert W. Authentic Leadership: Courage in Action. San Francisco: Jossey-Bass, 1993.

Theobald, Robert. Reworking Success: New Communities at the Millennium. Gabriola Island, B.C.: New Society Publishers, 1997.

Thrall, Bill, Bruce McElrath, and Jim McNichol. The Ascent of the Leader: How Ordinary Relationships Develop Extraordinary Character and Influence. Hoboken, N.J.: Wiley, 1999.

Tomasko, Robert M. Downsizing: Reshaping the Corporation for the Future. New York: Amacom, 1990.

Ury, William. Getting Past No: Negtiating Your Way from Confrontation to Cooperation. Rev. ed. New York: Bantam Books, 1993.

Vaill, Peter B. Managing as a Performing Art: New Ideas for a World of Chaotic Change. San Francisco: Jossey-Bass, 1989.

_____. Spirited Leading and Learning: Process Wisdom for a New Age. San Francisco: Jossey-Bass, 1998.

Vladilav, J., ed. Václav Havel, or Living in Truth. London: Faber & Faber, 1990.

Waterman, Robert H., Jr. Adhocracy: The Power to Change. New York: Norton, 1990.

Wheatley, Margaret J. Leadership and the New Science: Learning about Organization from an Orderly Universe. San Francisco: Berett-Koehler, 1992.

White, John. Excellence in Leadership: Reaching Goals with Prayer, Courage, and Determination. Downers Grove, Ill.: InterVarsity, 1986.

Whyte, David. The Heart Aroused: Poetry and the Preservation of the Soul in Corporate America. New York: Currency Doubleday, 1994.

Wilkins, Alan L. Developing Corporate Character: How to Successfully Change an Organization without Destroying It. San Francisco: Jossey-Bass, 1989.

Williams, Benjamin D., and Michael T. McKibben. Oriented Leadership: Why All Christians Need It. Wayne, N.J.: Orthodox Christian Publications Center, 1994.

Williams, Oliver F., and John W. Houck, eds. A Virtuous Life in Business: Stories of Courage and Integrity in the Corporate World.

Lanham, Md.: Rowman & Littlefield, 1992.

Wills, Garry. Certain Trumpets: The Call of Leaders. New York: Simon & Schuster, 1994.

Wren, J. Thomas. The Leader's Companion: Insights on Leadership through the Ages. New York: Free Press, 1995.

Wright, Walter C. Relational Leadership: A Biblical Model for Leadership Service. Exeter, Eng.: Paternoster, 2000.

Yukl, Gary A. Leadership in Organizations. 3d ed. Englewood Cliffs, N.J.: Prentice-Hall, 1989.

Zohar, Danah. Rewiring the Corporate Brain: Using the New Science to Rethink How We Structure and Lead Organizations. San Francisco: Berrett-Koehler, 1997.

신앙의 눈으로 본
리더십

초판 인쇄 | 2008년 2월 20일
초판 발행 | 2008년 2월 28일

지은이 | 로버트 뱅크스 · 베니스 M. 레드베터
옮긴이 | 황의무
펴낸이 | 심만수
펴낸곳 | (주)살림출판사
출판등록 | 1989년 11월 1일 제9-210호

주소 | 413-756 경기도 파주시 교하읍 문발리 파주출판도시 522-2
전화 | 영업 031)955-1350   기획 · 편집 031)955-1365
팩스 | 031)955-1355
e-mail | salleem@chol.com
홈페이지 | http://www.sallimbooks.com

ISBN 978-89-522-0803-3   03230

책임편집 · 교정 : 정지영

값 12,000원